Markus Gabriel
Gutes tun

Markus Gabriel

Gutes tun

Wie ein ethischer Kapitalismus die Demokratie retten kann

Aus dem Englischen von
Michael Ebmeyer

Ullstein

Wir verpflichten uns zu Nachhaltigkeit

- Papiere aus nachhaltiger Waldwirtschaft und anderen kontrollierten Quellen
- Druckfarben auf pflanzlicher Basis
- ullstein.de/nachhaltigkeit

ISBN 978-3-550-20311-4

Gesetzt aus der Minion Pro und Futura PT
Satz: Dörlemann Satz, Lemförde
Druck und Bindearbeiten: GGP Media GmbH, Pößneck
Printed in Germany

Inhalt

Einleitung

Wir leben in einer Zeit beispielloser Krisen. Kaum ist die Covid-Pandemie überstanden, werden in etlichen Teilen der Welt neue Kriege entfacht. Dementsprechend setzen heute viele Staaten auf massive Militarisierung, was weitere Konflikte nach sich ziehen wird. Ein friedliches globales Miteinander scheint zunehmend unmöglich. Zugleich wächst sowohl auf nationaler Ebene als auch weltweit die wirtschaftliche Ungleichheit. Die Klimakrise schlägt sich in Extremwetterlagen und in einem rapiden Schwund intakter Ökosysteme nieder. All diese Faktoren führen zu massenhaften Migrationsbewegungen, und diese wiederum lösen politische Unruhen aus. Zugleich sind, dank wissenschaftlicher Durchbrüche, digitale Technologien in unseren Gesellschaften auf dem Vormarsch, allen voran die künstliche Intelligenz (KI). Sie schaffen keineswegs nur Wohlstand und neue Berufsfelder, nein, mit der Automatisierung gehen auch viele Arbeitsplätze verloren, und die immer höhere digitale Beschleunigung unseres Soziallebens durch Social Media trägt zur Verbreitung von Fake News, Propaganda, Meinungsschlachten und letztlich zur brandgefährlichen Polarisierung unserer Gesellschaft bei. Das Tempo des Wandels ist so hoch geworden, dass Medien, Politik und Zivilgesellschaft nicht mehr Schritt halten können mit den Veränderungen, die die Gesellschaft als ganze betreffen. Es fühlt sich an, als seien wir Schlafwandler auf dem Weg in eine globale Umwälzung, die in mancherlei Hinsicht – man denke nur an die Klimakrise oder die geopolitischen Spannungen – katastrophal enden kann.

Da sich zurzeit viele Krisen unkontrollierbar verschlimmern, steht das Zivilisationsmodell der Moderne unter heftigem Druck. Diesem Modell liegt, knapp gesagt, die Vorstellung zugrunde, wir alle könnten ein immer besseres Leben führen, wenn wir technisch-wissenschaftlichen und ökonomischen Fortschritt verbinden: Man kombiniere wachsenden Wohlstand für möglichst viele

Menschen mit einer liberalen, demokratischen Gesellschaft, und Friede und Glück werden einkehren. Unsere Gegenwart zeigt, dass dieses Versprechen gescheitert ist. Die Kollateralschäden und Unzulänglichkeiten des Modells überwiegen inzwischen seine Vorzüge. Der Klimawandel ist ein solcher Kollateralschaden ebenso wie die globale soziale Ungleichheit, die nicht durch globale Institutionen ausgeglichen wird, weshalb immer noch viel zu viele Menschen in extremer Armut leben. Daher suchen heute viele denkende, visionäre und politische Köpfe geradezu händeringend nach radikal neuen Visionen für eine geteilte menschliche Zukunft. Bisher fehlt die entscheidende Zutat, die eigentlich auch zum Projekt der Moderne gehört: der humane Fortschritt, der durch ethisches Denken und Handeln auf allen Ebenen der Gesellschaft erreicht wird.

In diesem Buch werde ich argumentieren, dass wir einen neuen Gesellschaftsvertrag brauchen, um die Probleme unserer Zeit zu bewältigen. Um das Zeitalter der Krisen, in dem wir derzeit leben, zu überwinden, brauchen wir nichts weniger als eine *Neue Aufklärung*. Diese Neue Aufklärung geht von dem Ansatz aus, dass wir – und zwar dringend – den moralischen, menschlichen Fortschritt mit unseren sozioökonomischen Mitteln zur Produktion von Waren und Dienstleistungen und damit von Wohlstand und Wohlfahrt neu koppeln müssen.

Das Geschäft der Wirtschaft ist es, Gutes zu tun

Dafür ist keine Revolution nötig, kein Systemwechsel. Gerade in liberalen Demokratien würde ein Umsturz die Dinge nur verschlimmern. Was wir brauchen, sind radikale Innovationen, die von einer neuen Vision des Guten geleitet werden, und zwar in allen Bereichen der Gesellschaft. Diese neue Vision des Guten muss gleichermaßen realistisch und utopisch sein: Sie muss sowohl auf unserer gegenwärtigen Praxis basieren als auch auf eine bessere Zukunft ausgerichtet sein. Wir müssen also über den gegenwärtigen Horizont der Möglichkeiten, der düster und trostlos erscheint, hinausblicken, um eine neue Ordnung zu schaffen, ohne dabei das Bewahrenswerte, Erarbeitete und Erreichte zu zerstören. Diese neue Ordnung muss das Gute von heute bewahren und es im Lichte der Idee des Fortschritts reformieren. Fortschritt bedeutet in diesem Zusammenhang positive soziale Veränderung, und positive soziale Veränderung kann nur erreicht werden, wenn wir eine Vision des Guten teilen, die für uns alle verbindlich ist. Eine solche Vision existiert derzeit nicht. Darum müssen wir sie schaffen, indem wir gemeinsam vorwärts denken.

In modernen Gesellschaften spielt die Wirtschaft eine entscheidende Rolle für die Herstellung von gesellschaftlicher Stabilität und der Bedingungen für ein gutes Leben. In diesem Buch werde ich argumentieren, dass die Neue Aufklärung, dir wir benötigen, nicht nur in unseren Köpfen und Herzen beginnt, sondern auch in der Wirtschaft umzusetzen ist. In diesem Zusammenhang wird es zur Aufgabe von Unternehmen, ihre Geschäftsmodelle und -praktiken auf die Idee zu gründen, dass langfristiger, nachhaltiger und damit wahrer wirtschaftlicher Erfolg davon abhängt, Gutes zu tun. Entgegen dem berühmten Slogan des Nobelpreisträgers Milton Friedman, dass »das Geschäft des Geschäfts das Geschäft« (*»the business of business is business«*) sei, ist es an der Zeit, die Richtung zu ändern: Das Geschäft der Wirtschaft ist es, Gutes zu tun und davon zu profitieren.

Die Begründung dafür ist recht simpel. Stellen Sie sich zwei Firmen mit etwa gleich hohem Umsatz vor – nennen wir sie Gut und Böse. Die Geschäfte der Firma Böse verursachen schwere Umweltschäden, ihre Gesellschafter und Führungskräfte beuten die Beschäftigten aus und schaffen eine toxische Arbeitsatmosphäre. Auf den ersten Blick sind diese Geschäfte gleichwohl wirtschaftlich sehr erfolgreich, sie werfen hohe Gewinne ab.

Die Firma Gut arbeitet nach herkömmlichen ökonomischen Begriffen, die Umweltzerstörung und die Ausbeutung von Mitarbeitern nur unangemessen in der Bilanz berücksichtigen, ebenso profitabel wie die Firma Böse. Doch dank ihres Geschäftsmodells und ihrer Betriebskultur hat sie gesunde, zufriedene Angestellte und trägt an den Orten, an denen sie aktiv ist, zur kulturellen und allgemeinen Vielfalt mit friedlich koexistierenden Lebensentwürfen bei. Überdies erzeugt sie umweltverträgliche Waren und Dienstleistungen und investiert einen bedeutenden Teil ihrer Gewinne in andere sozial ausgerichtete Unternehmen.

Ohne Wenn und Aber halten wir angesichts dieser Tatsachen sicher alle Gut für die bessere Firma als Böse, auch wenn beide gleich viel Profit abwerfen. Dieses schlichte Gedankenexperiment zeigt, dass wir Verhältnisse bevorzugen, in denen Gewinne erwirtschaftet werden, indem man gleichzeitig etwas Gutes tut und respektvoll miteinander umgeht. Ich werde im Folgenden immer wieder auf Kants Begriff des »höchsten Guts« zurückkommen, um dieses Argument auszuführen. Im Sinn des höchsten Guts ist es besser, wenn Menschen glücklich werden, weil sie es verdienen, als wenn Menschen glücklich werden, weil sie böse agieren. Hierbei handelt es sich um eine grundlegende menschliche Intuition, die über alle Zeiten hinweg und in allen Kulturen anzutreffen ist. Sie kann uns als Leitlinie dienen, um unsere Institutionen und Gesellschaften zu verbessern.

Colin Mayer, emeritierter Professor für Management an der Blavatnik School of Government und der Saïd Business School in Oxford, vertritt in seinem jüngsten Buch *Capitalism and Crises* die Ansicht, wir könnten den Kapitalismus auf der Basis eines solchen Prinzips (oder »Moralgesetzes«, wie er es nennt) reformieren. Der Kapitalismus versprach einst, dass Marktmechanismen uns helfen würden, Menschheitsprobleme zu lösen. Dementsprechend sollten wir im Licht unserer individuellen und kollektiven Moral, unserer ethischen Grundsätze beurteilen, ob der Kapitalismus funktioniert oder nicht.

Mein Buch ist von Mayers Argumentation inspiriert, und ich hatte in den vergangenen Jahren das Vergnügen, in einigen Projekten eng mit ihm zusammenzuarbeiten, um auf diese Weise Ökonomik und Philosophie ins Gespräch zu bringen. Mein Slogan *Das Geschäft der Wirtschaft ist es, Gutes zu tun* führt zum Vorschlag eines *ethischen Kapitalismus*. Dass es sich dabei nicht bloß um Wunschdenken handelt, lässt sich anhand ganz aktueller Beispiele verdeutlichen.

Der Fall der sozialen Netzwerke

Die Branche der sozialen Netzwerke scheint phänomenale Geschäftsmodelle vorzulegen. Facebook, Twitter (nun X), WhatsApp, Snapchat, TikTok und andere sind ökonomisch denkbar erfolgreich. Zugleich aber hat jedes dieser Netzwerke auf seine Weise zu einem massiven Demokratieabbau in der Welt beigetragen. Indirekt haben sie einige der jüngsten geopolitischen Konflikte mit verursacht, indem sie es ruchlosen staatlichen und privaten Akteuren ermöglichten, Verschwörungserzählungen und blanke Lügen zu verbreiten und Wahlen zu manipulieren. Dabei war ihr anfänglicher extremer ökonomischer Erfolg (maßgeblich der von Facebook) gerade ein Ergebnis ihrer ethischen Haltung: Sie versprachen, uns miteinander zu verbinden, uns mit Freundinnen und Freunden in weiter Ferne in Kontakt zu halten, Bilder und Informationen zu teilen und damit insgesamt dabei zu helfen, die Welt zu einem besseren und freieren Ort zu machen. Dass dieses Bild eher einem Wunschdenken entsprang, wurde schon mit dem Scheitern des Arabischen Frühlings klar. Andere Formen drastischer sozialer Umbrüche wären ebenfalls ohne Social Media nicht möglich gewesen. Die Umwälzungen, die sie durch ihre neuartige Vernetzung auslösten, stellten sich nicht als nachhaltig heraus. Denn man hatte übersehen, dass natürlich alle die sozialen Netzwerke benutzen können, auch diejenigen, die gegen moralischen Fortschritt sind oder sogar terroristische Bestrebungen haben und sich über soziale Netzwerke organisieren und dort sogar Mitstreiter rekrutieren. Die Auswirkungen einer hochgradigen, doch so gut wie unregulierten *connectivity* im Internetzeitalter sind eben weder vorhersehbar noch kontrollierbar.

Soziale Netzwerke, die nicht mit ihren eigenen technologischen und ökonomischen Mitteln Strategien für moralischen Fortschritt und gesetzliche Aufsicht in ihre Angebote einbinden, werden über kurz oder lang untergehen. In diesem Zusammenhang habe ich seit etwa 2015 das Versagen von Facebook und Twitter vorhergesagt, und es kam schneller, als ich erwartet hatte. 2021 wurde das Unternehmen Facebook, Inc. umfirmiert zu Meta Platforms. Zumindest teilweise war das eine Reaktion auf die Enthüllungen von Whistlerblowern und auf die zunehmende Kritik aus Gesellschaft und Politik. Einer von Facebooks früheren Investoren, Roger McNamee, prägte dazu in Anlehnung an Mark Zuckerbergs Nachnamen das Wortspiel, zuerst habe die Gesellschaft, dann das Unternehmen Facebook selbst »gezuckt«.[1] Angesichts sinkender Profite und damit einhergehender Entlassungen beschloss der Konzern, seinen Schwerpunkt auf die Entwicklung von KI-Technologie zu verlagern. Zwar hatte dieser Schwenk zunächst einen erstaunlichen Anstieg des Börsenwerts von Meta zur Folge, doch das wird sich absehbar in ein totales Scheitern verwandeln, wenn die neu entwickelten KI-Systeme nicht an ethischen Einsichten und Normen ausgerichtet werden. Meta muss die Facebook-Lektion beherzigen, sonst wird es wieder zu einer anderen Unternehmensstruktur umgebaut werden müssen, bis es endgültig verschwindet.

Der Fall von Twitter, jetzt X, ist noch krasser. Dass viele Menschen jahrelang glaubten, bei Twitter handele es sich um eine Art Nachrichtenplattform, auf der progressive Denkerinnen, Journalisten oder auch staatliche Institutionen relevante Informationen teilen und finden könnten, verwundert umso mehr, weil Twitter als Donald Trumps Medium prominent und massentauglich wurde. Twitter bildet das Paradigma eines Systems, das massenhaft Filterblasen und Bestätigungsfehler hervorbringt. Wer Twitter nutzte, wähnte sich lange Zeit ganz nah an den neuesten Meldungen und an der Wirklichkeit. Dabei sahen wir dort alle weitgehend nur eine von den Mitgliedern selbst fabrizierte Realität, ein Trugbild, zusammengesetzt aus ihren eigenen Ansichten zu Gesellschaft und Politik. Zwar versuchte Twitter (aus meiner Sicht zu halbherzig), gegen Fake News, Bots usw. vorzugehen, was aber letztlich Elon Musk auf den Plan gerufen hat, der unter dem Deckmantel der Meinungsfreiheit allem Unheil wieder Tür und Tor geöffnet hat. Trumps Account wurde entsperrt, und es bleibt abzuwarten, was uns von dort noch blüht.

Nehmen wir zum Vergleich ein weiteres berühmtes Unternehmen von Elon Musk, Tesla. Mittlerweile ist Tesla globale Konkurrenz erwachsen, in all den Gesellschaften, deren Wirtschaftsmodell an der Autoindustrie hängt – darunter Deutschland und Japan, aber auch Südkorea und China. Dass Tesla das E-Auto nicht nur attraktiv gemacht hat, sondern im großen Stil technisch umsetzbar und wirtschaftlich tragfähig, bringt ein neues, weltweit erfolgreiches Geschäftsmodell hervor und trägt potenziell zur Bewältigung der Klimakrise bei. Dabei sind Tesla und viele andere vergleichbare Unternehmen weit davon entfernt, wirklich akzeptable Arbeitsbedingungen zu bieten oder gar alle Probleme zu lösen, die sie als Kollateralschäden hervorgebracht haben. Die Produktion von längst nicht hinreichend nachhaltigen Batterien und die teils intransparenten und ausbeuterischen Praktiken der Gewinnung seltener Erden beispielsweise werfen neue ethische Probleme auf. Elon Musk ist alles andere als ein Heiliger. Die Tatsache, dass Tesla massive Profite auf der Basis eines teils moralisch fortschrittlichen Geschäftsmodells generiert, bedeutet nicht, dass das Unternehmen ganz und gar gut ist. Auch Tesla muss auf jeden Fall noch ethisch reformiert und verbessert werden, um nicht nur einen allgemeinen Beitrag zur Bekämpfung des Klimawandels zu liefern, sondern überdies die Kollateralschäden und Nebeneffekte der sozial-ökologischen Transformation zu bewältigen.

Stellen wir uns nun vor, bestehende Unternehmen würden einen erheblichen Teil ihrer Gewinne für die Erforschung möglicher Nebenwirkungen ihrer Geschäftsmodelle aufwenden, anhand der

Leitfrage, wie sie das Konsumverhalten positiv beeinflussen und auf diese Weise zum gesellschaftlichen Wandel beitragen können. Damit würden sie nicht nur ihre Umsätze steigern, sondern zugleich die Welt verbessern. Das wichtigste Argument dafür ist, dass wir Menschen ein vitales Interesse sowohl an unserem persönlichen als auch am kollektiven Wohlergehen haben. Wir alle ziehen eine Welt vor, in der Wohlstand durch moralisch gutes Handeln erlangt wird und in der wir bei unseren politischen Institutionen, aber auch bei Führungskräften in der Wirtschaft und bei technologischen Visionärinnen darauf vertrauen können, dass es deren Anliegen ist, Dinge zum Besseren zu verändern.

Die Einsicht, wie die sozialen Netzwerke zum vor allem demokratischen und in der Folge tendenziell auch zum ökonomischen Risiko wurden, lässt sich dafür nutzen, bessere Systeme zu entwickeln. Diese besseren Systeme würden auch den Internetsuchtfaktor berücksichtigen und dafür sorgen, dass ihr Geschäftsmodell nicht primär auf der Ausbeutung der Aufmerksamkeit der User basiert. Zum Beispiel könnten wir ein neues soziales Netzwerk aufbauen – nennen wir es AGORA, nach dem altgriechischen Wort für den öffentlichen Raum, den Marktplatz. Dieses neue Netzwerk ist hochgradig selbstregulierend: Es erkennt Hassrede und löscht sie, seine KI-Modelle unterstützen die User mit Ratschlägen, wie sie ihre Beiträge höflich formulieren können. Es arbeitet mit Qualitätsmedien zusammen, um eine seriöse Berichterstattung zu gewährleisten, und es bietet den Usern eine Gewinnbeteiligung an, in Relation zu den Daten, die sie für die Firma produzieren. AGORA wäre ein privates, kein staatliches Unternehmen, doch sein Ziel wäre, mit digitalen Mitteln die Qualität unserer demokratischen Öffentlichkeit zu verbessern. Zu diesem Zweck würde es Politologinnen, Kulturwissenschaftler, ausgebildete Journalistinnen und Ethiker beschäftigen, die zusammen mit den Softwareentwicklerinnen seine digitale Infrastruktur erstellen und laufend aktualisieren würden. Ausgangspunkt für den Aufbau von AGORA könnte die Forschung zum gegenwärtigen Scheitern der sozialen Medien sein, und somit könnte das neue Netzwerk konkret zum moralischen Fortschritt in unseren dunklen Zeiten beitragen.

Es gibt keinen Grund, ein solches Netzwerk nicht umgehend zu realisieren. Gerade in Europa könnte es zu einem wirtschaftlichen Erfolg werden, wenn viele der starken, überwiegend national agierenden Qualitätsmedien zusammenarbeiten würden, um AGORA hervorzubringen. Hier besteht eine echte Marktlücke für ein moralisch hochwertiges Produkt.

Wir brauchen radikale Reformen, keine Revolutionen

Wenn das Zivilisationsmodell der liberalen Demokratie, das auf die Marktwirtschaft setzt, um Waren, Dienstleistungen und Infrastrukturen zu produzieren und damit für eine möglichst große Zahl von Menschen und nicht-menschlichen Lebewesen gute Lebensbedingungen zu schaffen, die derzeitigen Angriffe von innen (durch extremistische Parteien und Bewegungen) und außen (Stichwort russische, aber auch chinesische Manipulation und Propaganda) überstehen soll, muss es sich auf sein anfängliches Versprechen zurückbesinnen. Dafür brauchen wir eine ganze Reihe ethischer Reformen. Und diese Reformen müssten durchaus radikal sein.

Heute steht die Menschheit vor mehreren existenziellen Bedrohungen auf einmal, also vor kritischen Situationen, die zu unserer Auslöschung führen können. Ein Atomkrieg; superintelligente KI-Systeme, die sich gegen unsere Gesellschaften und Infrastrukturen kehren; tödliche Viren und Bakterien, die unsere Freiheiten und Zivilisationen zerstören können; die Vernichtung der Ökosysteme, auf die wir zum Leben angewiesen sind: Das alles sind heute reelle Gefahren. Um uns gegen diese Bedrohungen zu wappnen, brauchen wir eine positive Vision.

Diese positive Vision muss in konkreten Handlungsabläufen realisiert werden. Als Individuen, lokale Kollektive, Institutionen und letztlich als Gesellschaft müssen wir jeweils vor Ort – dort, wo wir wirken können – gemeinsam daran arbeiten, das ethische Richtige zu identifizieren und umzusetzen. Darin sind wir fehleranfällig. Das ethische Richtige, also das Gute, zu identifizieren und umzusetzen, gelingt nicht automatisch dadurch, dass wir moralische Ansprüche erheben.

Angesichts der Herausforderungen, vor denen wir stehen, können wir uns es nicht leisten, vor Angst zu erstarren oder gar wegzurennen – einen Planeten B gibt es für uns nämlich nicht. Die französische Sängerin Camille fasst die Situation in ihrem wunderschönen Lied *Mars is no Fun* übersetzt so zusammen:[2]

Du kannst nicht an den Strand
zu wenig Wasser
Du kannst das Fenster nicht öffnen
keine Luft vor dem Bungalow
Das haben sie in der
Broschüre nicht erwähnt
Ich tappte in die Falle, als ich
vor fünf Jahren herzog
Der Mars macht keinen Spaß

Ich bin Camilles Meinung, wenn sie uns daran erinnert, wie viel das, was wir heute noch haben, wert ist:

Ich will zurück zur Erde
und bei euch leben
in unseren Sozialwohnungen
und den ganzen Nachmittag
durch das Einkaufszentrum
von Milton Keynes spazieren
Der Mars macht keinen Spaß

Erstaunlicherweise bestünde die erste radikale Reform unseres heutigen Systems darin, seine bestehenden Vorteile zu nutzen.

Anstatt nach Fluchtwegen aus dem Kapitalismus, der Demokratie oder gar vom Planeten Erde zu suchen, müssen wir die Umstände ändern, die unsere Kritikerinnen zu Recht als Achillesfersen identifiziert haben. Anders gesagt: Wir müssen das Kind nicht mit dem Bad ausschütten, sondern wir brauchen Reformen des Kapitalismus, um die ökologische Krise zu bewältigen, sozial schädliche Formen von Ungleichheit zu überwinden und die Bedrohungen durch Technologie und Kriege in den Griff zu bekommen. Dafür aber müssen wir uns zum Wert dessen bekennen, was unsere Vorfahren und wir in den vergangenen wenigen Jahrhunderten der Moderne geleistet haben. In der Moderne sind Milliarden von Menschen aus extremer Armut befreit worden. Das Leben in wohlhabenden Gesellschaften war nie so angenehm wie heute. Und wir sind mittlerweile fähig zur moralisch fortschrittlichen Einsicht in die früheren Verfehlungen der industriellen Revolution und in die geopolitischen Katastrophen und Kriege, die sie als Kollateralschäden verursacht hat.

Wenn wir heute die schädlichen Auswirkungen und Voraussetzungen der Moderne benennen und hinterfragen können, so ist auch dies ein Teil der Moderne. Dass wir heute den Kapitalismus für seine ökologischen Auswirkungen kritisieren können, für die Ausbeutung der Arbeitenden, für seine kolonialen Anfänge, seine Gender-Ungerechtigkeit und andere Formen von Diskriminierung, wurde durch das moderne Zivilisationsprojekt und damit eben auch ganz wesentlich durch den Kapitalismus selbst ermöglicht. Anstatt ihn nun aufzugeben, sollten wir die Gelegenheit nutzen, ihn radikal zu reformieren.

Konkret heißt das: Die Wirtschaft steht nicht nur in der Verantwortung, externe, staatliche Regulierung zuzulassen, sondern auch, sich selbst zu regulieren. Nur so kann sie dabei helfen, dass wir alle gemeinsam zum Beispiel die von den Vereinten Nationen formulierten Nachhaltigkeitsziele erreichen. Diese umfassen so noble Werte und Anliegen wie die Überwindung der Armut, die Gleichstellung der Geschlechter, anständige Arbeitsbedingungen,

Wirtschaftswachstum, Frieden, Gerechtigkeit und starke Institutionen – aber auch den Schutz des Lebens anderer Spezies unter Wasser und an Land.[3]

Man stelle sich nun vor, die Unternehmen würden nicht nur nach der Heilung für Krebs suchen (was natürlich höchst begrüßenswert ist!), sondern sie würden auch Geschäftsmodelle entwickeln, um etwa mehr Gender-Gleichberechtigung zu erreichen oder die Natur zu schützen. Ein ansatzweise visionäres Beispiel dafür bietet die Luftschifffahrt – ein Thema, über das ich mit Technologieentwicklern, Wissenschaftlerinnen, Philosophen und in jüngster Zeit auch Managerinnen aus der Flugzeugindustrie diskutiert habe. Sie alle bestätigten mir, dass eine Ausweitung der Luftschifffahrt zu Reisezwecken viel umweltverträglicher wäre, als, wie noch heute, allein auf extrem luftverschmutzende Flugzeuge zu setzen, und sie wäre auch machbar und könnte hohe Gewinne erzielen. Oder die Tourismusbranche: Ohne Weiteres könnte sie viel mehr umschwenken auf nachhaltigere, eher lokale Angebote zur Freizeitgestaltung und Erholung, für Naturerlebnisse und Weiterentwicklung unserer Persönlichkeit.

Dabei müssen solche Geschäftsmodelle nicht mit einem Ausschließlichkeitsanspruch auftreten. Wirtschaftliches Handeln kann nicht darin bestehen, dass wir nun alle Menschen davon abbringen, nach Mallorca oder Kenia zu reisen und stattdessen die (übrigens sehr schöne) Mecklenburgische Seenplatte zu bevorzugen. Der Mensch ist und bleibt frei, was auch für unser Konsumverhalten gilt. Eine unternehmerische Lösung von Problemen besteht darin, attraktivere Angebote zu schaffen, sodass Menschen lieber nachhaltig konsumieren, indem etwa fleischlose Angebote auf einer Speisekarte einfach besser schmecken. Kurzum: Hybride Lösungen, die verschiedene Angebote machen und damit sowohl mehr als auch weniger nachhaltige Produkte zur Auswahl anbieten, sind besser als Versuche, absolute Eindeutigkeit herzustellen. Das ist der Unterschied zwischen einem ethischen Kapitalismus, der mit der freien Marktwirtschaft nicht fremdelt, und den moralisierenden, oft mit Absolutheits- und Dringlichkeitsanspruch auftretenden Ansprüchen eines sich für progressiv haltenden urbanen Bürgertums, die heute viele Menschen abschrecken, wie wir etwa bei den Europawahlen 2024 gesehen haben.

Radikaler sind die Vorschläge, die ich in diesem Buch für eine neue Ethik der künstlichen Intelligenz machen werde: nämlich, dass wir KI-Systeme entwickeln sollten, deren Ziel es ist, zum positiven gesellschaftlichen Wandel beizutragen und damit zum moralischen Fortschritt. Es ist möglich, KI-Modelle zu programmieren, die nicht weitgehend unkontrolliert soziale Systeme erschüttern, indem sie – als nur scheinbar neutrale Instanz – den Nachrichtenverkehr, den Informationsaustausch etc. erhöhen. Die KI-Forschung lässt sich auch zur Entwicklung von Modellen nutzen, die uns zum Beispiel zu verstehen helfen, wie Menschen in verschiedenen Kulturen und sozialen Sphären denken, handeln, urteilen, ihr Leben gestalten – und somit dazu beitragen, dass wir herausfinden, was wir wirklich alle gemeinsam haben. Mithilfe der Tech-Industrie können wir also unser ethisches Denken verbessern. Doch dafür müssen wir die Geschäftswelt reformieren: Wir müssen Fachleute aus den Geistes-, Sozial- und Kulturwissenschaften einbeziehen, vor allem aus der Philosophie und Ethik, um herauszufinden, wie wir mit unternehmerischen Mitteln durch moralisch gutes Handeln die Gesellschaft verbessern können.

Das heißt, wir brauchen eine neue Art der Ethik – eine, dic nicht etwa die Märkte einschränkt, indem sie Innovationen ausbremst, oder sich darauf begrenzt, böswillige Akteure, Monopole und andere pathologische Gebilde zurückzudrängen, die unsere gesellschaftlichen, politischen und ökonomischen Freiheiten untergraben. Zusätzlich zu teils notwendigen Regulierungen und staatlichen Eingriffen sollten wir eine Ethik formulieren – und sie dann in den sozioökonomischen Kontexten der realen Welt umsetzen –, deren Funktion es ist, unsere Wirtschaft *hochzuregulieren*, sodass sie die tatsächlichen Bedürfnisse der Menschen von heute und moralisch progressiverer künftiger Gesellschaften erfüllt.

In ebendiesem Zusammenhang werde ich auch das Gedankenexperiment eines wirklich allgemeinen Wahlrechts anstellen, zu dem das Stimmrecht für Kinder gehört. Laut der Allgemeinen Erklärung der Menschenrechte hat jede Person das Recht darauf, mitzubestimmen, auf welche Art regiert wird. Die Legitimität einer Regierung beruht auf einem tatsächlich allgemeinen und gleichen Wahlrecht. Wie aber sollen Menschen unter 18 beziehungsweise unter 16 Jahren in diese Repräsentation des demokratischen Willens einbezogen werden, wenn wir eine paternalistische Auffassung von Kindern als noch nicht vollends vernunftbegabte Wesen haben? Wie können wir die Jugendlichen und auch jüngere Kinder wirklich in das sozioökonomische und politische Projekt einer besseren Zukunft einbinden? Auch hier sollten wir – für konkrete Vorschläge zur Einführung eines Kinderwahlrechts – Forschung aus dem Bereich der Geistes- und Sozialwissenschaften hinzuziehen, einschließlich der Psychologie, der Politologie, der Neurowissenschaft und der auf lokale Eigenheiten fokussierten Kulturwissenschaft. Und wiederum sind viele Geschäftsmodelle denkbar, die aus dieser Idee hervorgehen könnten. Ihr Ausgangspunkt könnte der Einfluss der Wirtschaft auf das Konsumverhalten und das soziale Umfeld unserer Kinder sein, die ja für die Erzeugung und Verwendung von Waren und Dienstleistungen ebenso Zielgruppe sind wie wir Erwachsenen.

Ein demokratisches Buch

Weil es mir ein so wichtiges Anliegen ist, die liberale Demokratie nicht nur zu bewahren, sondern sie durch meine Vision eines ethischen Kapitalismus möglicherweise auch zu verbessern, schreibe ich dieses Buch so, dass hoffentlich die meisten Mitbürgerinnen und Mitbürger meiner Argumentation folgen können. Ich vermeide nach Möglichkeit philosophische und technische Fachausdrücke. Um überzeugend argumentieren zu können, muss ich allerdings einige Einzelheiten der Theorie erläutern, die meinen Vorschlägen zugrunde liegt. Das werde ich tun, indem ich meine Begriffe erkläre und meine Gedankengänge so transparent wie möglich mache. Um meine Argumentation nachzuvollziehen, soll kein Hochschulabschluss nötig sein und schon gar kein Philosophiestudium.

Zu meiner Vision einer Neuen Aufklärung zählt die Vorstellung eines öffentlichen Raums, wo wir alle unser jeweiliges Wissen ins Zentrum der politischen Selbstbestimmung einbringen können. Dafür ist ein neuer Typus der gesellschaftlich, politisch und wirtschaftlich engagierten Philosophie nötig, der sich so klar wie möglich ausdrückt. Nur so können wir kollektiv unser Denken und dann hoffentlich auch unser Handeln verbessern.

Teil 1

Ein Philosoph denkt über die Wirtschaft nach

Zur Definition von *Ethik, Kapitalismus* und *Gesellschaft*

Dieses Buch führt ein neuartiges Konzept ein: den *ethischen Kapitalismus*. Es argumentiert, dass ökonomischer Profit aus moralisch gutem Handeln hervorgehen kann und auch sollte. Wir brauchen keine Revolution und keinen Systemwechsel, um die komplexen gesellschaftlichen, wirtschaftlichen und politischen Krisen der Gegenwart zu bewältigen. Was wir brauchen, sind neue Vorstellungen davon, wie wir gemeinsame Ziele erreichen können, sowie eine neue Vision des Guten, die unsere sozioökonomischen Aktivitäten anleiten sollte. Diese Vorstellungen werden nicht nur in Köpfen und an Schreibtischen erarbeitet, sondern entstehen auch unter den realen Bedingungen unserer Arbeitswelten. Unternehmen und andere Institutionen, die zur Wirtschaft beitragen, können wir dabei im Idealfall als »Labore für moralische Innovationen«[1] verstehen.

Wir brauchen also einen neuen Wertehorizont – etwas, wofür wir uns alle zusammen einsetzen und woraus ein gemeinsames Gefühl für den Sinn unseres sozialen Lebens entsteht. Dieses Buch will einen Vorschlag für solch eine Neuorientierung machen und ihn so darlegen, dass wir konkrete Wege zur Verwirklichung der im Folgenden umrissenen Ideale erkennen können.

Bevor ich mich an eine Diagnose unserer Gegenwart begebe und die Grundlagen des ethischen Kapitalismus skizziere, ist es wichtig, einige Leitbegriffe zu klären, damit wir dieses Neuland gemeinsam bereisen können. Vor allem müssen wir uns einig sein, was wir mit »Ethik« und mit »Kapitalismus« meinen, aber auch mit »Gesellschaft«. Sehen wir uns also diese drei Konzepte kurz an.

Was ist Ethik?

Die Ethik ist ein Teilgebiet der Philosophie. Sie untersucht moralische Haltungen und Tatsachen. Eine moralische Haltung ist ein Werturteil. Sie bietet jemandem, der etwas vorhat (einer Akteurin, einen Akteur), auf Basis von Regeln mit universellem Anspruch eine Antwort auf die Frage, was sie oder er tun sollte und was nicht.

Hier ein einfaches Beispiel: Stellen Sie sich vor, Sie stehen vor einem Schwimmbecken und sehen, dass ein Kleinkind drauf und dran ist, im flachen Wasser zu ertrinken.[2] Nehmen wir an, Sie sind körperlich nicht im Geringsten beeinträchtigt, Sie könnten also ohne Weiteres zum Becken laufen und das Kind retten. Gleichwohl haben Sie die Wahl, entweder das Kind vor dem Ertrinken zu bewahren oder aber ein eiskaltes Bier zu trinken, das lauwarm werden wird, wenn Sie sich jetzt zuerst um das Kind kümmern. In dieser Situation wird (so gut wie) jeder Mensch sofort wissen, was er zu tun hat: das Kind retten. Wenn Sie glauben, Sie müssen das Kind vor dem Ertrinken bewahren – oder auch, wenn Sie fälschlicherweise glauben, Sie müssten es nicht –, haben Sie eine moralische Haltung. Diese moralische Haltung sollte in die Tat umgesetzt werden – möglichst unverzüglich, damit das Kind gerettet wird; es sei denn, Sie glauben wirklich, Sie könnten ebenso gut dem kalten Bier den Vorzug geben.

Moralische Haltungen zu derart einfachen Fallbeispielen können offensichtlich richtig oder falsch sein. Es ist richtig, dass man das Kind retten soll, und es ist falsch, dass man das Kind ertrinken lassen darf, um das Bier vor dem Warmwerden zu bewahren. Es gibt in der Ethik also Richtig und Falsch, und das ist weder Willkür noch Geschmacksache. Die Ethik hängt auch nicht von Ihrer sozialen, ethnischen oder religiösen Identität ab, auch nicht von Ihrer politischen Ausrichtung, Ihrer Kultur, nicht einmal von demokratischen Entscheidungsprozessen. Selbst wenn eine Mehrheit gegen die Rettung des Kindes stimmen würde, müsste die handelnde Person das Kind retten. Wir können ethische Fragen in der Regel nicht anhand von Mehrheitsvoten entscheiden.

Eine *Tatsache* ist, allgemein gesprochen, eine richtige Antwort auf eine sinnvoll gestellte Frage. Zum Beispiel befinde ich mich in Montreal, während ich diese Zeilen schreibe. Fragt mich jemand, ob ich gerade in Kanada bin, lautet meine richtige Antwort auf diese simple und sinnvolle Frage: ja. Dass ich gerade in Kanada bin, ist eine Tatsache. Es gibt viele Arten von Tatsachen: mathematische, geografische, physikalische, soziale, kulturelle Tatsachen und so weiter. *Moralische Tatsachen* sind das Zielsystem der Ethik, also das, worum es der Ethik geht. Das ethische Denken befasst sich damit, wie Menschen handeln und wie sie handeln sollten. Es verbindet eine deskriptive Analyse menschlichen Verhaltens mit einer normativen Einschätzung, ob das, was Menschen tun, auch das ist, was sie tun sollten.

Eine Tatsache ist dann moralisch, wenn sie eine Situation betrifft, in der die Frage sinnvoll ist, was die an der Situation Beteiligten unbedingt tun oder nicht tun sollten. Im Fall des ertrinkenden Kindes geht es darum, dass jeder Mensch, der dazu imstande ist, das Kind retten sollte. Es spielt dabei auch keine Rolle, wer das Kind ist. Wir können hier ein bestimmtes Kind durch jedes beliebige Kind austauschen und eine bestimmte zum Retten fähige Person durch jede andere – an der moralischen Tatsache, dass es das Kind zu retten gilt, ändert sich nichts. In diesem Sinn sind die Forderungen der Ethik universell und unbedingt verpflichtend. Sie sagen uns schlicht auf der Basis unseres gemeinsamen Menschseins, was zu tun ist und was nicht.

Wir können das Beispiel ausweiten und das Kind durch einen Welpen ersetzen oder sogar durch eine ungiftige Schlange oder eine Biene. Wenn wir deren Leben retten können, ohne uns selbst in Gefahr zu bringen, dann sollten wir es tun. Dass die Ethik in unserer menschlichen Lebensform gründet, heißt nicht, dass wir nur Menschen gegenüber moralische Pflichten haben. Andere Lebewesen, nicht-menschliche Tiere, vielleicht in Zukunft auch manche von uns erzeugte Maschinen (etwa KI-gesteuerte Roboter) haben ebenfalls Rechte, und manche anderen Lebewesen (vielleicht intelligente Außerirdische, denen wir bisher noch nicht begegnet sind) haben ebenfalls moralische Pflichten gegenüber Menschen.

Das Beispiel mit dem ertrinkenden Kind ist eine von unendlich vielen ethischen Situationen. Ich nenne diese einfachen Fälle *evidente moralische Tatsachen*. Die Existenz evidenter moralischer Tatsachen beweist, dass es universelle moralische Werte gibt – Werte, die alle Kulturen, Religionen, Ethnizitäten, Altersgruppen, Gender, politische Haltungen (und was immer sonst noch uns Menschen in spezifische, begrenzte Gruppen einteilt) überschreiten. Evidente moralische Tatsachen sind ein Ausweis unseres gemeinsamen Menschseins. Deshalb vertritt die Ethik den Standpunkt, dass es Menschenrechte im Sinne von Rechten und Pflichten gibt, die von jeder zu Werturteilen fähigen Person anerkannt werden sollten.

Warum mit mörderischen Terroristen nicht ethisch verhandelt werden kann

Als Mensch ethisch zu wachsen, wird natürlich nicht nur damit gewährleistet, dass man evidente ethische Tatsachen prinzipiell anerkennt. Im Lauf unseres individuellen Lebens haben wir es immer wieder mit schwierigen moralisch relevanten Situationen zu tun. Denken Sie an die Gesundheitskrise angesichts der Corona-Pandemie. Jede soziale Begegnung warf damals ethische Fragen auf: Darf ich mit Freundinnen essen gehen, wenn ich danach meine Großmutter besuche, die einer Risikogruppe angehört? Sollte ich bei meinen Freunden für die Impfung werben, auch wenn einige von ihnen Impfskeptiker sind? Vor zum Teil sehr heiklen ethischen Fragen stand die Politik: Sollen wir Grenzen, Schulen, Restaurants schließen?

In ähnlicher Weise stellen wir uns angesichts anhaltender Krisen, politischer Umbrüche und weltweiter bewaffneter Konflikte ständig schwierige ethische Fragen: über Migration, über gerechtfertigte Kriege (das Recht auf Selbstverteidigung), über Konsumverhalten im Zeichen des Klimawandels (Kann ich das Flugzeug nehmen, oder sollte ich Zug fahren?), aber auch über Geschlechterrollen und noch vieles mehr. Ethisch zu wachsen bedeutet, im Dialog mit anderen nach Antworten auf diese Fragen zu suchen.

Ein solcher Austausch über komplexe ethische Themen, für die es keine offenkundige Lösung gibt, setzt voraus, dass die Teilnehmenden sich über bestimmte evidente moralische Tatsachen einig sind. Das ist einer der Gründe, weshalb mit mörderischen Terroristen (etwa der Hamas) nicht ethisch verhandelt werden kann und ebenso wenig mit imperialen Aggressoren (wie der derzeitigen russischen Regierung), mit Rassisten oder Sexisten.

Nicht alle normativen Konflikte – also Konflikte zwischen Werturteilen – lassen sich ethisch lösen. Deshalb brauchen wir ein starkes, unabhängiges Rechtsstaatsprinzip sowie eine Armee und eine Polizei, die unsere Sicherheit gewährleisten und weitere politische Institutionen, die unser Verhalten regulieren, ohne auf das Gute in uns angewiesen zu sein.

Komplexe ethische Fälle ergeben sich daraus, dass sich die relevanten Folgen einer Handlung oft nicht klar einschätzen lassen – was wiederum daran liegt, dass unsere Handlungen eingebunden sind in gesellschaftliche und natürliche Zusammenhänge, deren Einzelheiten für uns immer in gewissem Maß undurchsichtig bleiben. Allerdings gilt: Für unsere normativen Einschätzungen sind zwar die Folgen einer Handlung entscheidend, doch die Ethik richtet sich nicht allein auf die Konsequenzen unseres Handelns für andere oder für die Umwelt. Bei der Ethik geht es sowohl darum, wie wir unsere Absichten bilden – und somit um uns als Individuen –, als auch um die sozialen und umweltbezogenen Auswirkungen und Umstände unseres Handelns. Für eine realistische Ethik müssen die *Deontologie,* der zufolge es bei der Ethik in erster Linie um

Absichten geht, und der *Konsequentialismus,* der unsere ethisch relevanten Handlungen anhand ihrer Folgen und ihrer Kontexte bewertet, kombiniert werden.

Jenseits des Moral-Relativismus

Natürlich stößt die Ethik noch an andere Grenzen als die der sozialen Komplexität. Ein klassisches Problem sind die sogenannten moralischen Dilemmata. Ein *moralisches Dilemma* ist eine tragische Situation, in der man das ethisch Gute nicht tun kann, ohne dabei jemandem Schaden zuzufügen, also gegen andere moralische Tatsachen zu verstoßen. Um auf das Beispiel der Pandemie zurückzukommen: Alle politischen Entscheidungsträgerinnen mussten zwischen widerstreitenden moralischen Tatsachen abwägen, um einen legalen Rahmen zu definieren, der so ethisch wie möglich war. Deshalb musste die Lösung der von der Pandemie aufgeworfenen Probleme politisch und konnte nicht einfach nur ethisch sein. Dies galt zum Beispiel bei den Schulschließungen: Einerseits schaden geschlossene Schulen der Ausbildung und der sozialen Entwicklung von Kindern und Jugendlichen, andererseits mussten Kontakte zwischen Menschen so weit wie möglich verringert werden, um das Funktionieren der Gesellschaft überhaupt weiter zu gewährleisten. Das heißt, Menschen musste Schaden zugefügt werden (und auch Gewerben, durch die in vielen Ländern verfügten Zwangsschließungen, etwa von Restaurants und Kinos), um die Gesellschaft als ganze gegen die Pandemie zu schützen. Zugleich war es unmöglich, wirklich alles dichtzumachen, bis das Virus verschwände, denn das hätte zu großes Leid angerichtet.

Die politisch Verantwortlichen mussten also unter den Bedingungen moralischer Dilemmata schwere Entscheidungen treffen. Es war nur in seltenen Fällen eine ethisch ideale Lösung zur Hand, man konnte auch nicht ausgiebig danach forschen, denn die Lage war zu dringlich. Wir müssen in solch einer Ausnahmesituation unseren politischen Repräsentanten vertrauen, gerade weil wir ihnen mit unseren Wahlstimmen und durch die Verfahren des parlamentarischen Regierens das Recht einräumen, unseren Willen zu vertreten und zum Wohle der Allgemeinheit Maßnahmen umzusetzen, mit denen wir selbst möglicherweise nicht einverstanden sind. Es ist eine der Funktionen von Politik, Entscheidungen angesichts moralischer Dilemmata zu treffen und auf diese Weise Probleme anzugehen, die sich durch reine Vernunft allein nicht lösen lassen. Politische Entscheidungen lassen sich deswegen nur selten vollständig ethisch begründen. Politik und Moral sind verschieden, auch wenn die Moral die Politik natürlich positiv beeinflussen sollte.

Zu komplexen Themen haben verschiedene Menschen unterschiedliche moralische Haltungen. In einer liberalen Demokratie sind die Institutionen – etwa der Staat oder die Justiz – so konstruiert, dass sie bis zu einem gewissen Grad die Existenz verschiedener moralischer Standpunkte respektieren. Solange niemand verletzt, ernstlich geschädigt oder nachweisbar diskriminiert wird, nehmen wir Uneinigkeit in Moralfragen hin. Aus diesem Grund ist es so verführerisch, fälschlicherweise die Möglichkeit einer wahren Ethik abzustreiten, also zu leugnen, dass auch auf komplexe moralische Probleme und Dilemmata objektiv gültige Antworten möglich sind. Viele gehen so weit, zu glauben, es sei eine Frage der demokratischen Toleranz, anderen die eigenen ethischen Werturteile nicht aufzudrängen.

Nun ist es zwar auch eine moralische Tatsache, dass wir moralische und kulturelle Unterschiede achten sollen, doch diese Toleranz hat ihre Grenze in unserer gemeinsamen Anerkennung evidenter moralischer Tatsachen. Wenn eine Gruppe in unserer Gesellschaft etwa glaubt, sie müsse eine andere Gruppe ermorden oder ihr auf sonstige Weise schweres Leid zufügen, stimmen wir gewiss nicht zu, dass dies zu tolerieren sei. Da wir also implizit oder explizit alle an die Existenz objektiver moralischer Tatsachen glauben, sollten wir auch alle daran interessiert sein, gemeinsam unser ethisches Wissen zu erweitern.

In diesem Zusammenhang definiere ich *moralischen Fortschritt* als die im großen Stil gesellschaftlich vollzogene Anerkennung einer bisher teilweise verborgenen moralischen Tatsache.[3] Wieder möchte ich ein einfaches Beispiel anführen, um diese Idee klarzumachen. Über einen langen Zeitraum der Menschheitsgeschichte wurde die Praxis der Besitzsklaverei weithin für akzeptabel gehalten. Sie stand sogar unter dem Schutz von Gesetzen, und die Arbeit versklavter Menschen war eines der wichtigsten Mittel, um wirtschaftliche Profite zu erzielen. Heute halten wir dies zu Recht für vollkommen unmoralisch. Dass inzwischen die meisten Menschen so denken, heißt, wir haben in dieser Hinsicht moralische Fortschritte gemacht.

Die Sklaverei war aber auch schon, als sie praktiziert wurde, unmoralisch, sogar böse. Um das herauszufinden, hätte es gereicht, die Sklaven selbst zu fragen. Oft, wenngleich nicht immer, sind die Opfer moralischen Fehlverhaltens am besten dazu in der Lage, über moralische Tatsachen auszusagen. Deshalb ist in jüngerer Zeit der moralische Fortschritt in demokratischen Gesellschaften immer wieder das Ergebnis von Protesten, sozialen Bewegungen und anderen Formen von Aktivismus gewesen. Zum Beispiel haben die Demonstrationen von *Fridays for Future* unser Bewusstsein für die ökologische Krise erheblich geschärft. Und unsere inzwischen ausgeprägtere Wahrnehmung der Gender-Ungleichheit (auch jenseits der binären Einteilung Mann/Frau) vergegenwärtigt uns allen, in welchem Ausmaß Gender-Diskriminierung und sexualisierte Gewalt immer noch grassieren und dass wir unser Bild von Geschlechterrollen und die damit verbundenen sozioökonomischen Realitäten gründlich ändern müssen. Die politischen Gegenbewegungen gegen solchen Aktivismus sind ihrerseits ebenfalls Aktivismus, den man ernst nehmen muss. Wo auch immer man im demokratischen politischen Spektrum steht, moralischen Fortschritt kann man nur erreichen, indem man die Andersdenkenden berücksichtigt und im Idealfall überzeugt. Das setzt echten Kompromisswillen voraus und keine belehrende, moralistische Haltung.

Moralischer Fortschritt braucht Dialog. Wir alle müssen denen zuhören, die andere moralische Ansichten und andere Vorstellungen von Ethik haben als wir. Das Ziel des Dialogs besteht darin, herauszufinden, worin die anderen recht haben, um die eigene Position im Hinblick auf einen echten Kompromiss zu verbessern. Der Dialog, das Gespräch zwischen den Generationen, den Religionen, Kulturen, Sprachen, sozialen Klassen, politischen Parteien und so weiter ist ein entscheidendes Instrument, um moralische Tatsachen zu erkennen, und somit ein Motor des moralischen Fortschritts.

Was ist Kapitalismus?

Dies führt mich zur zweiten Komponente des Wertesystems, das dieses Buch vorschlagen will: dem *Kapitalismus.* Allgemein gesprochen, bezeichnet Kapitalismus ein Grundelement unserer Wirtschaft. Anhand ökonomischer Handbücher und gängiger Definitionen von »Kapitalismus« können wir dafür folgende drei Voraussetzungen festhalten.[4] Kapitalismus erfordert:

1) Privateigentum an den Produktionsmitteln;
2) freie Verträge;
3) freie Märkte.

Die Produktionsmittel sind, grob gesagt, die Infrastruktur eines beliebigen unternehmerischen Projekts. Traditionell bezieht sich der Begriff auf die Ausstattung einer Fabrik, also zum Beispiel die Maschinen und die Gebäude. Wer Maschinen und ein Fabrikgebäude besitzt sowie über genug Finanzkapital verfügt, um Arbeiter zu beschäftigen, die mit den Maschinen Waren herstellen, ist ein Kapitalist. Er kann den mit dem Verkauf der Waren erzielten

Gewinn wieder neu investieren, um weiteren Gewinn zu erzielen und damit wiederum neue Geschäftsideen zu verwirklichen – und so weiter. Dies nennt man Akkumulation von Kapital. Dadurch kann die Wirtschaft wachsen, weil die Investitionen der Kapitalisten zur Produktion von materiellen Gütern und zur Bereitstellung von Dienstleistungen führen.

Das Konzept der freien Verträge besagt, dass es keine zentrale Instanz oder eigenständige dritte Partei gibt, die die Details eines Arbeitsvertrags aushandelt. Mit Regulierungen oder Eingriffen staatlicherseits ist dieses Konzept durchaus vereinbar: Schließlich schützt der Staat gleichermaßen die Verträge wie die Rechte der Arbeitenden – und das Recht der Kapitalisten, innerhalb des vorgegebenen gesetzlichen Rahmens, in dem Verträge ausgehandelt werden, Beschäftigte einzustellen oder zu entlassen. Das relevante Gegenstück zu freien Verträgen sind Feudalismus und Sklaverei, also unfreie Arbeit. Diese ist in der Tat ausbeuterisch und unmoralisch. Die Entstehung des modernen Kapitalismus hat einen Beitrag dazu geleistet, dass der Feudalismus und die Sklaverei verschwunden sind, wenn er zunächst auch noch davon profitierte, dass viele Menschen ausgebeutet werden konnten; Feudalismus und Sklaverei sind mit dem Kapitalismus letztlich nicht vereinbar, weil Vertragsfreiheit zu seinem Erfolgsrezept gehört.

Der dritte Bestandteil der Definition von Kapitalismus sind die freien Märkte. Ein Marktplatz ermöglicht es Menschen, ihre Werturteile hinsichtlich der Güter, die sie auszutauschen wünschen, zu vergleichen. Wenn ich Äpfel erzeuge und Sie eine Konsumentin sind, die gern Äpfel isst, treffe ich ein Werturteil, indem ich einen Preis für meine Äpfel festlege, und Sie treffen ein Werturteil, ob Sie den Preis zu zahlen bereit sind. Der Mechanismus, der den letztlich messbaren Wert von Waren auf dem Markt festlegt, ist nicht zentral gesteuert oder geregelt, in diesem Sinn also frei. Er geht aus dem Vergleich von Werturteilen aller am Markt Beteiligten hervor. Freie Märkte erzeugen Mehrwert, weil sie Foren zum Austausch von Werturteilen sind. Märkte sind also nicht allein Orte zum

Austausch von Gütern, die von Arbeitern in Fabriken hergestellt werden (was Karl Marx und seine Gefolgschaft für allzu zentral hielten).

Eine wichtige Art, Mehrwert zu produzieren, besteht darin, Verträge auszuhandeln, um die Arbeitskraft von Menschen zu kaufen und diese in einer Fabrik in die Erzeugung von Mehrwert zu investieren. Allgemein gesprochen, steht *Mehrwerterzeugung* für die folgende mysteriöse menschliche Gabe: Seit Jahrtausenden haben Menschen die Natur, so wie wir sie antreffen (Felsen, Steine, Bäume, Flüsse, menschliche und nicht-menschliche Tiere etc.), umgestaltet. Wir jagten, fertigten Werkzeuge an, pflanzten Kräuter und Blumen, zähmten Tiere – und auf dieser Basis begannen wir, komplexe Zivilisationen zu entwickeln. Damit veränderten wir den Wert der natürlichen Dinge, die wir in unserer Umgebung vorfinden. Ein Auto ist somit teurer als die Summe seiner Bestandteile, es hat also an Wert gewonnen. Ein Haus ist wertvoller als die Materialien, aus denen es gebaut ist, und ein Computer mit Software ist wertvoller als die Hardware, die wir im Elektromarkt kaufen. Die Differenz zwischen den Materialien und dem Wert, den sie im Kontext einer menschlichen Wirtschaft als Produkte erlangen, ist der Mehrwert.

Grob gesagt, glauben Marxistinnen und auch heutige Neomarxisten, Mehrwert werde prinzipiell durch menschliche Arbeit erzeugt. Der Preisunterschied zwischen den Teilen eines Autos und dem fertigen Auto gehe aus dem hinzugefügten Wert menschlicher Arbeit hervor. Marxisten glauben, dass die Kapitalisten (speziell Firmenchefs, die das von ihren Beschäftigten erzeugte Kapital investieren und reinvestieren können) die Arbeitenden ausbeuten, weil sie ihnen, etwa in Gestalt von Löhnen, nur einen Teil ihres Arbeitswerts zurückgeben. Doch dieses Konzept der Ausbeutung trifft allenfalls teilweise zu und übersieht, dass wir gegenüber den Ausbeutungsverhältnissen der frühen industriellen Revolution längst unzählige soziale Fortschritte gemacht haben. Das heutige Arbeitsrecht ist Ergebnis vieler kleiner und großer moralischer Fortschritte, weshalb es zum Glück zumindest in den wohlhabenden Staaten schon lange nicht mehr zutrifft, dass Lohnarbeit an sich ungerecht ist.

Überdies haben die modernen Wissensgesellschaften mit ihren Dienstleistungssektoren sowie die digitale Revolution Konzept und Wirklichkeit der Akkumulation von Kapital erheblich verändert. Längst wird nicht mehr aller ökonomischer Mehrwert direkt durch menschliche Arbeitskraft erzeugt, auch wenn Mehrwert grundsätzlich nach wie vor aus der menschlichen Umwandlung von Natur in kulturelle Produkte hervorgeht. Die Zeit, als die unbearbeitete Natur die ausschließliche Grundzutat unserer Wirtschaft war, ist vorbei. Zusätzlich zu den natürlichen Rohstoffen – einschließlich der sogenannten *seltenen Erden*, ohne die wir kein Internet hätten und keine Computertechnologie, wie wir sie heute kennen – verwandeln wir Kultur in weitere Kultur. Ein Beispiel dafür ist, wie Kunstwerke durch Spekulation auf dem Kunstmarkt an Wert gewinnen. Und zu einem großen Teil produziert unsere Wirtschaft mittlerweile immaterielle Güter und Dienstleistungen; dazu zählt auch neues Wissen.

Es ist heute üblich, das Rätsel der Mehrwerterzeugung mit den Konzepten des *Marginalismus* zu erklären. Der Marginalismus ist ein wichtiges Element der derzeit gängigen Wirtschaftstheorien. Er versucht zu begründen, warum Diamanten einen höheren Wert haben (oder zumindest teurer sind) als Wasser, obwohl Wasser den weitaus höheren unmittelbaren Nutzen hat. Der Mainstream-Wirtschaftswissenschaft zufolge hat Wasser einen größeren »Grenznutzen« (auf Englisch *marginal utility* genannt, daher der Begriff »Marginalismus«).

Nun sind dies sehr technische Konzepte aus der Wirtschaftstheorie. Für unsere Zwecke können wir eine neutralere Begrifflichkeit verwenden, die es uns zugleich erlaubt, über die technischen Konzepte der Mainstream-Wirtschaftswissenschaft teilweise hinauszugehen. In dieser neutralen Begrifflichkeit ist die Mehrwerterzeugung ein Nebeneffekt unserer Werturteile. Wenn ich einen frischen Apfel höher wertschätze als andere Dinge, die ich mir für, sagen wir, einen Euro kaufen könnte, dann kann ich einen Euro gegen einen frischen Apfel eintauschen. Je nachdem, wie viele andere Menschen in ähnlicher Lage frische Äpfel ebenfalls zu schätzen wissen, und wie viele frische Äpfel verfügbar sind, ist der Preis für den Apfel das Resultat zahlreicher Werturteile. Zu diesen Urteilen zählen auch die Einschätzungen derer, die die Äpfel erzeugen und verkaufen, darüber, welchen Wert die Verbraucher den Früchten beimessen werden. Ist ihr Preis zu hoch, werden sie keine Äpfel verkaufen, sondern die Konkurrentinnen, die einen niedrigeren Preis verlangen. So entsteht ein echter und erwarteter Wettbewerb. Der Preis für eine Ware oder Dienstleistung ist demnach ein Maß für ein komplexes System von Werturteilen, Erwartungen, kulturellen Praktiken und menschlichen Grundbedürfnissen. Auf diese Weise fußt die Wirtschaft zwar auf dem, was wir als Menschen zum Überleben brauchen, doch sie beginnt diese Grundlage zu überschreiten, sobald wir unsere elementaren Bedürfnisse einigermaßen versorgt haben. Dann beginnen wir, Diamanten und andere nutzlose Dinge zu produzieren, auf die wir unseren Drang nach Höherem richten können.

Der Grund, warum das Leben unter kommunistischen Regimen grau ist, liegt darin, dass sie die Erzeugung solcher Sehnsüchte verhindern wollen, um die Arbeiter vor Ausbeutung zu schützen und eine bessere Welt zu schaffen, in der wir keine Diamanten und keine Konsumartikel herstellen, mit deren Produktion wir die Ökosysteme und damit unseren Planeten zerstören. Doch es gibt bessere Wege, um die von unseren komplexen Wirtschaftssystemen geschaffenen Probleme zu lösen – Wege, die das Leben nicht grau machen, sondern zum bunten, vielfältigen Reichtum der liberalen Demokratien beitragen, der auf dem Respekt für individuelle Konsumwünsche und glitzernde Objekte beruht. Die Frage ist, wie wir mit gutem Handeln Gewinne erwirtschaften können und dabei von den Vorteilen der freien Märkte und somit von der Kreativität profitieren können, die ein moralisch ausgerichteter Wettbewerb freisetzt.

Die freien Märkte und der Staat

Dass auf Märkten verhandelt wird, führt zu einer ökonomischen Wertsteigerung – messbar zum Beispiel in Geldsummen – als Ausdruck der Verhandlungsergebnisse. Die Waren und Dienstleistungen selbst haben keinen spezifischen ökonomischen Wert, sondern nehmen diesen erst im Rahmen des sozialen Austauschs an. Was Sie heute für 5000 Euro kaufen können, ist nicht automatisch dasselbe, was sie morgen dafür bekommen, denn alle Preise sind prinzipiell ständig in Bewegung, aufgrund des alltäglichen sozialen Wandels und Austauschs.

Auch hier sei darauf hingewiesen, dass das Konzept der freien Märkte nicht gegen staatliche Regulierung spricht. Märkte funktionieren innerhalb gesetzlich geschützter Grenzen, die unter anderem den Handel mit bestimmten Gütern verbieten – als Beispiel kann abermals die Abschaffung der Sklaverei dienen oder dass es in Demokratien untersagt ist, Wählerstimmen zu verkaufen.

Das Gegenstück zu freien Märkten sind *geplante Märkte*, ist also Kommunismus im strikten Sinn: Dort legt der Staat oder eine andere zentrale Instanz fest, welche Waren zu welchem Zweck hergestellt und zu welchem Preis sie verkauft werden. Kapitalismus und staatliche Regulierung sind aber nicht unvereinbar. Im Gegenteil, in den soziopolitischen Systemen der modernen liberalen Demokratie (wie in der deutschen sozialen Marktwirtschaft) ergänzen sie einander sogar: indem der Staat das Privateigentum schützt und ein gesetzliches und gesellschaftliches Regelwerk für legitime Markttransaktionen vorgibt. Die Idee eines völlig anarchistischen Kapitalismus, der überhaupt keiner staatlichen Regulierung unterworfen ist – auch gern als »*laisser-faire*« bezeichnet –, ist inkohärenter Unfug. Denn in einem solchen System könnte kein rechtlicher Rahmen das Privateigentum und die Verträge schützen – und das würde die Wirtschaft zerstören.

Was ist Gesellschaft?

Der dritte wichtige Begriff, den wir klären müssen, ist *Gesellschaft*. Mit Gesellschaft meine ich das größte Ganze aller Transaktionen, bei denen mindestens zwei Akteure ihre Haltungen einander anpassen. Eine Gesellschaft in diesem umfassenden Sinn ist die Summe aller Transaktionen – eine Summe, die sich nicht wirklich berechnen lässt.

Das muss natürlich genauer erläutert werden. Nehmen wir erneut ein einfaches Beispiel aus dem Alltag: Stellen Sie sich vor, Sie sind beim Schaufensterbummel in einer Großstadt, sagen wir Tokio. Eine Ihnen unbekannte Person kommt Ihnen entgegen. Normalerweise werden Sie beide versuchen, nicht zusammenzustoßen, und manchmal ergibt sich dabei die lustige Szene, dass Sie beide zugleich erst auf die eine, dann auf die andere Seite ausweichen, ehe Sie einen Weg finden, die körperliche Berührung zu vermeiden. Zusammen haben Sie beide in dieser Situation eine Mikrogesellschaft gebildet oder, wie ich das in der Sprache der gegenwärtigen Soziologie nenne, eine *soziale Formation*. Eine Nachricht auf WhatsApp zu verschicken, in einer komplizierten geschäftlichen Verhandlung zu stecken, ein T-Shirt zu kaufen, ein Online-Videospiel zu zocken oder ein Auto auf einer Landstraße zu fahren: All dies ergibt soziale Formationen. Und wenn wir wiederum all diese Transaktionen summieren zum größten Zusammenhang, in dem sie stehen, erreichen wir die Ebene einer Gesellschaft.

Natürlich setzen sich soziale Formationen auch zu kleineren Strukturen zusammen, sodass die Gesellschaft als größtes Ganzes sich wiederum in kleinere, als solche untersuchbare Einheiten unterteilen lässt. Diese Strukturen werden von den verschiedenen Gesellschaftswissenschaften erforscht, also etwa der Soziologie, der Politikwissenschaft, der Ethnologie oder der Wirtschaftswissenschaft. Solche Forschung lässt uns besser verstehen, wie soziale Formationen – sprich: die kleineren Bestandteile von

Gesellschaft – zusammenhängen innerhalb des größten Ganzen, das niemand wirklich überblickt. Denn selbst die Kombination aller Gesellschaftswissenschaften kann uns weder eine vollständige Theorie der Gesellschaft noch ein Bild der Gesellschaft als ganzer bieten. Das ist einer der Gründe, warum sich künftige Zustände einer Gesellschaft nicht vorhersagen lassen.

An dieser Stelle muss betont werden, dass es keine übergreifende, einheitliche menschliche Gesellschaft gibt. Nicht alle sozialen Transaktionen hängen mit allen anderen zusammen, nicht alle Menschen sind direkt oder indirekt mit allen anderen Menschen verbunden. Auch wenn die Vernetzung im Digitalzeitalter enorm zugenommen hat, existiert nach wie vor keine *Weltgesellschaft* aller Menschen.

Nur manche Teile der Gesellschaft sind von ökonomischen Parametern bestimmt. Die Gesellschaft als ganze und die Wirtschaft überschneiden sich, sie sind aber nie dasselbe. Die Wirtschaft unter kapitalistischen Bedingungen ist nur ein – wenngleich wichtiger – Teil unseres sozialen Lebens. Sie betrifft die Produktion und den Austausch von Waren, Wissen und Dienstleistungen, wodurch Mehrwert erzeugt wird.

Welche Teile einer Gesellschaft von ökonomischen Parametern bestimmt werden, hängt von der jeweiligen Wirtschaftsordnung ab. Im Kapitalismus sind zu unterschiedlichen Zeiten unterschiedliche Teile der Gesellschaft in die Wirtschaft einbezogen gewesen. In fortschrittlichen kapitalistischen Industriegesellschaften wachsen vor allem der Dienstleistungssektor und der digitale Sektor; hier dienen Wissenschaft und Technologie zunehmend der Erzeugung immaterieller Güter. Aber auch hier bleiben Wirtschaft und Gesellschaft immer bis zu einem gewissen Grad unterschieden und beeinflussen einander.

Wirtschaft und Gesellschaft sind nie identisch

Der Kapitalismus achtet nicht zuletzt die Privatsphäre, denn die Privatsphäre ist der Raum für immer neue Wünsche, etwas zu verkaufen, zu kaufen und zu konsumieren. Diese Wünsche sind der Treibstoff des Kapitalismus. Hingegen versucht der Kommunismus, das Politische und das Ökonomische in solchem Maß zu verknüpfen, dass fast kein Raum der Gesellschaft von ökonomischen Erwägungen frei bleibt. Dem Kommunismus ist die Privatsphäre nicht so wichtig wie dem Kapitalismus. Er ist darauf angewiesen, die Komplexität unserer persönlichen Wünsche zu reduzieren, um sie für seine Planwirtschaft vorhersagbar zu machen. Doch weder Kapitalismus noch Kommunismus sind imstande, Gesellschaft und Wirtschaft in eins zu setzen.

Beide wiederum, Gesellschaft und Wirtschaft, sind eingebettet in andere Systeme, etwa das der Natur, die somit zur *Umwelt* unserer sozioökonomischen Aktivitäten wird. Menschliche Tiere sind zur Erzeugung von Mehrwert nur in einer Umwelt in der Lage, deren natürliche Ressourcen nicht vollständig der sozioökonomischen Bewertung unterworfen sind. Will sagen: Es ist unmöglich, die gesamte Natur auf unserem Planeten und in seiner näheren Umgebung unserem Profit- und Konsumstreben zu unterwerfen. Wir brauchen mehr oder weniger unberührte Natur (Naturschutzgebiete, Urwälder, den Meeresboden und eine Atmosphäre, in der wir atmen können, sauberes Trinkwasser), um die Natur teilweise für unsere Interessen einsetzen und verwerten zu können. Welche Teile der Natur zu Teilen der Wirtschaft werden, ist Gegenstand soziopolitischer Debatten und somit potenziell auch staatlicher Regulierung. Dies hat in Zeiten der Klimakrise erheblich an Bedeutung für unsere wirtschaftlichen Aktivitäten gewonnen. Denn wir wissen heute, dass Umweltschutz eine Bedingung dafür ist, dass wir auch in Zukunft noch erfolgreich wirtschaften können.

Jede Wirtschaft muss wachsen, damit sie funktionieren kann.

Doch wie wir noch sehen werden, heißt das nicht, dass der Kapitalismus unseren Planeten zerstören muss, weil das Wachstum die planetaren Grenzen überschreitet. Kapitalistisches Wirtschaftswachstum muss nicht gleichbedeutend damit sein, immer mehr materielle Ressourcen zu verbrauchen, bis wir unsere Lebensgrundlagen vollends geplündert haben. Denn nicht alle wirtschaftlichen Tätigkeiten und alles Wirtschaftswachstum beruht auf einer direkten oder indirekten Umweltzerstörung.

Auch die Sektoren Dienstleistung und Wissen sind Teil unserer Wirtschaft, wodurch sie wächst. Ein Dienst, den eine Firma anbietet – ein Beispiel wäre die Ausbildung an einer privaten Schule oder Hochschule –, hat einen ökonomischen Wert, also einen Preis, und kann Gewinn erzeugen, verbraucht dabei aber nicht direkt Ressourcen unseres Planeten. Schulen, Hochschulen, Forschungseinrichtungen und andere Systeme der Wissensproduktion und Weiterbildung tragen ebenfalls zum Wirtschaftswachstum bei, ohne deswegen automatisch die planetarischen Ressourcengrenzen zu sprengen. Natürlich ist auch die materielle Infrastruktur von Bildungseinrichtungen mit dem Verbrauch von Ressourcen verbunden, doch es wäre falsch, den Mehrwert von Bildung auf seine verdeckten materiellen Voraussetzungen zu reduzieren – als wäre eine Hochschule oder eine Internetfirma eine Art Fabrik.

Kurz gefasst: Die Wirtschaft ist nie mit der Gesellschaft identisch. Nicht alles, was Menschen tun, hat einen Preis und ist Gegenstand ökonomischer Werturteile. Überdies ist der Kapitalismus auch nicht identisch mit all unseren wirtschaftlichen Aktivitäten. Was wir Kapitalismus nennen, ist nur eine lose verbundene Menge von Voraussetzungen für den Austausch von Werturteilen auf Märkten. Unser Wirtschaftsleben und unsere ökonomische Wirklichkeit sind komplexer: Sie umfassen viele nicht kapitalistische Bedingungen und Werturteile – darunter ethische, rechtliche, politische, religiöse und ästhetische Werte, die sich nie vollständig kommerzialisieren lassen. Auch in diesem Sinne beruht der Kapitalismus auf Freiheit, nämlich der Freiheit unserer Privatsphäre und aller Tätigkeiten, Dinge und Personen, deren Wert und Würde auf Märkten nicht verhandelt werden.

Die Idee des ethischen Kapitalismus

Die Idee des ethischen Kapitalismus besteht darin, Ethik und Kapitalismus zu verbinden. Wir können und sollen davon profitieren, dass wir moralisch Gutes tun. Der Kapitalismus kann eine Plattform sein, um die Menschheit voranzubringen und moralischen Fortschritt zu erzielen. Dies ist einer der Gründe, warum der Kapitalismus in der Moderne zu einer weithin akzeptierten Erfolgsgeschichte wurde. Im Laufe seiner historischen Entwicklung und der damit einhergehenden soziopolitischen Kämpfe hat er bereits zu erheblichen wissenschaftlich-technischen Fortschritten geführt, und den Mehrwert, den er produziert, können Unternehmen, Politik und Gesellschaft dazu nutzen, Gutes zu tun. Der Staat braucht Steuereinnahmen, um moralisch relevante Dienste anbieten zu können – wie Gesundheitsversorgung, Chancengleichheit oder kostenlose Schulbildung –, und Steuereinnahmen sind ein Nebeneffekt des Wirtschaftslebens. Es ist beides möglich: Gewinne dadurch zu erwirtschaften, dass man moralisch Gutes tut (also ethischer Kapitalismus), und Profit zu machen, um anschließend damit moralisch Gutes zu tun. Wir können beides verbinden und Profite, die wir mit moralisch Gutem erwirtschaftet haben, wieder dafür verwenden, moralisch Gutes zu tun. Strategien der sozial gerechten Umverteilung und ethischer Kapitalismus lassen sich kombinieren.[5]

Daher ist es sowohl falsch als auch gefährlich, einen Systemwechsel oder eine Revolution mit der Begründung zu fordern, die kapitalistische Gesellschaft sei (und erscheine nicht nur) fundamental unfair, ausbeuterisch, gierig, zerstörerisch. Zumal es eine *kapitalistische Gesellschaft* genau genommen gar nicht geben kann.

Der Kapitalismus ist immer bloß ein wichtiger Aspekt des Wirtschaftslebens, welches wiederum Teil der Gesellschaft ist – diese aber umfasst weitaus mehr als lediglich die wirtschaftlichen Aktivitäten.

In der Moderne ist der Kapitalismus eingebettet in ein größeres liberales Projekt, in dem nicht eine einzelne Ebene des gesellschaftlichen Lebens die Gesellschaft als ganze bestimmen oder beherrschen soll. Gäbe es eine kapitalistische Gesellschaft, in der alle Transaktionen als kommerzielle Güter auf Märkten betrachtet würden, wäre sie ein totalitärer Albtraum, denn in dieser Gesellschaft könnten auch Menschenrechte verkauft und Politiker gekauft werden. Sie wäre durch und durch korrupt. Zum Glück sind wir hierzulande aber von einer solchen Gesellschaft weit entfernt. Dass die radikale marxistische und neomarxistische Linke oft behauptet, wir lebten in einer rein kapitalistischen Gesellschaft, ist Teil ihrer Ideologie. Ich werde in diesem Buch argumentieren, dass sie eine falsche Vorstellung von Gesellschaft hat, ein falsches Bewusstsein von sozialer Wirklichkeit.

Gewiss: Weder der Kapitalismus noch unsere Gesellschaften sind perfekt. Wir brauchen dringend mehr moralischen Fortschritt, denn uns drohen finstere Zeiten, wir sind bedrängt von welthistorischem Übel in massiven Ausmaßen. Auch wenn es in funktionierenden liberal-demokratischen Systemen heute mehr oder weniger friedlich zugeht, können wir es beim gegenwärtigen Stand der ethischen Entwicklung nicht bewenden lassen. Allzu vieles liegt im Argen, was ungerechte Verteilung, Rassismus, Sexismus, häusliche Gewalt, böswillige ökonomische Akteure, durch schlechte Geschäftsmodelle hervorgerufene Umweltkatastrophen angeht, aber auch, was überheblichen Moralismus betrifft. Diese gesellschaftlichen Probleme gilt es anzugehen, und die Idee des ethischen Kapitalismus besteht darin, moralischen Fortschritt auch zum Wirtschaftsmotor zu machen.

Das Anliegen dieses Buchs

Auf der Grundlage der nun umrissenen Definitionen und Konzepte werde ich argumentieren, dass wir unsere Gesellschaften deutlich verbessern können und sollten, indem wir die kapitalistische Infrastruktur dazu nutzen, durch moralisch gutes Handeln ökonomischen Gewinn zu erzeugen. Ich glaube fest daran, dass Profite aus moralisch gutem Handeln ökonomisch nachhaltiger sind und letztlich größeres Wachstum hervorbringen, als wenn wir aus dem willkürlichen und gierigen Verlangen handeln, nur möglichst schnell Reichtum und Kapital anzuhäufen. Das heißt, die Geschäftswelt trägt eine besondere Verantwortung, die sie nicht durch Rufe nach mehr Regulierung an den Staat auslagern kann. Ethische Selbstregulierung innerhalb der Wirtschaft und politische Regulierung, die die Gestalt von Gesetzen annimmt, müssen Hand in Hand gehen.

Veranschaulichen lässt sich dieser Gedanke anhand eines letzten einfachen Beispiels, das ich – mit einem Begriff Immanuel Kants aus der *Kritik der praktischen Vernunft* – »das höchste Gut« nenne. Stellen Sie sich vor, Sie gründen ein Energieunternehmen, das mittels einer neuen Technologie, die natürliche Ressourcen verwertet, ohne ökologischen Schaden anzurichten, unser derzeitiges Energiedilemma, also den Mangel an erneuerbaren Energien, überwindet. Es könnte die Kernfusion sein oder eine ganz neuartige Methode, um die vorhandene Energie des Universums zu nutzen. Eine solche Erfindung wäre die Lösung für eins der größten moralischen Probleme, mit denen die Menschheit im Zeitalter der Klimakrise konfrontiert ist. Sie würde in erheblichem Ausmaß moralisch Gutes bewirken. Zugleich würde die Kapitalistin, die so ein erfolgreiches Unternehmen gründet, so reich wie nur irgend vorstellbar.

Der ethische Kapitalismus ist nicht naiv. Böswillige Akteure gab es immer und wird es immer geben. Zusätzlich zur Selbstregulierung anhand ethischer Prinzipien werden wir daher immer auch staatliche Regulierung brauchen. Zudem sind nicht alle ökonomischen Güter und nicht jede Erzeugung von Mehrwert moralisch bedeutsam. Doch bei genauerer Betrachtung dient unsere Wirtschaft allgemein dazu, Probleme von Menschen zu lösen und den Interessen von Menschen nachzukommen. Somit hat unser ganzes Wirtschaftsleben eine moralische Dimension und ist offen für ethische Untersuchungen.

Ökosozialer Liberalismus

Als Ergänzung zum neuartigen Konzept eines ethischen Kapitalismus werde ich hier einen ethischen und politischen Werterahmen vorschlagen, in den der ethische Kapitalismus eingebettet sein soll. Diesen Werterahmen nenne ich *ökosozialen Liberalismus*. Sein Leitgedanke besteht darin, das soziopolitische Leben auf das Ziel größerer gesellschaftlicher Freiheit hin ausgerichtet zu sehen – und zwar nicht nur für Menschen, sondern auch für die anderen Lebewesen und komplexen Systeme, mit denen wir zusammenleben und zusammenarbeiten müssen, um als die prosozialen Säugetiere zu existieren, die wir nun einmal sind. Die menschliche Gesellschaft steht nicht außerhalb der Natur. Sie ist tief eingebettet in unsere ökologische Nische, die wiederum Teil des Planeten ist.

Der ökosoziale Liberalismus ist so konzipiert, dass er einige Defizite früherer Formen des politischen Liberalismus ausbessern kann. Insbesondere weist er die technokratische und expertokratische Vorstellung zurück, unsere Gesellschaften könnten sich allein auf der Basis ökonomischer Modelle und technisch-wissenschaftlichen Fortschritts weiterentwickeln. Die liberale Demokratie braucht dringend ein stärkeres Wertefundament, eine volle Anerkennung der ethischen Grundlagen der Moderne und somit der Verbundenheit von Gesellschaft und Natur. Ohne diese Einsicht in die *conditio humana* kommen wir nicht voran. Rein theoretische Faktenkenntnis reicht zudem nicht aus. Wir brauchen Werturteile, praktische Vernunft, Weisheit und kulturelle Bildung, um das Wirtschaftsleben zu verbessern und neue Wege zum ökonomischen Gedeihen angesichts der planetaren *Grenzen des Wachstums* (so der Titel der berühmten Studie zur Zukunft der Weltwirtschaft, die der Club of Rome 1972 vorlegte) zu schaffen. Deshalb ist die Idee des ethischen Kapitalismus Teil eines breiteren normativen Ansatzes: ein Vorschlag, wie wir über uns selbst denken sollten, um die *conditio humana* im 21. Jahrhundert für so viele Menschen wie möglich zu verbessern. Ebendieser breitere normative Ansatz ist der ökosoziale Liberalismus. Um an seiner Verwirklichung zu arbeiten, müssen wir neue Formen der Kooperation innerhalb der Arbeitsweisen des ethischen Kapitalismus entwickeln.

Verschachtelte Krisen. Zur Komplexität der gegenwärtigen Lage

Die Situation, in der die Menschheit sich momentan befindet, ist, gelinde gesagt, komplex. Eine Vielheit von Krisen trifft aufeinander, die sich gegenseitig verschärfen. Es fällt schwer, optimistisch zu bleiben – aber gerade deshalb brauchen wir neuartige und dennoch realistische Visionen von einem guten Leben, das mit anderen geteilt werden kann. Die Welt ist im Aufruhr und die *conditio humana* in schlechtem Zustand. Zweifellos scheinen wir in finsteren Zeiten zu leben, geprägt von neuen Kriegen, Terrorismus und existenziellen Gefahren im Zusammenhang mit Klimawandel, Pandemien oder auch einem wissenschaftlich-technischen Fortschritt, der in ungeahnter Weise in unser Leben eingreift oder bei dem uns gar die Selbstvernichtung droht. Fast alle sozialen und natürlichen Systeme auf dem Planeten Erde sind in der Krise. Das betrifft die Wiederkunft der Geopolitik und die Rückkehr zu »harten« Grenzen; die ungeahnten Ausmaße wirtschaftlicher Ungleichheit im Nachgang der Covid-Pandemie; die immer deutlicher spürbaren Auswirkungen des menschengemachten Klimawandels und unsere offensichtliche Unfähigkeit, diese ökologische Katastrophe abzuwenden; die Krise der liberalen Demokratie angesichts rechts- und linksautoritärer (illiberaler) Alternativen; die absehbare Krise der Arbeit infolge des technisch-wissenschaftlichen Fortschritts und der Automatisierung (Stichwort KI); der demografische Wandel (überalternde Gesellschaften); die Infrastrukturkrise in vielen Industrieländern; Terrorismus und Imperialismus; Hunger und extreme Armut …

Einer bekannten Diagnose zufolge summieren sich all diese Krisen zu einem einzelnen System: die viel diskutierte *Polykrise.* Ins Gespräch gebracht hat diesen Begriff zuletzt vor allem der Historiker Adam Tooze.[6] Doch sollten wir mit einer solchen Diagnose vorsichtig sein. Denn sie suggeriert, es könnte eine einzelne Ursache oder einen gemeinsamen Auslöser für all die genannten Krisen geben – zum Beispiel die Klimakrise. Wenn wir glauben, die Klimakrise bilde die relevante Wurzel all der anderen Krisen (was nicht unplausibel scheint), dann erblicken wir tatsächlich Elemente davon in allen anderen Krisen. Zum Beispiel hängt der russische Angriffskrieg gegen die Ukraine ganz sicher mit der Energietransition von einer fossil betriebenen Moderne hin zu einer erneuerbaren, letztlich zyklischen Wirtschaft zusammen, die die planetaren Grenzen achtet. Da Russlands Wirtschaft stark von seiner fossilen Industrie geprägt ist und diese sich durch die Transition zu grüner Energie in Europa bedroht sieht, ist die geopolitische Konstellation zumindest teilweise in die umfassendere ökologische Krise eingebettet.

Bloß ist die Lage leider viel komplizierter – oder vielmehr: komplexer. Denn es gibt etliche weitere Ursachen und Gründe für den russischen Angriffskrieg, und sie alle sind miteinander verbunden im spiralförmigen System der Krisen, bei dem dieses Buch ansetzt. Bei näherer Betrachtung ist es natürlich unmöglich, den russischen Angriff gegen die Ukraine auf ökologische Hintergründe zu reduzieren, so bedrohlich der Klimawandel auch sein mag. Denn für den russische Angriffskrieg sind auch Fragen der ethnischen und religiösen Identität von Bedeutung, eine jahrhundertelange Geschichte von Unrecht und Krieg, Traditionen des russischen Imperialismus, geopolitische Interessen des Westens, der Zusammenbruch der Sowjetunion und wirtschaftliche Ungleichheit innerhalb Russlands.

Tatsächlich können wir jede der eingangs aufgezählten Krisen nehmen und sozusagen durch ihre Linse die anderen Krisen deuten. Richten wir den Fokus zum Beispiel auf den wissenschaftlich-technischen Fortschritt, dann sehen wir, wie er unbeabsichtigte Folgeerscheinungen und Kollateralschäden in anderen Sphären nach sich zieht. Ohne technisch-wissenschaftlichen Fortschritt würden das Internet, Smartphones und damit die Voraussetzungen für die sozial disruptiven Netzwerke wie Facebook, Google, Amazon, Twitter etc. nicht existieren. Sobald diese Innovationen in soziopolitischen Zusammenhängen der echten Welt genutzt werden, führen sie potenziell zu Phänomenen totalitärer Kontrolle, der Verhaltensanpassung in Gestalt eines »Überwachungskapitalismus« (um Shoshana Zuboffs Begriff aus ihrem Buch *Das Zeitalter des Überwachungskapitalismus* aufzugreifen), der für die Demokratie gefährlichen Polarisierung, der Zerstörung des Geschäftsmodells klassischer Aufklärungsmedien (etwa der Presse) und so weiter. Ohne den technisch-wissenschaftlichen Fortschritt gäbe es nicht einmal die Klimakrise als existenzielle Bedrohung, denn dieser Fortschritt brachte den Verbrennungsmotor, machte die Verwendung seltener Erden möglich, die Rohstoffindustrie, die Kernenergie und vieles mehr, was die materiellen Bedingungen für den Triumph des Industriekapitalismus über das vormoderne Wirtschaftsleben schuf.

Ist Kapitalismus schlecht?

Unsere Krisen sind also komplex. Sie sind alle miteinander verbunden in verschachtelten Systemen, die sich zu einem nie zuvor beobachteten Grad an sozioökonomischer Komplexität summieren. Mein Buch stellt sich dieser Komplexität und versucht, ein sozioökonomisches Wertesystem zu identifizieren, das keine simplen (populistischen) Lösungen für wahrhaft komplexe Probleme vorgaukelt.

Gewiss, es ist angesichts des komplexen Systems der verschachtelten Krisen verführerisch, die mannigfachen globalen Herausforderungen, vor denen wir stehen, auf eine einzelne Ursache zurückzuführen. Einem gängigen Reflex des progressiven Denkens zufolge ist der prominenteste Kandidat für diese Einzelursache *der Kapitalismus.* Kapitalismus wird dabei als Begriff für ein übergeordnetes Wirtschaftssystem der Moderne verwendet, das auf dem fatalen Irrglauben an ein ewiges und grenzenloses quantitatives Wachstum beruht; es bildet somit die Formel für die katastrophale Selbstzerstörung der Menschheit. Aus Sicht dieser schlichten Kapitalismuskritik ist das moderne Wirtschaftsleben nichts weiter als ein Geflecht aus der Kommerzialisierung aller Dinge und der Ausbeutung von Menschen wie auch ihrer nicht-menschlichen Umwelt. Wäre das wahr, müssten wir entweder den Kapitalismus stoppen (Bloß wie?) oder, wie Karl Marx, darauf hoffen, dass er sich unter dem Druck seiner inneren Widersprüche irgendwie von selbst erledigt.

Im zweiten Teil des Buchs werde ich argumentieren, dass diese Analyse am Thema vorbeigeht. Niemand kann den Kapitalismus beenden (auch wenn manche es sich noch so sehr wünschen mögen), und er wird auch nicht von selbst verschwinden. Die diversen Widersprüche, historischen Kämpfe und sozialen Gegensätze, die wir zum gegenwärtigen Zeitpunkt erkennen können, setzen sich nicht zu einer Dialektik zusammen, sprich: zu einem geschichtlichen Motor, der sich gemäß einer sichtbaren oder verborgenen übergeordneten Vernunft bewegt. Es gibt keine quasi physikalischen Gesetze für die sozioökonomische Entwicklung der Menschheit. Sie gehorcht keinen festen Regeln, die wir mithilfe der Geschichtsforschung oder der Sozialwissenschaften entdecken können, um dann unsere Politik und unsere Problemlösungen an diesen Entdeckungen auszurichten.

Ich werde dagegen argumentieren, dass Menschen fundamental frei sind, jetzt und immer, und dass sie daher unberechenbar bleiben. Diese Annahme ist folgenreich. Insbesondere bedeutet sie, dass es keine einzelne Ursache für unsere Probleme und Krisen gibt und dass sie sich auch nicht zu einer kompakten *Polykrise* zusammenfügen. Vielmehr haben wir es mit einem sozial komplexen Geflecht dessen zu tun, was ich an schon anderer Stelle *nested crises*, also verschachtelte Krisen bezeichnet habe.[7]

Wir müssen unser Konzept der Moderne aktualisieren

Um neue Pfade zur Problemlösung im 21. Jahrhundert zu erschließen, müssen wir unser Selbstverständnis und damit unseren Begriff von der modernen Welt aktualisieren. Mein Ziel ist es, das moderne Projekt der menschlichen Emanzipation von der Unterwerfung unter unfreie Formen der Interaktion einerseits und von den blinden, namenlosen Naturbedingungen für Überleben und Gedeihen andererseits zu verteidigen.

Dazu brauchen wir dringend eine *Neue Aufklärung* – für ein Mehr an Freiheit und eine daran ausgerichtete Reform unserer Wirtschaftssysteme. In diesen Zusammenhang stelle ich mein Argument, dass ein ethischer Kapitalismus möglich ist. Ethischer Kapitalismus heißt, wir können und sollten davon profitieren, das moralisch Gute zu tun. Es handelt sich also um einen sowohl ethischen als auch ökonomischen Ansatz. Im ethischen Kapitalismus wird moralischer Fortschritt in unternehmerische Aktivitäten umgesetzt, deren Hauptanliegen darin besteht, die Lebensbedingungen für so viele Menschen wie möglich zu verbessern.

Wie Colin Mayer, emeritierter Professor für Management Studies in Oxford, einer meiner wichtigsten Gesprächspartner für dieses Projekt, in seinem Buch *Capitalism and Crises* ausführt, gibt es ein Konzept des »wahren Profits«. Ihm zufolge ist Profit keine Funktion kurzfristiger materieller Gewinne für eine kleine Gruppe von Menschen.[8] Wahrer Profit besteht vielmehr darin, neue Wege für Problemlösungen zu finden. Diese lassen sich dann natürlich kapitalisieren, kommerzialisieren und in materielle Gewinne umsetzen, ohne die wir keine funktionierenden Arbeitsmärkte und keinerlei moderne Infrastruktur hätten. Wie auch immer die konkreten Lösungen für unsere globalen Probleme aussehen werden: Wir brauchen materielle Ressourcen – unter anderem die nötigen finanziellen Mittel –, um sie zu verwirklichen. Aus diesem Grund ist es so falsch wie gefährlich, als Erstes den Kapitalismus abschaffen zu wollen. Vielmehr sollte man realistischere Lösungen für unsere komplexen Probleme ins Auge fassen.

Zugleich sollte kein Aufruf zum Realismus uns blind machen für zukunftsorientiertes Denken. Die Tatsache, dass es mit dem Kapitalismus nicht so bald zu Ende gehen wird, bedeutet nicht, dass wir uns mit den schlechten Seiten des Status quo abfinden müssen. Im Gegenteil, sie zwingt uns, neu über das Wesen des Kapitalismus nachzudenken, seine Kräfte zu verstehen und realistische, aber dennoch zukunftsweisende Reformen vorzuschlagen, die, wie wir sehen werden, durchaus radikal sein können.

Wie sie dann genau umgesetzt werden, hängt unter anderem von demokratischen Entscheidungsprozessen ab. Denn wir brauchen dafür neue Regelungen und gesetzliche Rahmenbedingungen, und die lassen sich in liberalen Demokratien nur schaffen, indem man zu Kompromissen bereit ist und auch mit Leuten verhandelt, die zu diesen Themen andere Überzeugungen vertreten. In liberalen Demokratien diskutieren wir darüber, wie wir staatliche Ressourcen schaffen und verteilen und wir wir unsere gemeinsamen Probleme lösen wollen. Da es nur in seltenen Fällen eine einzige richtige Wirtschaftspolitik gibt (Stichwort: Schuldenbremse), müssen wir eine Vielheit möglicher Lösungen und Haltungen vortragen, aus denen wir dann im Rahmen demokratischer Verfahren auswählen.

Allerdings werden sich die Reformen hin zum ethischen Kapitalismus oft auf gemeinsame Realitäten stützen können, nicht zuletzt auf unsere *conditio humana*, die letztlich überall dieselbe ist, auch wenn wir uns in viele verschiedene Identitäten aufgeteilt haben. Denn auch in einer Demokratie ist nicht alles wählbar und abwählbar. Die liberale Demokratie selbst sollten wir nicht abwählen, weshalb eindeutig demokratiefeindliche Meinungen kein Gehör verdienen, weil sie keine Lösungen anbieten, sondern versuchen, alle echten Lösungsvorschläge zu sabotieren. Und bezüglich mancher Faktenfragen sollten wir ebenfalls nicht auf die Idee kommen, sie zur Wahl zu stellen. Dass der Klimawandel brandgefährlich ist, ist ebenso eine demokratisch nicht weiter zu verhandelnde Tatsache wie, dass es universale Menschenrechte gibt, die wir in unserem Grundgesetz an den Begriff der Menschenwürde binden.

Freiheit und Autonomie

Die politische Haltung dieses Buchs ist zutiefst liberal: Ich glaube an die Freiheit. Genauer gesagt, glaube ich an die menschliche Autonomie. Menschliche Autonomie heißt, dass wir unser Leben im Licht einer Vorstellung von uns selbst führen können. Wir sind, wer wir sind, unter anderem weil wir glauben, wir seien so und so. Unsere Vorstellungen von uns selbst sind derart mächtig, dass auch jene, die uns unterdrücken, kontrollieren, beeinflussen und manipulieren wollen, unsere Freiheit im Kern niemals antasten können. Sie können uns höchstens zwingen, uns in einer Weise zu verhalten, die ihrem Bild davon, wie man zu leben hat, entspricht. Solche Unterdrückung und Dominanz sind aber auf längere Sicht nicht ökonomisch tragfähig; das war immer schon die Achillesferse der verschiedenen illiberalen Gegner der liberal-demokratischen

Rechtsstaatlichkeit, und zwar an beiden Extremen des modernen politischen Spektrums.

Das Wort *Autonomie* kommt aus dem Altgriechischen. Es bedeutet, dass wir uns selbst das Gesetz geben – die Regeln, anhand derer wir unser Gemeinschaftsleben zu strukturieren wünschen. Wie Immanuel Kant in seinen grundlegenden Reflexionen zur Natur gesetzlicher Regelungen beobachtete: Die Art, wie wir zusammenleben, ist eine Funktion davon, wo meine eigene Freiheit endet und wo deine Freiheit beginnt. In seiner *Metaphysik der Sitten* definiert er das Recht folgendermaßen:

> Das Recht ist also der Inbegriff der Bedingungen, unter denen die Willkür des einen mit der Willkür des andern nach einem allgemeinen Gesetze der Freiheit zusammen vereinigt werden kann.[9]

Daraus leitet er sogleich ab:

> Wenn also meine Handlung, oder überhaupt mein Zustand, mit der Freiheit von jedermann nach einem allgemeinen Gesetze zusammen bestehen kann, so tut der mir Unrecht, der mich daran hindert; denn dieses Hindernis (dieser Widerstand) kann mit der Freiheit nach allgemeinen Gesetzen nicht bestehen.[10]

Demnach ist Kant zufolge alles erlaubt, was man nicht verbieten sollte. Die Funktion des Rechts ist nicht, unser Verhalten durch Anreize, Gebote und Verbote zu steuern, sondern vielmehr, unsere Freiheit zu sichern. Diese Freiheit ist dabei von vornherein sozial, weil sie jeweils dadurch definiert ist, dass meine Handlung mit derjenigen aller anderen vereinbar ist. Ein ausbeuterisches Arbeitsverhältnis etwa ist demnach ebenso unrecht wie die Zerstörung der Lebensgrundlagen der Menschheit durch übermäßigen Ressourcengebrauch.

Frei sein kann *ich* nur, wenn auch *du* frei bist. Frei zu sein heißt, gemeinsam frei zu sein; oder, wie es ein anderer berühmter deutscher Philosoph, Georg Wilhelm Friedrich Hegel, formulierte: Frei zu sein heißt, Teil zu sein vom »Ich, das Wir, und Wir, das Ich ist«.[11] Schränke ich die Freiheit anderer in einem Maß ein, dass ich sie unterdrücke und beherrsche, erzeuge ich eine Bedrohung für meine eigene Freiheit. Denn die anderen werden nie akzeptieren können, dass ich in ihre grundsätzlichste Entscheidung, wer sie sein wollen, eingreife. Um sie meinem Willen zu unterwerfen, muss ich ein ganzes System der Unterdrückung schaffen. Solch ein System aber kann nie wirklich zum Gesetz werden, weil es im Wesen der Gesetze liegt, hinsichtlich persönlicher Interessen zumindest ein Minimum an Neutralität zu wahren. Darum müssen autoritäre Regime immer die Unabhängigkeit des Rechtssystems, in das sie selbst eingebettet sind, untergraben – und destabilisieren damit wiederum ihre Wirtschaft.

Die Moderne als historische Bewegung zur Befreiung der Menschen aus den Fesseln des Feudalismus und von den Grenzen, die uns die ungezähmte Natur setzte, hat einen zweifachen Anfang: Da sind zum einen die politischen Umwälzungen, die in der Französischen Revolution gipfelten. Dank der Französischen Revolution wurden aus den Grundideen des politischen Liberalismus soziopolitische Realitäten: Freiheit, Gleichheit und Solidarität, so lautet der Dreiklang der soziopolitischen Emanzipation in der Moderne.

Auf der anderen Seite entfesselte die Moderne rasch eine neue ökonomische Macht in Gestalt des Industriekapitalismus. Dieser schuf die Bedingungen für die Mehrwerterzeugung, ohne die wir uns die Emanzipation von den Mächten der zentralen Planung und von den zerstörerischen Kräften der Natur schlechterdings nicht leisten könnten. Kurz: Ohne ein taugliches Wirtschaftssystem und technisch-wissenschaftlichen Fortschritt lässt sich das moderne Versprechen von Freiheit, Gleichheit und Solidarität gar nicht einlösen.

Soziale Freiheit: Warum Autonomie nicht nur eine individuelle Angelegenheit ist

Daraus können wir eine wichtige Lehre über das Wesen unserer Freiheit ziehen. Freiheit – und damit menschliche Autonomie – ist nicht nur eine individuelle Angelegenheit. Sie lässt sich nicht auf Ausübungen unseres freien Willens reduzieren, die unglücklicherweise durch die Anwesenheit anderer Menschen eingeschränkt werden, so wie es die Figur Garçin in Jean-Paul Sartres berühmten Drama *Geschlossene Gesellschaft* behauptet (»Die Hölle, das sind die anderen«).[12]

Der Wert der Freiheit ist verknüpft mit den Werten der Gleichheit und der Solidarität. Wir können nicht frei sein, solange unser Handeln nicht andere zumindest ebenso frei macht wie uns selbst. Menschliche Freiheit ist von Grund auf sozial. Der einfachste Beleg für diese Tatsache ist, dass die meisten Dinge, die Menschen gern tun, nur zusammen mit anderen getan werden können. Sie können dieses Buch nicht lesen, ohne dass ich es schreibe. Ich kann es nicht veröffentlichen, ohne auf ein unglaublich kompliziertes System der Zusammenarbeit zurückzugreifen: Jemand muss den Baum fällen, aus dessen Holz das Papier hergestellt wird, auf das diese Worte gedruckt sind. Für den Druck muss Tinte angefertigt werden, die ihrerseits meine Worte auf diesen Seiten nur wiedergeben kann, weil ich diese zuvor an einem Computer geschrieben habe, dessen Vorhandensein ich wiederum einem riesigen Netz aus ökonomischen Produktions- und Vertriebsbedingungen zu verdanken habe. Tausende von Menschen sind an der Erzeugung jeder einzelnen Seite beteiligt, die Sie lesen, egal ob auf Papier oder am Bildschirm.

Natürlich bedeuten längst nicht alle Formen sozialer Abhängigkeitsverhältnisse auch soziale Freiheit. Mein Anliegen ist aber, dass wir soziale Abhängigkeitsverhältnisse immer im Sinn der ethischen Vorstellung gestalten sollten, alle daran Beteiligten freier zu machen. Die Produktion vieler Güter, die wir in fortschrittlichen

Industriegesellschaften heute nutzen, um freier zu sein – Smartphones, Computer etc. –, ist mit dem Auslagern von Ausbeutung verbunden (man denke etwa an die Kobaltminen im Kongo). Das heißt, unser Konsum und die Herstellung vieler Waren vollziehen sich bisher unter Bedingungen, die die Freiheit anderer Menschen einschränken. Es liegt daher in unserem eigenen Interesse, die Arbeitsbedingungen für alle an der Lieferkette Beteiligten zu verbessern. Denn sonst kann der Preis für eine Steigerung unserer eigenen sozialen Freiheit die Verringerung sozialer Freiheit von Menschen andernorts sein. Diesen Preis zu zahlen sollten wir uns weigern. Es hat gute Gründe, dass viele Menschen im sogenannten globalen Süden heute gegen unfaire Arbeitsbedingungen aufbegehren und für eine gerechtere Beteiligung an der globalen Verteilung ökonomischer Wertschöpfung demonstrieren. Das ist kein Argument gegen, sondern für die Globalisierung: Wir müssen unsere Lieferketten so umstrukturieren, dass wir mit den Mitteln des ethischen Kapitalismus einen globalen Anstieg der sozialen Freiheit erreichen.[13]

Das Gleiche gilt für so gut wie jede Aktivität in meinem und in Ihrem Leben: angefangen bei den fundamentalen Tätigkeiten der sexuellen Reproduktion (wofür mindestens zwei Menschen interagieren müssen) und der Ernährung über unsere liebsten Freizeitbeschäftigungen (seien es Sport oder Online-Spiele, Serienschauen oder Shopping, Museumsbesuche oder Reisen) bis hin zu den höchsten Übungen des menschlichen Verstands, der uns von allen uns bekannten nicht-menschlichen Tieren unterscheidet (Wissenschaft, Philosophie, Kunst, Technologieentwicklung, Politik, KI-Forschung, religiöse Rituale usw.).

So gut wie jede freie menschliche Aktivität ist ein Ausüben *sozialer Freiheit*. Soziale Freiheit ist Freiheit, die nur mithilfe anderer erlangt werden kann. Jede einzelne Handlung bildet einen Knoten in einem Netz und somit einen Teil eines Systems. Ein *System* bedeutet, dass die Dinge in einer speziellen Weise zusammenhängen. Es gibt viele soziale Systeme, die sich wiederum in etliche Arten und

Ebenen sozialer Formationen untergliedern lassen, zum Beispiel Familien, Sportvereine, Regierungen, Firmen, Gewerkschaften, U-Bahn-Fahrten, Schachturniere, Universitäten, Grundschulen ...

Der Wert der Freiheit betrifft und prägt das Individuum. Doch Individuen können nicht frei sein, sofern die sozialen Formationen, denen sie angehören, ihnen keinen Raum der Alternativen zur Verfügung stellen. Wir schätzen die modernen freien Gesellschaften dafür, dass sie mehr Verwirklichungmöglichkeiten für uns als Individuen schaffen, indem wir neuartige, innovative soziale Formationen hervorbringen. Freiheit ist fast ausschließlich soziale Freiheit. Selbst viele Tätigkeiten, denen wir allein und im Privaten nachgehen, sind indirekt sozial, sei es im komplexen sozialen System eines buddhistischen Klosters, wo viele Aktivitäten, etwa die Meditation, in Abgeschiedenheit ausgeübt werden, oder das irdischere Vergnügen, allein durch einen Nationalpark zu wandern. Die Bedeutung einer privaten Aktivität wie Meditieren oder Wandern lernen wir von anderen Menschen. Es gibt fast keine rein natürliche, individuelle menschliche Tätigkeit, die ihre Bedeutung nicht aus einer sozialen Formation erhält. Freiheit ist also in keiner Weise das Gegenteil von Gesellschaft. Individuum und Gesellschaft gehören zusammen. Gesellschaft macht uns als Individuen freier, selbst wenn ihre vielen Regeln bisweilen bedrückend auf uns wirken.

Grenzen des materiellen Wachstums

Nun scheint allerdings das moderne Wirtschaftssystem, das die materiellen Mittel für den Fortschritt der sozialen Freiheit bereitstellt, an mehrere Grenzen zu stoßen. Viele zeitgenössische Kritikerinnen und Kritiker des Kapitalismus (wie etwa der japanische Philosoph Kohei Saito in seinem Buch *Systemsturz*) mahnen zu Recht an, das materielle Wachstum sei limitiert, und zwar durch nichtmenschliche, natürliche Produktionsbedingungen. Mit Rückgriff auf Karl Marx argumentieren sie, das Ende des Kapitalismus sei nah, diesmal nicht infolge irgendeines historischen Mechanismus, sondern weil die Natur selbst Grenzen setze, die der Kapitalismus nicht überschreiten könne. Diesen Analysen liegt die Annahme zugrunde, der Kapitalismus fuße in der gefährlichen und selbstzerstörerischen Fantasie, Wirtschaft und Bevölkerung könnten für immer weiter wachsen; damit werde er sämtliche materiellen Ressourcen des Planeten aufbrauchen, bis die Natur nicht mehr imstande sei, ihre Zyklen von Werden, Vergehen und Wiedergeburt zu durchlaufen. Aus diesem Grund fordern viele einen Systemwechsel, ohne uns freilich konkrete Anleitungen zu bieten, wie wir unsere Wirtschaft so umbauen können, dass wir die realen Probleme, mit denen wir es zu tun haben, zu lösen vermögen – einschließlich der existenziellen Bedrohungen, die mit dem menschengemachten Klimawandel einhergehen.

Allerdings ist der Klimawandel – auch wenn er auf jeder vernünftigen Agenda ganz oben steht – nicht die einzige existenzielle Bedrohung, die der moderne Kapitalismus als Kollateralschaden (oder, wie Wirtschaftswissenschaftler es nennen, »negativen externen Effekt«) erzeugt. Nicht nur die Natur setzt der menschlichen sozialen Freiheit auf dem Planeten Grenzen, auch die technisch-wissenschaftliche Dimension der menschlichen Selbstermächtigung hat schädliche Nebeneffekte und neuartige Risiken hervorgebracht. Deren offensichtliche Erscheinungsformen sind die anhaltende Gefahr der thermonuklearen Selbstvernichtung und der Aufstieg der künstlichen Intelligenz. Derzeit wissen wir nicht einmal genau, welche Risiken die KI mit sich bringt. Doch wir spüren bereits ihren Einfluss auf unsere Gesellschaften in Gestalt ihrer disruptiven Kräfte. Die Verwendung von KI in bestimmten sozialen Formationen – man denke an die Gefahren hoch entwickelter Sprachmodelle wie ChatGPT für das Bildungswesen oder an die Bedrohung durch rapide ansteigende Arbeitslosenzahlen infolge immer billigerer, effizienterer Automatisierung – erzeugt sozioökonomische und politische Welleneffekte, auf die wir nicht vorbereitet sind.

Insgesamt argumentiere ich, dass die Fundamentalkritik am modernen Kapitalismus gründlich fehlgeht, da der Kapitalismus eben selbst kein System ist, sondern nur eine Dimension unseres modernen Wirtschaftslebens. Diese Dimension setzt sich aus einer Menge lose verbundener Bedingungen zusammen, die im Idealfall kreative und wirksame Lösungen für unsere existenziellen Probleme hervorbringen. Die richtige Antwort auf die diversen Ungewissheiten und Komplexitäten unseres Zeitalters der verschachtelten Krisen ist daher nicht Systemwechsel und Revolution, sondern vielmehr ein komplexes Bündel von Reformen. Manche dieser Reformen müssen in der Tat ziemlich visionär und damit radikal sein. Vor allem müssen wir versuchen, ein neues Verständnis von unseren eigenen ökonomischen Aktivitäten zu entwickeln, um die fragile moderne Konstellation von Freiheit, Gleichheit und Solidarität für das 21. Jahrhundert neu zu justieren.

Freiheit als Wert menschlicher Autonomie

Dieses Buch wird von einem Werturteil angetrieben: Ich glaube an die Freiheit. Freiheit als der Wert menschlicher Autonomie ist für mich der Grund, warum die liberale Demokratie bisher eine (wenn auch sehr instabile) Erfolgsgeschichte ist. Der Wert der Demokratie lässt sich nicht auf ihre technokratischen Dimensionen reduzieren und auch nicht auf ihre formalen Prinzipien des Regierens, wie etwa die Existenz eines Parlaments, regelmäßige Wahlen und Mehrheitsentscheidungen. Nein, der Wert dieser Regierungsmethode und ihrer komplexen Verfahren liegt in ihrem Beitrag zur Freiheit und damit in ihrer Verbindung zum Liberalismus. Aus demselben Grund wissen wir auch das Rechtsstaatsprinzip zu schätzen: Wir sind freier in unseren Beziehungen zueinander, wenn unsere Gesellschaften über Richterinnen und Gerichte verfügen, die weitgehend unabhängig von politischem und ökonomischem Druck arbeiten. Natürlich ist das Rechtssystem nie völlig unabhängig von der politischen und der ökonomischen Sphäre, denn schließlich besteht sein Zweck darin, Rechte zu wahren, die Verfassung zu schützen und wirtschaftliches Gedeihen auch unter Bedingungen der ständigen Konflikte, Meinungsverschiedenheiten und weit auseinanderliegenden Interessen unterschiedlicher Individuen und sozialer Formationen zu gewährleisten. Solange Menschen frei sind, werden immer wieder Konflikte aufkommen, weil wir in unserem Umgang mit Problemen um den richtigen Grad an sozialer Freiheit ringen. Das Rechtssystem schützt uns vor der Willkür von Politikern, Chefinnen, Nachbarinnen, Kollegen, Feinden etc., indem es allen klarmacht, dass die individuelle Freiheit Grenzen hat, weil nämlich jede unserer Aktivitäten der Tatsache Rechnung tragen muss, dass wir einander aufgrund unseres gemeinsamen Menschseins verpflichtet sind. Zugleich muss allerdings die Gefahr einer Willkür von Richtern eingehegt werden durch politische Kräfte. Richterinnen werden aus dem Inneren einer bestehenden wirtschaftlichen und politischen Ordnung ernannt, sie bekommen einen Sold, und dennoch müssen sie garantieren, dass sie von äußeren Umständen unabhängig genug sind, um dem Ideal der blinden Justitia zu dienen.

Eine der vielen Dringlichkeiten in unserem Zeitalter der Beschleunigung besteht darin, die *Werte-Infrastruktur* des modernen liberalen und demokratischen Rechtsstaats und der damit verbundenen sozioökonomischen Systeme zu erneuern und zu verteidigen. Hier ist mir der Plural wichtig: Ich spreche von sozioökonomischen *Systemen,* nicht von *einem System,* denn ein einzelnes, einheitliches Wirtschaftssystem, etwa den Kapitalismus, gibt es nicht. Um die Werte-Infrastruktur unserer Demokratien zu erneuern und zu verteidigen, brauchen wir eine neue Auffassung von der sozioökonomischen Sphäre, auf die wir uns mit konkreten Vorschlägen für Überprüfungen, Reformen und die Schaffung neuer Institutionen auf der Höhe der sozioökonomischen und politischen Komplexitäten des 21. Jahrhunderts stützen können. Nicht nur unsere inzwischen allzu marode Infrastruktur (Stichworte: Deutsche Bahn, Brücken, Schulgebäude) bedarf radikaler Reformen und Investitionen, um tragfähig und zukunftsorientiert zu sein, sondern auch unsere Werte-Infrastruktur, die von radikalen, illiberalen Meinungen angegriffen wird, welche sich über die sozialen Medien in Windeseile verbreiten.

Den Kapitalismus verteidigen, ohne dem Neoliberalimus zu verfallen

In diesem Buch gehe ich das Thema Kapitalismus an, ohne mir von vornherein Tabus aufzuerlegen, und setze mich für den Kapitalismus als eine spezielle Methode zur freien Mehrwerterzeugung ein. Gleichwohl ist meine Haltung weit entfernt von der immer noch vorherrschenden neoliberalen (oder vielmehr libertären) Vorstellung von Kapitalismus, der zufolge die Märkte sich irgendwie selbst regulieren, sodass wir, um Wohlstand zu erzeugen, bloß ihre Unabhängigkeit von anderen Wertesphären – insbesondere dem Staat, der Zivilgesellschaft oder den moralischen Ansprüchen der Bevölkerung – gewährleisten müssen. Freiheit der Märkte bedeutet eben nicht die Abwesenheit von Regulierung. Ebenso wie die individuelle Freiheit bei genauerer Betrachtung soziale Freiheit ist, sind auch freie Märkte kein Selbstzweck. Dies bringt der in unserer Nachkriegsgeschichte bis heute so wirksame Begriff der sozialen Marktwirtschaft auf den Punkt.

Vermarktung und Kommerzialisierung haben Grenzen. Zum Beispiel stimmen wir alle darin überein, dass Menschen nicht als Waren behandelt werden sollten, und verbieten deshalb etwa Kinderarbeit und Sklaverei. Ebenso finden wir, dass Menschenrechte oder Wahlstimmen nicht verkäuflich sein sollten. Es gibt auch Grenzen für den Handel mit Organen, mit Sexarbeit, mit Drogen und generell für alle Dinge, die zweifellos illegal oder unmoralisch sind.

Ich bin darüber hinaus der Ansicht, dass der ökonomische Wert, der durch Markt-Interaktionen bestimmt wird, immer ein Abbild menschlicher Werturteile ist. Menschliche Werturteile aber drücken unsere tieferen Anliegen aus und nie bloß unser materielles Interesse an einem Austausch von Waren. Mit anderen Worten: Da Märkte menschliche Erzeugnisse und menschliche Aktivitäten sind, handeln wir auf ihnen als moralische Akteure – wir sind fähig, die Standpunkte anderer Menschen als Faktoren zu begreifen, die es im Kontext der sozialen Freiheit zu berücksichtigen gilt.

Freie Märkte stehen also nicht unbedingt im Widerspruch zu Ethik und Moral. Im Gegenteil: Das Versprechen und der Erfolg des modernen Kapitalismus beruhen auf seinem Beitrag zum umfassenden menschlichen Fortschritt. Der Kapitalismus ist als Methode der Mehrwerterzeugung legitimiert und anerkannt, weil er zwar durchaus manche Probleme schafft, aber zugleich einige unserer wichtigsten Probleme löst, etwa die Bereitstellung von Nahrungsmitteln, Konsumgütern, Jobs oder Medikamenten (man bedenke etwa, dass die wirksamsten Impfstoffe während der Covid-Pandemie unter strikt kapitalistischen Bedingungen von Privatunternehmen hergestellt und dann über Märkte vertrieben wurden, in Kooperation verschiedener Sektoren der Gesellschaft, einschließlich des Staates). Die Tatsache, dass unser Planet fast überbevölkert ist mit Menschen, die wohlhabend genug sind, um andere, aber auch sich selbst durch ihren eigenen wirtschaftlichen Erfolg zu bedrohen, beruht paradoxerweise auf einer kapitalistischen Erfolgsgeschichte. Denn der moderne Kapitalismus hat Krankheiten ausgemerzt und durch seine Marktmechanismen und Anreizsysteme dazu beigetragen, dass immer effizientere Systeme der Problemlösung entstanden sind. Dass diese Problemlösungssysteme wiederum zu massiver Ungleichheit, mit dem Tierwohl nicht vereinbarer Nahrungsmittelerzeugung, Manipulation durch Werbung für schädliche Produkte und Ähnlichem geführt haben, kann und muss gerade im Rahmen eines ethischen Kapitalismus kritisiert und wiederum mit unternehmerischen Mitteln verändert werden. Es reicht nicht, sich zu wünschen, dass solche Probleme wegreguliert oder politisch gelöst werden, weil viele davon globaler Natur sind und den Verantwortungsbereich von Unternehmen betreffen, die auch ethische Probleme prinzipiell effizient lösen können.

Die Vorstellung, der Kapitalismus zwinge uns, über die planetaren Grenzen hinaus zu wachsen, ist ein Mythos. Sie ignoriert, dass der beste Weg, die existenziellen Probleme der Menschheit zu lösen, heute in neuen Modellen der Mehrwertproduktion besteht. Nicht ein einziges Problem des 21. Jahrhunderts, geschweige denn die ökologische Krise, werden wir ohne eine komplexe Arbeitsteilung bewältigen. Dafür sind abstrakte Verfahren zur Vermessung ökonomischer Bedingungen erforderlich, etwa Finanzmärkte, Währungen oder weiterer technologischer Fortschritt. Es gehört zur Verantwortung von Unternehmen und damit insgesamt in den Bereich der Wirtschaft, Geschäftsmodelle und -praktiken zu entwickeln, die uns helfen, den Klimawandel und andere Krisen zu bekämpfen. Politik und Zivilgesellschaft können dies ebenso wenig ohne die Wirtschaft tun, wie allein die Umstellung unserer individuellen Präferenzen die systemischen, globalen Probleme überwinden wird, in denen wir gerade feststecken. Solche hochkomplexen sozioökonomischen Verhältnisse lassen sich keiner Form von allumfassender zentraler Planung unterwerfen, geschweige denn von einer Art Weltregierung, die sich mithilfe von Expertinnen aus Wissenschaft und Wirtschaft irgendwie um unsere Probleme kümmern sollte. Staatlich betriebene Technokratie und Expertokratie sind in der Geschichte selten gute oder gar die besten Lösungen gewesen, auch wenn sie manchmal unumgänglich sind, vor allem in Kriegszeiten – weshalb nun manche Kapitalismuskritiker nach einer permanenten Kriegs- oder neuartigen Planwirtschaft rufen, um mit den globalen Herausforderungen umzugehen (neben Kohei Saito zum Beispiel Ulrike Herrmann in ihrem Buch *Das Ende des Kapitalismus*[14]).

Die Idee der Symbiose

Anstatt also den neoliberalen Kapitalismus durch irgendein Extrem der Überregulierung oder der zentralen politischen Planung zu ersetzen, können wir, so denke ich, das Versprechen der Moderne erneuern und reformieren. Um dorthin zu gelangen, schlage ich einen *ethischen Kapitalismus* vor. *Ethischer Kapitalismus* bezeichnet die Vorstellung, dass wir davon profitieren können und sollten, moralisch Gutes zu tun. Das moralisch Gute als hohes ethisches Ziel bedeutet immer etwas, das hilfreich für Menschen ist und damit auch für die anderen lebendigen und nicht lebendigen Systeme, mit denen wir als planetare Wesen verbunden sind.

In diesem Zusammenhang werde ich im Folgenden an eine gegenwärtige Diskussion über *human co-becoming*, also *gemeinsames Werden*, anknüpfen, die bisher von Denkerinnen und Denkern aus Japan und China angeführt wird – eine fundierte Einführung dazu bietet der von Bing Song und Yiwen Zhan herausgegebene Band *Gongsheng Across Contexts.*[15] Für diese Philosophie ist das griechische Wort Symbiose (auf Chinesisch *gong sheng*, auf Japanisch *kyosei*) ein zentraler Begriff. Es erinnert uns daran, dass wir prosoziale Säugetiere sind, kooperative Tiere, eingebunden in umfangreiche ökologische Systeme der Zusammenarbeit. Die menschliche Gesellschaft reicht über das Menschliche hinaus, sie umfasst unzählige weitere Lebewesen, ohne die wir als einzelnes menschliches Tier nicht einmal überlebensfähig wären. Unsere Körper werden von Mikroben aller Art bewohnt und instandgehalten, wir sind am Leben dank der biochemischen Komposition der Atmosphäre, die ohne den Beitrag von Pflanzen und von für uns unsichtbaren Systemen, welche ebendiese Komposition schaffen und regenerieren, keine Luft zum Atmen enthielte.

In diesem Zusammenhang ist es allerdings wichtig zu betonen, dass wir Menschen nicht nur eine Gefahr für diese anderen Lebensformen sind, wie ökologische Extrempositionen glauben. Ohne menschliche Kultur, das heißt ohne die Kultivierung und Transformation nicht-menschlicher Natur, sähe die Erde ganz anders aus. Wir Menschen verschmutzen den Planeten nicht nur, wir können ihn auch säubern. Wir verursachen nicht nur das Aussterben anderer Lebensformen, wir können sie auch bewahren – und tun das etwa im Rahmen von Nationalparks und anderen ökologischen Projekten. Wir sind sogar imstande gewesen, über die vielen Jahrtausende der Koexistenz von *homo sapiens* und anderen Lebewesen selbst neue Lebensformen hervorzubringen. Unsere heutigen Haus- und Nutztiere etwa sind Ergebnisse einer von Menschen teils bewusst (zum Beispiel durch Züchtung oder Kreuzung), teils unbewusst betriebenen Evolution. Es hängt alles davon ab, unsere Kultur der Tatsache besser anzupassen, dass unsere Lebensform massive Schäden für unsere eigene ökologische Nische und die anderer Lebewesen anrichtet. Diese Tatsache kennen wir wiederum, wohlgemerkt, nur dank eines mit Steuergeldern finanzierten technisch-wissenschaftlichen Fortschritts und bildungsorientierter Geschäftsmodelle, die im modernen Kapitalismus verwurzelt sind. Dass wir den modernen Industriekapitalismus und die Konsumkultur teils radikal reformieren müssen, ist eine Einsicht, die wir ohne ihn heute gar nicht haben könnten. Wir dürfen im Angesicht der gegenwärtigen Krisenlage nicht vergessen, dass es darauf ankommt, unseren Wohlstand zu sichern und möglichst viel neuen Wohlstand zu generieren, dabei aber gleichzeitig dafür zu sorgen, dass das zu diesem Zweck unerlässliche Wirtschaftswachstum auf nachhaltige Weise erzeugt wird. Und das geht nun einmal letztlich nur mit wirtschaftlichen und technologischen Mitteln und nicht dadurch, dass wir versuchen, den Kapitalismus abzuschaffen.

Die Flexibilität des Kapitalismus

Der ethische Kapitalismus vertritt den Ansatz, dass unsere sozioökonomischen Aktivitäten zur Mehrwerterzeugung ein ethisches Update benötigen: Die sozioökonomische Infrastruktur sollte anhand ihrer Beiträge zum moralischen Fortschritt bewertet werden. Im Prinzip können wir ja schon heute die Resultate des Kapitalismus nach ethischen Maßstäben bewerten, und dabei tritt die Notwendigkeit eines Updates klar zutage. Wir brauchen es, um die ökologischen und sozialen Defizite zu kompensieren, die der moderne Industriekapitalismus seit seinen Anfängen als Kollateralschäden angerichtet hat. Andererseits sind die jüngeren Fortschritte in Bereichen wie Gender, ethnische Diskriminierung, ökonomische Ungleichheit, Gesundheit, Umweltbewusstsein, Transition von einer fossil betriebenen Moderne zu sauberer Energie oder auch hinsichtlich politischer Freiheit allesamt besser in kapitalistisch geprägten Staaten als in planwirtschaftlichen Diktaturen erzielt worden. Gewiss, auch echte historische Konkurrenten – in Gestalt der streng kommunistischen Länder – haben zur menschlichen Emanzipation beigetragen, indem sie den Kapitalismus herausforderten. Doch erweist sich die Flexibilität des Kapitalismus der Planwirtschaft überlegen. Denn der Kapitalismus kann Lösungsräume verschieben und moralischen Fortschritt in seine Geschäftsmodelle einbeziehen. Es ist möglich, mit kapitalistischen Methoden moralischen Fortschritt zu erzielen, indem sich etwa nachhaltige Ernährung auf Märkten als das bessere und attraktivere Angebot durchsetzt oder indem Unternehmen, die New-Work-Konzepte einer freiheitlicheren Arbeitskultur praktizieren, innerhalb ihrer Büros und Produktionsstätten auch ethisch attraktive Arbeitsplätze schaffen.

Wenn wir unsere globalen Probleme, die immer auch ökonomischer Natur sind, lösen wollen, gelingt das sicher nicht, wenn wir die Wirtschaft oder den Kapitalismus pauschal auf die Anklagebank setzen. Menschen wollen und müssen auch arbeiten, sonst werden sie gegen jede noch so gut gemeinte politische Maßnahme auf die Barrikaden gehen. Und sie können nur arbeiten, wenn Arbeitsplätze aufrechterhalten und neue geschaffen werden – das geht nicht ohne Wirtschaftswachstum. Folglich sollten wir Wirtschaftswachstum im Rahmen eines ethischen Kapitalismus neuartig gestalten und das moralische Nachdenken nicht als Hemmschuh der Produktion verstehen, sondern zum Motor unserer Wertschöpfung machen.

Ich möchte nicht behaupten, dem Kapitalismus allein seien die Errungenschaften der Moderne zu verdanken. Ohne ihn jedoch hätten sich die Kräfte für die Überwindung des Feudalismus, dessen Wirtschaftsmodell auf exklusivem Landbesitz beruhte, nicht freisetzen lassen. Der ursprüngliche historische Gegenspieler oder auch das Gegenmodell zum Kapitalismus ist nämlich nicht der Sozialismus, der Kommunismus oder eine andere Form von Planwirtschaft – sondern der Feudalismus.

Die Kommerzialisierung der Arbeit trug zur Befreiung der Menschen vom feudalen Joch bei. Ohne die verschiedenen sozialen Aufstände, Bewegungen und Revolutionen, die auf die Einführung des Industriekapitalismus folgten, wäre der menschliche und moralische Fortschritt allerdings auch nicht möglich gewesen. Daraus entspringt mein Vorschlag, die beiden Dimensionen der Moderne zu einem gemeinsamen Antrieb zusammenzufügen: also die Mehrwertproduktion im moralischen Fortschritt zu begründen oder beide »neu zu koppeln«, wie der Wirtschaftswissenschaftler Dennis Snower sagen würde.[16]

Moralischer Fortschritt resultiert aus einer berechtigten Forderung nach mehr Lebensglück. Nehmen wir das Beispiel der ökonomischen Ungleichheit: Es zählt zu den Grundprinzipien des politischen Liberalismus, dass ökonomische Ungleichheit so lange gerechtfertigt ist, wie sie aus Bedingungen hervorgeht, die für alle Mitglieder der Gesellschaft gleichermaßen zugänglich und von solcher Art sind, dass »sie sich zum größtmöglichen Vorteil für die am wenigsten begünstigten Gesellschaftsmitglieder auswirken«, wie der große liberale Denker John Rawls formulierte.[17]

In dem Grad, wie ein messbarer Anstieg an ökonomischer Ungleichheit mit der Nebenwirkung menschlichen Unglücklichseins einhergeht, ist er nicht gerechtfertigt und sollte nicht existieren. Aus diesem Grund prangern wir zu Recht ökonomische Ungleichheit an, die durch ausgelagerte Umweltzerstörung, unterbezahlte Arbeit, Kolonialismus, Eroberungskriege, Ausbeutung von Frauen und Kindern oder auch durch den Abbau seltener Erden und anderer Rohstoffe auf Kosten der Ökosysteme resultieren. Das Problem ist aber nicht die Globalisierung oder die Arbeitsteilung als solche, sondern eben der Umstand, dass ökonomische Ungleichheit allzu häufig aus menschlichem (und nicht-menschlich-tierischem) Unglück hervorgeht. In Konzepten der Umverteilung, Enteignungen, Antikartellgesetzen, Regulierungen, Besteuerungen und Ähnlichem drückt sich unsere berechtigte Skepsis gegenüber einem Exzess an Kapitalakkumulation bei wenigen Superreichen aus. Aus meiner Sicht verletzen die neuen Formen von Plutokratie und Oligarchie, die heute weltweit demokratische Errungenschaften bedrohen, die kapitalistische Rahmenordnung, weil sie ein Rückfall in feudalistische Strukturen sind. Neoliberale Reformen haben neofeudale Voraussetzungen für Geldherrschaft oder die Herrschaft privilegierter Gruppen geschaffen – doch diese sind mit dem Kapitalismus gerade *nicht* vereinbar. Um es provokant zu sagen: Ich behaupte, der Neoliberalismus war nicht kapitalistisch genug. Wir brauchen umso mehr ein Update des Kapitalismus – gegen die neoliberale Verzerrung seiner Tugenden.

Menschliche Emanzipation

Der ethische Kapitalismus fordert, dass unsere Maßnahmen für erfolgreiche Mehrwertproduktion den Werterahmen der liberalen Rechtsstaatlichkeit widerspiegeln. Dies bedeutet eine umfassende Verpflichtung gegenüber den höchsten ethischen Standards der jeweiligen Zeit. Diese Standards, das muss betont werden, können und dürfen den ökonomischen Aktivitäten innerhalb eines Unternehmens nicht von außen aufgezwungen werden. Das bedeutet konkret, dass es etwa in Amazons Interesse ist, keine demokratiefeindlichen Artikel zu verkaufen; dass es im Interesse sozialer Netzwerke ist, Hatespeech zu verunmöglichen; dass es im Interesse von Großkonzernen wie Nestlé ist, stetig ihre Umweltbilanz zu verbessern. Mein Ansatz ist ja gerade nicht, dass wir es einer zentralen ethischen Instanz überlassen sollten, sei es der Staat oder die Wählerschaft, um den vermeintlich stets »bösen« und »egoistischen« Eigentümern der Produktionsmittel, also den »Kapitalisten«, bei ihrem Profitstreben Grenzen zu setzen. Damit wird die Wirtschaft nicht verherrlicht, sondern in die Pflicht genommen, mit ihren eigenen Mitteln neue ethische Richtlinien und Geschäftsmodelle zu entwickeln.

Ich bin also der Meinung, dass menschliche Autonomie in marktwirtschaftlichen Gesellschaften nur gedeihen und somit Wohlstand schaffen kann, wenn »das Geschäft des Geschäfts« nicht mehr, wie Milton Friedman behauptete, »das Geschäft« ist, sondern menschliche Emanzipation und Problemlösung durch den Erfindergeist, den freier Wettbewerb und Kooperation gemeinsam freisetzen.[18] Selbstregulierung innerhalb des Unternehmens und gesetzliche Regulierung durch den Staat und das Rechtssystem müssen Hand in Hand gehen, damit der ethische Kapitalismus nicht von aggressiv böswilligen Akteuren sabotiert werden kann, die kurzfristige Profite auf Kosten anderer anstreben und damit ethische Geschäftsmodelle unterlaufen. Der Gesetzgeber ist dabei keine übergeordnete zentrale Instanz, die die Aufgabe eines ethischen Wächters übernimmt. Eine solche Auffassung ist aus meiner Sicht auch mit einem zeitgemäßen Liberalismus unvereinbar.[19] Gleichwohl ist der Staat natürlich keine wertneutrale Instanz, sondern entscheidender Garant unserer grundlegenden Freiheiten.

Das Anliegen hinter meinem Gebrauch des Begriffs »ethischer Kapitalismus« ist es, die guten, emanzipatorischen Teile und Errungenschaften moderner Marktgesellschaften hervorzuheben. Ich möchte deutlich machen, dass die derzeit weitverbreitete Ablehnung des Kapitalismus als kolonialistisch, ausbeuterisch, extraktivistisch, zerstörerisch oder widernatürlich uns nicht zu dem Glauben verleiten sollte, wir müssten unser Wirtschaftssystem revolutionieren, um die Mängel des Kapitalismus zu beheben.

Zu diesem Zweck müssen wir den moralischen Fortschritt in unser Verständnis vom Wirtschaftsleben einbinden und dementsprechend unsere unternehmerischen Aktivitäten umstrukturieren. Das Ziel der Wirtschaft ist es, zum moralischen Fortschritt und damit zum menschlichen Lebensglück beizutragen – auf allen Ebenen der Gesellschaft, vom Individuum über die Familie bis hin zum größten messbaren Ganzen sozioökonomischer Transaktionen überhaupt: der Gesellschaft.

Ein Blick in die Zukunft: *Chief Philosophy Officers* (CPOs), Kinder und KI

Im zweiten Teil des Buches werde ich das Konzept des ethischen Kapitalismus vorstellen und versuchen, Sie davon zu überzeugen, dass der Kapitalismus Gutes tun kann und soll und deswegen im Idealfall einen wesentlichen Beitrag zum modernen moralischen Fortschritt leistet. Was im ersten Teil also allgemeinverständlich eingeführt wird, wird im zweiten Teil konkretisiert.

Vorab hier noch ein kurzer Vorblick auf den dritten Teil, in dem ich mir erlauben werde, ein wenig über Zukunftsvisionen zu spekulieren, die den ethischen Kapitalismus systematisch verbessern könnten. Auf Basis der Annahme, dass ein ethischer Kapitalismus möglich ist und sogar der ursprünglichen Vision eines so großen Denkers wie Adam Smith entspricht, wird dieser dritte Teil mögliche künftige Szenarien für moralischen Fortschritt erkunden. Diese Szenarien gehen über das Konzept des ethischen Kapitalismus hinaus und sind in eine neue Vorstellung des Guten eingebettet. Mein Name dafür lautet *ökosozialer Liberalismus.*

Der ökosoziale Liberalismus überwindet die falsche Annahme, es gebe ein einzelnes Wirtschaftssystem – sei es Feudalismus, Kapitalismus, Kommunismus oder was auch immer –, das den Rahmen für all unsere ökonomischen Aktivitäten bilde. Branko Milanovićs Diagnose, der Kapitalismus beherrsche »unangefochten die Welt«[20], trifft nur teilweise zu, denn Kapitalismus ist selbst kein System. Er ist vielmehr eine Form von Anarchie, die in positiver Hinsicht Kreativität freisetzt, Innovation fördert und radikalen sozialen Wandel ermöglicht – auf Basis von Belohnungen für den richtigen Grad an zukunftsweisender, progressiver Investition.[21] Das ist einer der Gründe, warum das Silicon Valley die reichsten Menschen der Welt hervorbringen konnte. Mark Zuckerberg, Jeff Bezos und besonders Elon Musk gelang es, zukunftsweisende Szenarien, die sie entworfen hatten, zu Beginn auf eine teils moralisch sensibilisierte Kundschaft abzielend umzusetzen – zumindest in ihren kurzen Start-up-Phasen traten sie mit potenziell moralisch fortschrittlichen Ideen an: das Internet zur sozialen Vernetzung zu nutzen, die Lieferung von Waren ganz neu zu organisieren und Online-Märkte zu schaffen, E-Mobilität im großen Stil zu ermöglichen. Jedoch haben all ihre Geschäftsmodelle mittlerweile, gelinde sagt, erhebliche Kollateralschäden angerichtet, und moralische Werte spielen bei ihren Geschäften längst eine untergeordnete Rolle. Das ist für mich eins der Hauptargumente dafür, dass wir einen neuen sozioökologischen Motor im Inneren unserer sozioökonomischen Ordnung brauchen.

In diesem Zusammenhang werde ich einen konkreten Vorschlag für eine umfassende Reform machen und anhand dessen einige Gedankenexperimente durchgehen. Mein konkreter Vorschlag ist eine obligatorische Ethikabteilung für jedes Unternehmen. Geleitet wird die Ethikabteilung von der oder dem CPO – *Chief Philosophy Officer* –, deren Aufgabe es ist, interdisziplinäre Teams aus Geistes- und Sozialwissenschaftlern zusammenzustellen, damit moralisch fortschrittliche Geschäftsideen entwickelt werden und gewährleistet ist, dass die Firma sich hinsichtlich zukunftsweisender Modelle der sozialen Kooperation immer auf dem neuesten Stand befindet. Als Organ des Unternehmens genießt die Ethikabteilung den gleichen Respekt und Rang wie die Finanzabteilung. Ihre Funktion besteht darin, zum *wahren Profit* der Firma beizutragen, darum ist sie in die grundlegenden Entscheidungsprozesse eingebunden. Sie dient nicht nur dazu, ökonomische Aktivitäten zu regulieren oder zu limitieren, sondern soll der Firma so, wie ich es oben im Anschluss an die neueren Arbeiten von Colin Mayer ausgeführt habe, mit zu *wahrem Profit* verhelfen.

Mein erstes Gedankenexperiment betrifft die Demokratie oder, allgemeiner, das kollektive Regieren, das mit unserem Wirtschaftsmodell verflochten ist. Die Wirtschaft ist immer eingebunden in die Gesellschaft, und die menschliche Gesellschaft ist ihrerseits eingebunden in größere Systeme, so wie das komplexe System von Systemen, das oft mit unserem Planeten gleichgesetzt wird. Wir brauchen eine Form des zutiefst ökologischen Denkens, ohne dies einer einzigen Partei zu überlassen. Allerdings werde ich argumentieren, dass die Modelle des planetaren Denkens, wie sie das ökologisch progressive Lager heute weithin verficht – in berechtigter Sorge wegen der existenziellen Bedrohungen durch die Klimakrise –, auf einer falschen Vorstellung von *relevanter Umwelt* beruhen. Das neue planetare Denken, auf das ich zurückgreife, versteht uns als Tiere, doch unser Tier-Sein ist gerade nicht mit dem ganzen Planeten verbunden, nicht einmal mit allen lebenden Wesen. Weder der Planet noch das Leben bilden ein einzelnes System.[22]

Ich werde unsere Auffassung vom kollektiven Regieren daher nicht auf alle lebenden Wesen ausdehnen, schon gar nicht auf den Planeten als ganzen (was ja auch seine geologischen, unbelebten Dimensionen umfassen würde), sondern zunächst nur auf jene Wesen, die wir in vielen Zusammenhängen erstaunlicherweise meistens vergessen: die Kinder. Ich werde argumentieren, dass wir ein wirklich universelles Wahlrecht brauchen, somit auch ein Kinderwahlrecht – um uns die kreativsten Köpfe auf unserem Planeten zu erschließen, eben die unserer Kinder. Dass Kinder höchst relevante Konsumenten sind, ist der Wirtschaft längst wohlbekannt. Doch sie sind auch ein Quell der radikalen Innovation und des moralischen Fortschritts, der ja in meinem Modell der Motor für wahren Profit ist.

Mein zweites Gedankenexperiment schließt an die Erfahrungen

mit der jüngsten Pandemie an, die uns mit der Macht von Mikroben über unser Leben konfrontierte. Das rationale Kontrollzentrum unseres Lebens – das seiner selbst bewusste Ich, befähigt zur Eigensteuerung durch vernunftbasierte Annahmen und den Zugang zu normativen Dimensionen (wie dem öffentlichen Raum, dem Rechtssystem, moralischen Erwägungen, Bildung etc.) –, ist nur ein kleiner Bestandteil unseres Lebens als Tiere. Wir werden selbst von vielen weiteren Lebensformen bewohnt, ohne die wir nicht existieren könnten. Bakterien und Viren sind integrale Bestandteile unseres Menschseins, sie tragen zu unseren grundlegenden Wünschen und Vorlieben bei und wirken sich auf fundamentale Aspekte unserer Entscheidungen aus. Auch wenn diese gewöhnlich nicht die Ebene unseres bewussten Denkens erreichen, interagieren wir doch ständig mit den Mikroorganismen: beim Essen, beim Atmen und nicht zuletzt auch bei Berührungen, Küssen, Umarmungen und sexueller Fortpflanzung.

Der ökosoziale Liberalismus basiert deshalb nicht nur auf dem Konzept des erwachsenen denkenden Menschen, der Gründe für und wider sozioökonomisch und politisch relevante Handlungsalternativen abwägt. Nein, wir brauchen überdies eine neue Ethik der nicht bewussten Teile des menschlichen Verstands, die mit Gesundheit, Ernährung, Emotionen und körperlichen Begegnungen verbunden sind. Diese Aspekte unseres Lebens gilt es nicht zu verdrängen, sondern als Faktoren einer liberalen Rechtsstaatlichkeit vollständig mit zu berücksichtigen. Bürgerinnen und Bürger sind niemals nur erwachsene, rationale Personen, die ihre Präferenzen befriedigen und ihren Kontostand optimieren wollen, sondern wir sind alle auch Kinder unserer Eltern sowie Lebewesen (Tiere), die mit anderen Lebewesen derselben Spezies und unzähligen anderen Spezies koexistieren. Diese Seite unseres Lebens muss politisch und sozioökonomisch berücksichtigt und wertgeschätzt werden. Das Menschenbild des ökosozialen Liberalismus geht damit weit über die Vorstellung hinaus, Bürgerinnen und Bürger seien rationale Akteure, allerdings ohne deswegen die erwachsene Vernunft zu kritisieren. Sie ist eben nur ein Teil unseres Lebens, und zwar einer, den wir politisch nicht überschätzen sollten.

Mein drittes Gedankenexperiment bezieht sich auf den Aufstieg der künstlichen Intelligenz. Für mich ist KI kein autonomes System. KI ist eine Soziotechnologie, die Maschinen und Menschen umfasst. Wir brauchen keine neurale Schnittstelle, die uns mit KI verbindet, um uns vor den Gefahren von KI zu schützen (wie Elon Musk fälschlich glaubt). Denn ein solches Interface haben wir bereits: die KI selbst. Ich werde aufzeigen, inwiefern wir in einer digitalen Gesellschaft leben, deren Zeitlichkeit bestimmt ist von einer Beschleunigung, die wir KI nennen. In diesem Sinne steht die englische Abkürzung »A. I.« nicht nur für *artificial intelligence*, sondern vor allem für *accelerated intelligence*. Wie wir sehen werden, ist diese *Beschleunigte Intelligenz* als Soziotechnologie bereits Wirklichkeit: Sie hat uns eine Form von Superintelligenz und unvorhersagbarer Intelligenz-Explosion gebracht. Diese Superintelligenz manifestiert sich im menschlichen Bereich in Gestalt unseres neuen Bewusstseins für die verschachtelten Krisen, in die wir verwickelt sind. Unsere Krisen und unser wachsendes Bewusstsein für sie sind somit ebenfalls eingebunden in einer Spirale des wissenschaftlich-technischen, des sozialen und hoffentlich auch des moralischen Fortschritts.

Teil 2:
Ethischer Kapitalismus

Auf beiden Seiten der polaren Opposition von Kapitalismus und Kommunismus, die sich nach dem Zweiten Weltkrieg etablierte, dachten nach 1989 viele, der Fall der Berliner Mauer und der Zusammenbruch der Sowjetunion bedeuteten einen radikalen und unwiderruflichen positiven Wendepunkt in der Menschheitsgeschichte. Daher konnte der Politikwissenschaftler Francis Fukuyama in seinem viel besprochenen Buch *Das Ende der Geschichte* plausibel einen finalen Sieg des westlichen politischen Liberalismus über seinen Gegenspieler im Kalten Krieg behaupten. Allerdings hat seither eine ganze Reihe weiterer Wendepunkte von globaler Tragweite unsere diesbezügliche Wahrnehmung verschoben – darunter die Attentate vom 11. September 2001, die Finanzkrise 2008, der bis heute anhaltende politische Siegeszug des Rechtspopulismus, der Aufstieg Chinas, die Covid-Pandemie, die gescheiterten Kriege westlicher Staaten im Irak und in Afghanistan, Russlands Krieg gegen die Ukraine und der immer wieder aufflammende Nahostkonflikt.

Die weltweite Finanzkrise von 2008 hat – im Verbund mit den immer sichtbareren Auswirkungen der ökologischen Krise auf unsere gesellschaftlichen Wirklichkeiten, wachsender Ungleichheit und einem im Informationszeitalter zunehmenden Bewusstsein für systemische Formen unethischer politischer und ökonomischer Praktiken – eine neue Welle der Kritik am »westlichen« Lebensstil ausgelöst. In einer Zeit, in der sich systemische Rivalitäten zwischen Gesellschaften zu geopolitischen Konflikten auswachsen, ist solche Kritik nie nur eine politisch neutrale Beobachtung, sondern impliziert sogleich Aufrufe zum Handeln, geleitet etwa von der irrtümlichen, teils gefährlichen Vorstellung, wir müssten erst den Kapitalismus beenden und »den Westen« auflösen, ehe wir einen neuen Weg des Fortschritts betreten können.

Wofür der »Westen« tatsächlich steht, lässt sich im Begriff des *demokratischen Kapitalismus* bündeln, wie ihn der *Financial Times*-Journalist Martin Wolf in seinem Buch *The Crisis of Democratic Capitalism* verwendet.[1] Es handelt sich hierbei um die Kombination von kapitalistischer Mehrwerterzeugung mit dem liberalen demokratischen Rechtsstaatsprinzip. Diese Verbindung verspricht nicht nur ein konstantes, im Prinzip grenzenloses Wirtschaftswachstum – messbar anhand von Faktoren wie dem Bruttoinlandsprodukt (BIP) –, sondern kompensiert zudem die Schattenseiten des quantitativen Wachstums mit einem weiteren Versprechen, nämlich einem ebenso konstanten menschlichen, moralischen und gesellschaftlichen Fortschritt, eingefasst in das Konzept der Demokratie als Wertesystem.

Der demokratische Kapitalismus hat somit den Anspruch, das Wohlergehen jedes Menschen im demokratischen Rechtsstaat durch ökonomische Strategien zu steigern, einschließlich Trickle-down-Effekten durch Steuerpolitik und Umverteilung. Zugleich versucht er gemäß dem ihm innewohnenden Ideal der universellen Emanzipation (und damit gemäß unserem Begriff der Freiheit), die globalisierten Märkte als Mittel zur Befreiung und zur Gleichberechtigung zu nutzen – eine Idee, die allerdings zum Paradox führt, dass sich Demokratie als Wertesystem eben nicht bloß dadurch in undemokratischen Gesellschaften verbreiten lässt, dass Waren ausgetauscht werden. Wenn wir miteinander handeln, tauschen wir nicht nur Waren und andere Güter (wie Arbeitskraft, Informationen, Wissen, Dienstleistungen usw.) aus. Denn jedem Tausch dieser Art liegen moralische, politische und andere soziale Werturteile zugrunde. Diese können bei extremen kulturellen Unterschieden weitgehend unvereinbar sein. Globaler Handel führt in der vernetzten Weltordnung des 21. Jahrhunderts deswegen nicht automatisch zu einem Wertausgleich und zur Verbreitung eines einzigen Wertsystems, sondern eben mitunter auch zum Wertkonflikt.

Die Ethik erforscht, was wir unbedingt tun sollen (das Gute), sowie dasjenige, was wir unter keinen Umständen tun sollen (das Böse). Unsere moralische Freiheit besteht darin, dass wir beides, das Gute wie das Böse, tun können. Das ethische Denken vermittelt uns damit Einblick in universelle Bedürfnisse, doch es garantiert nicht, dass wir uns über diese Bedürfnisse alle automatisch einig sind. Zudem kann die Ethik als solche weder böse Taten noch böswillige Akteure verhindern, denn ihre Forderungen lassen sich niemandem aufzwingen. Wenn Terroristen beschließen, Menschenrechte zu missachten und grausamste Untaten zu begehen, sind sie böse, und die einzige Art, mit dem Bösen umzugehen, ist, es zu verhindern und es dort, wo dies nicht gelingt, zu bekämpfen. Es wird nicht ausreichen, ja, es ist nicht einmal möglich, über die Prinzipien von Ethik und Menschenrechten mit böswilligen Akteuren zu diskutieren, die aus freier Entscheidung gegen die Ethik verstoßen. Deswegen bedarf es unter anderem des Rechts, aber auch eines ethisch angeleiteten unternehmerischen Handelns, um das Böse zu verhindern und zu bekämpfen.

In den vergangenen Jahrzehnten sind viele Menschen im sogenannten Westen der sozioökonomischen Konstellation des demokratischen Kapitalismus gegenüber kritischer geworden und betrachten den Kapitalismus gar insgesamt als negativ.[2] Sie sehen andere Modelle von Wertschöpfung und Wertverteilung im Aufwind und als vorteilhafter an. In der Tat sind neue, ernst zu nehmende Wettbewerber aufgetaucht, zuvorderst die verschiedenen Formen eines *autoritären Kapitalismus*, die Marktkräfte mit starken Komponenten der Zentralplanung verbinden – sei es in Gestalt von Kriegswirtschaft (wie derzeit in Russland) oder von Kommunismus (vor allem in China).[3]

Wenn der Kapitalismus sein emanzipatorisches, demokratisches Versprechen prinzipiell nicht halten könnte, sondern bloß ein wertneutrales Instrument zur Mehrwertproduktion wäre, gäbe es letztlich keinen Grund, an ihm festzuhalten. Der »Westen« und seine Gegenspieler scheinen gerade die Strategien zu tauschen: Während China autoritär und kapitalistisch zugleich ist, flirten viele Progressive im »Westen« mit Konzepten eines demokratischen Nicht-Kapitalismus, mit Formen des Sozialismus oder gar mit einem *Degrowth Communism*, einem Kommunismus der Wachstumsrücknahme, wie ihn Kohei Saito in seinem viel beachteten Buch *Systemsturz* vorschlägt.[4] Anstelle der Sozialdemokratie sind im »Westen« ein demokratischer Sozialismus oder gar noch radikalere Spielarten von Planwirtschaft (wie eine ökologisch motivierte Kriegswirtschaft), die angeblich unsere globalen Probleme lösen können, im Aufwind – zumindest in den Köpfen und Seminarräumen linker Denker und Denkerinnen, die schon seit Langem große Sympathien für Marx und die marxistische Tradition hegen. Zur selben Zeit werden wir Zeugen gigantischer technologischer Durchbrüche und neuartiger Geschäftsmodelle, die nur unter Bedingungen eines entfesselten kapitalistischen Profitstrebens und ungebremster unternehmerischer Kreativität gedeihen können: in den Bereichen E-Mobilität, Weltraumwirtschaft und digitaler Systeme, allesamt vertreten von ikonischen, aber auch hoch umstrittenen Gestalten wie Elon Musk, der seit einiger Zeit offen Donald Trump unterstützt.

In diesem Teil des Buchs werde ich argumentieren, dass es nicht nur verfrüht, sondern auch falsch und geopolitisch gefährlich ist, zu denken, wir sollten (oder könnten) den Kapitalismus aufgeben – erst recht, solange wir nicht einmal eine konkrete und demokratisch realistisch umsetzbare Alternative in Form eines anderen Konzepts der Mehrwerterzeugung anzubieten haben. Vielmehr gilt: Wir können den demokratischen Kapitalismus neu überdenken und ihn reformieren, denn es liegt in seinem Wesen, sich anhand komplexer *trial and error*-Prozesse zu verbessern. Es ist nicht nötig, dass wir uns vom demokratischen Kapitalismus abwenden. Zumal bei näherer Betrachtung nicht der Kapitalismus als solcher das Problem ist. In einem wichtigen Sinn existiert er nicht einmal: nämlich als einheitliches Wirtschaftssystem. Der Begriff »kapitalistisches System« ist das Ergebnis einer falschen Abstraktion. In der ökonomischen Realität existiert eine wandelbare Reihe anarchischer, kreativer Vorgänge der Mehrwerterzeugung. Der Versuch, darin ein stabiles ökonomisches Gebilde zu finden, das sich mit dem vorhergehenden System des Feudalismus oder mit dem alternativen System des Kommunismus vergleichen ließe, muss scheitern. Denn er verkennt, dass »der Kapitalismus« nichts Einheitliches ist – er hat keinen Kern, kein Wesen.[5]

Entsprechend werde ich ausführen, dass wir keine einzelne bessere Alternative entwickeln könnten, etwa eine Planwirtschaft. Die unter dem Oberbegriff Kapitalismus zusammengefassten Aktivitäten bilden keine Einheit, sondern eher eine Art Anarchie, weshalb die stärkste Kraft des Kapitalismus die der »schöpferischen Zerstörung« ist, wie der Volkswirtschaftler Joseph Schumpeter darlegte.[6]

Es gibt einen Unterschied zwischen positiver und negativer Freiheit. *Positive Freiheit* ist unsere Fähigkeit, etwas Bestimmtes zu tun. Zum Beispiel steht es mir positiv frei, ob ich Vanille- oder Schokoladeneis kaufe, ob ich Mitglied einer demokratischen Partei werde, ob ich in Tokio die U-Bahn nehme – und vieles mehr. *Negative Freiheit* hingegen definiert sich durch das, wogegen ich geschützt und wovon ich frei bin. Zum Glück bin ich frei von politischer Unterdrückung, von Hunger, von extremer Armut.

Der Kapitalismus wird oft in Gestalt der negativen Freiheit der Märkte von Regulierung und anderen Formen staatlicher Eingriffe definiert. Da aber die *negative* Freiheit des Kapitalismus von Restriktionen und zentraler Planung nur im Kontext der *positiven* sozialen Freiheit menschlicher Tiere besteht, die an der Erzeugung von Mehrwert arbeiten, ist die anarchische Dimension des Kapitalismus eingebunden in einen gesellschaftlichen Zusammenhang. Diesen Aspekt berücksichtigen Schumpeter und der Mainstream des sogenannten neoliberalen Wirtschaftsdenkens nicht hinreichend. Die Ökonomie der freien Märkte ist keine unabhängig existierende Kraft, sondern ein Teil des soziopolitischen, ethischen menschlichen Lebens. Freie Märkte sind soziale Praktiken: Sie sind eingebunden in die Gesellschaft, die sich eine Vielzahl von Regeln (unter anderem Gesetze) gibt, ohne die es keine Märkte geben kann. Freie Märkte, wie sie heute existieren, setzen voraus, dass es ein Eigentumsrecht gibt, dass Wirtschaftsbetrug geahndet wird und dass man überhaupt Verträge (etwa Kaufverträge) schließen kann. Das geht wiederum nur, wenn man einen funktionierenden Staat hat. Staat und Märkte können sich somit nicht prinzipiell in einem Widerspruch befinden. Es ist schlichtweg ein Irrtum, wenn man denkt, die Freiheit der Märkte sei identisch mit der möglichst großen Abwesenheit von Regulierung und Ethik.

Angesichts der sozioökonomischen und geopolitischen Realitäten müssen wir die derzeit gängige Vorstellung eines Dualismus von profitfreundlich organisierten Märkten und einer entsprechenden Politik auf der einen und progressivem, tendenziell antikapitalistischem Denken auf der anderen Seite überwinden. Diese unproduktive Gegensatzbildung spiegelt sich auch in anderen angeblichen Dichotomien wider: von Markt und Staat, Wirtschaft und Politik, Mensch und Natur, der politischen Linken und der politischen Rechten, progressiv und konservativ, Kapitalismus und Sozialismus/Kommunismus, wissenschaftlich-technischem Säkularismus und Religion … Solche binären Oppositionen verführen uns zu glauben, wir stünden vor der Wahl zwischen zwei mehr oder weniger klar umrissenen Alternativen – sodass wir jeden relevanten Vorschlag einem der beiden Pole zuordnen könnten.

Dem beschleunigten Trend zur Polarisierung, der unsere Gesellschaften erfasst hat, müssen wir uns widersetzen, denn er führt zur Spaltung demokratischer Bevölkerungen in zwei Hälften. Am deutlichsten zeigt sich dies in den USA, die immer noch an der Spitze der soziopolitischen Entwicklung im »Westen« stehen – was allerdings nur heißt, dass alles mit ihnen verglichen wird, und nicht, dass sie die sozioökonomisch am weitesten entwickelte »westliche« Demokratie wären.

Aber auch in Deutschland ist die Polarisierung spätestens seit der jüngsten Europawahl 2024 angekommen. Leider verläuft sie teilweise entlang einer West-Ost-Grenze, mit einer derzeit deutlichen konservativen Mehrheit in den westdeutschen und einer weitgehend rechtsextremen Partei als stärkste Kraft in den ostdeutschen Bundesländern. Solche Spaltungen sind Ergebnis polarisierender Denkmuster und Politiken, die es nicht zuletzt durch wirtschaftliches Handeln zu überwinden gilt. Denn die derzeitige wirtschaftliche Lage leistet einen großen Beitrag zur Polarisierung. Es geht dabei nicht nur um abstrakte, wissenschaftlich begründete

Meinungen etwa zu Fragen des Klimawandels oder der geschlechtlichen Selbstbestimmung, wie ein Teil des sich für progressiv haltenden Lagers meint, sondern um handfeste Fragen von Arbeit oder Arbeitslosigkeit, stabilem oder sinkendem Wohlstand sowie innerer und äußerer Sicherheit. Wenn die realen Löhne unter anderem durch Inflation sinken und wenn der hart erarbeitete Wohlstand zu vieler Menschen durch Verzichtforderungen und allzu radikale Systemsturzideen gefährdet wird, setzen diese sich in Demokratien zur Wehr, was unter anderem bedeutet, dass sie diejenigen abwählen werden, von denen sie annehmen, dass sie ihren Wohlstand bedrohen.

Deswegen müssen wir mehr Wohlstand schaffen, wenn wir die dringenden ökologischen und anderen Probleme unserer Zeit sozial verträglich und damit nachhaltig lösen wollen. Das ist allerdings nicht Aufgabe der Politik, sondern eben der Wirtschaft, die einen wesentlichen Beitrag nicht nur zum Fortbestand, sondern auch zur positiven Erneuerung der liberalen Demokratie leisten kann. Es ist ein Irrtum zu glauben, wir müssten auf politische Regulierung warten, damit sich die Wirtschaft den gefährlichen Gegebenheiten des Klimawandels anpasst. Denn die Politik wird in demokratischen Staaten durch die Wählerinnen und Wähler bestimmt. Wenn diese sich in einer polarisierten Welt spalten und keineswegs eindeutige Mehrheiten für grüne Politiken bilden, kann die Wirtschaft nicht darauf warten, endlich reguliert zu werden. Wer auf diese Weise allein auf die Politik als Regulierungssystem zur Eindämmung von Marktkräften setzt, übersieht das ethische Potenzial und damit auch die Verantwortung von Unternehmen für unsere Zukunft – sowie deren Einfluss auf die Politik.

Das Konzept des ethischen Kapitalismus bildet auf diese Weise eine Brücke zwischen Wirtschaft und Politik, indem es darauf hinweist, dass unternehmerisches Handeln einen Beitrag zum moralischen Fortschritt leisten kann und soll – und zwar durch geeignete innovative Geschäftsmodelle, Produkte, Dienstleistungen usw. Dass die Kritiker und Kritikerinnen des modernen Kapitalismus zu Recht auf dessen historische und gegenwärtige Verstrickung in koloniales Unrecht, geschlechtliche und ethnische Diskriminierung, plutokratische Ausmaße von Ungleichheit, Ausbeutung von Arbeitenden und Plünderung planetarer Ressourcen hinweisen können, ist eine Errungenschaft moderner Freiheit, die wiederum erst durch die Einführung des Kapitalismus ermöglicht wurde.

Demokratisch-kapitalistische Länder ermutigen ihre Bevölkerung, die Fundamente ihrer eigenen, eingeübten Haltungen und Konventionen zu hinterfragen – mit dem Ziel, Widersprüche zu überwinden und den demokratischen Kapitalismus somit zu stärken. Hierbei handelt es sich keineswegs um eine Art Verschwörung und auch nicht um eine systemische Strategie des Kapitalismus – es gibt, wie gesagt, keine einzelne Instanz oder Elite, die imstande wäre, alles sozioökonomische Leben zu strukturieren. Die fast unzerstörbaren Kräfte des Kapitalismus beruhen auf dem erwähnten Konzept der *trial and error*-Prozesse ohne ein Machtzentrum, welches über die Zuteilung von Ressourcen entscheiden würde.[7] Den Kapitalismus bekommt man nicht zu greifen, weil er eben kein einheitliches System, sondern eine Praxis der Freiheit ist.

Im Folgenden werde ich zunächst kurz darlegen, auf welche Weisen die politische Ökonomie und die Wirtschaft – als Bereich der Mehrwertproduktion und der Ressourcenverteilung – miteinander verflochten sind. Anschließend werde ich die Frage »Was ist Kapitalismus?« vertiefen und darlegen, dass und wie moralische und ökonomische Werte neu gekoppelt werden können. Dies ist ein Teil des Projekts einer Neuen Aufklärung, dem ich mich verpflichtet fühle.[8] Kurz gesagt: Es ist nicht nur möglich, sondern unbedingt notwendig, dass wir davon profitieren, moralisch Gutes zu tun. Dazu bekennt sich inzwischen eine ganze Gruppe von Wirtschaftswissenschaftlerinnen in einer Kampagne für eine »neue moralische Ökonomie«.[9]

Ich werde dann ausführen, dass der Mensch in seiner Eigenschaft als prosoziales Säugetier von seinem Wesen her die Kooperation sucht. Menschen sind nicht nur sozial, sondern prosozial; das heißt, sie verfolgen oftmals das Ziel, anderen Menschen zu nutzen und sie zu unterstützen. Das ist ein alltägliches Phänomen, ohne das es keine komplexen Gesellschaften gäbe. Wenn sie jemandem helfen, eine U-Bahnstation zu finden, oder in der Schlange im Supermarkt das Lächeln eines Kleinkinds erwidern, verhalten sie sich prosozial. In unserer sozialen Marktwirtschaft haben wir eine Vielzahl von Regeln, die prosoziales Verhalten strukturell fördern, unter anderem ein Steuersystem, in das wir einzahlen, um dadurch andere Menschen zu unterstützen. Als kooperative Tiere, die ohne die ständige Hilfe anderer gar nicht überlebensfähig sind, handeln wir auch in Markttransaktionen als moralische Akteure. Auf Märkten begegnen sich daher nicht bösartige, egoistische Einzelwesen, die versuchen, ihre eigenen Interessen gegen die Interessen anderer durchzusetzen. Märkte sind eben keine Schlachtfelder der Gesellschaft, so wie sie Thomas Hobbes in seinem berühmten Spruch vom *bellum omnium contra omnes*, dem Krieg aller gegen alle, darstellte. Hobbes lag in seiner pessimistischen Einschätzung des Menschen schlichtweg falsch.

Als Nächstes werde ich argumentieren, dass der weltweit anerkannte Aufruf zur Nachhaltigkeit, formuliert in den siebzehn *Zielen für nachhaltige Entwicklung* der Vereinten Nationen, ein Beleg für die Macht des moralischen Fortschritts ist. Zwar haben diese Nachhaltigkeitsziele ihre Schwachstellen, doch die Tatsache, dass sie weithin anerkannt und in gewissem Maß auch als Indikatoren für wirtschaftlichen Erfolg aufgefasst werden, zeigt einmal mehr, dass Kapitalismus und moralischer Fortschritt nicht unvereinbar sind.

Ich werde diesen Teil mit einer grundlegenden Kritik der Kapitalismuskritik in marxistischer und neomarxistischer Tradition abschließen. Da der Kapitalismus, genau betrachtet, kein System ist und es so etwas wie eine kapitalistische Gesellschaft nicht gibt, stellt sich heraus, dass die radikale Kritik am Kapitalismus nur ihre eigenen Vorstellungen von Gesellschaft verdinglicht. Hierbei verstehe ich unter »Verdinglichung« die Verwechslung abstrakter Begriffe für soziale Realitäten mit der sozialen Wirklichkeit. Wer einen abstrakten Begriff des Kapitalismus als Quelle aller modernen Übel (Ausbeutung, Armut, Naturzerstörung, Kriege, Wirtschaftskrisen, Kolonialismus usw.) einführt, muss erklären, warum der Kapitalismus eigentlich all diese Übel verursacht und wie dies vonstatten geht. Dazu müsste man real existierende Alternativen (wie den heutigen chinesischen Kommunismus oder die Wirtschafts- und Gesellschaftsstruktur der Sowjetunion) studieren, um zu beweisen, dass und warum der Kapitalismus die Übel verursacht. Stattdessen jedoch arbeitet die pauschale Kapitalismuskritik meist mit einem viel zu weiten und unklaren Begriff des Kapitalismus und unterstellt, dass die faktischen, realen wirtschaftlichen Tätigkeiten von Unternehmerinnen, Konsumenten, Börsen, Banken usw. durch einen abstrakten Begriff des Kapitalismus erfasst werden. Dagegen argumentieren führende Wirtschaftswissenschaftler wie John Kay von der Universität Oxford sogar dafür, dass der Begriff des Kapitalismus nicht einmal mehr die heutigen Geschäftsmodelle von Mobilitätskonzernen (wie Flughäfen, Automobilherstellern oder Flugzeugbauern), Digitalkonzernen oder Dienstleistungsfirmen trifft, weil deren Kapital gar nichts mehr mit dem Privateigentum von Produktionsmitteln zu tun habe; die Wirklichkeit von Firmen und ihre Einbettung in wirtschaftliche Aktivitäten lasse sich nicht mehr ansatzweise erfassen, wenn man sie alle über denselben Kamm des Kapitalismus schere. Andererseits räumt natürlich auch Kay ein, dass manches von dem, was man als kapitalistische Gier bezeichnen mag, durchaus existiert, wie er in seinem empfehlenswerten Debattenbuch *Das Ende der Gier* mit Paul Collier ausführt.[10]

Der Begriff »Kapitalismus«, wie ihn viele marxistische und neomarxistische Kritikerinnen verwenden, bedeutet selbst eine Verdinglichung komplexer sozialer Systeme. Diese Kritiker irren, wenn sie behaupten, der Kapitalismus verdingliche und kommerzialisiere alle menschlichen Aktivitäten und sozialen Praktiken. Ihre eigene ideologische Konzeption von Gesellschaft, ihr eigenes »falsches Bewusstsein« (wie man dies in der Ideologietheorie nennt) verleitet sie dazu, die emanzipatorischen, positiven und progressiven Kräfte des sogenannten Kapitalismus zu ignorieren. Dabei erkannte Marx selbst diese Dimension durchaus: Schließlich betrachtete er den Kapitalismus als notwendiges Stadium im Übergang vom Feudalismus zu einer neuartigen Gesellschaftsform, welche die Antagonismen und Widersprüche überwinden würde, die dem demokratischen Kapitalismus und der Moderne, wie wir sie kennen, innewohnen.

Wirtschaft in der Krise

Wir leben in einer Zeit der *verschachtelten Krisen*. Die noch immer andauernde, wenngleich weitgehend kontrollierte Pandemie erfasste die Menschheit inmitten einer gefährlichen Krise der politischen Repräsentation. Letztere betrifft destabilisierte liberale Demokratien, die sich mit dem rapiden Aufstieg autoritärer Regime außerhalb und populistischer Bewegungen innerhalb ihres Landes konfrontiert sehen. Einer der Auslöser dieser politischen Krise war wiederum die Finanzkrise von 2008/2009. Diese ist Teil einer Krise der Wirtschaftswissenschaft, die mit der Wirtschaft beileibe nicht nur dadurch verbunden ist, dass sie sie *darstellt und modelliert*. Nein, die Wirtschaftswissenschaft *formt* die Wirtschaft auch, nämlich indem sie in politische Entscheidungen einfließt.

Ebenso wie andere Disziplinen der Sozial- und Geisteswissenschaften beobachtet die Wirtschaftswissenschaft den Gegenstand ihrer Analysen und Forschungen nicht bloß, sie hat zudem erheblichen Einfluss auf dessen System und Entwicklung. Die Wirtschaftswissenschaft lehrt Studierende – die später oft Führungskräfte in Unternehmen werden –, wie sie über Geld, Mehrwertproduktion, Buchhaltung, Gewinne etc. denken sollen. Sie berät Politikerinnen, und über ihre Forschungen wird von Journalisten geschrieben, deren Texte dann Entscheidungsträgerinnen und Laien gleichermaßen lesen. Wirtschaftswissenschaft ist also nicht nur Theorie, sondern auch Praxis.

Außerdem sind die Ausrichtung der Wirtschaftswissenschaft, die Prämissen, auf denen sie ihre Modelle aufbaut, oder auch die Frage, welche prognostische Verlässlichkeit ihren (miteinander konkurrierenden) Schulen zugesprochen wird, eingebunden in andere soziale Systeme, die ihrerseits mit zur Wirtschaft zählen. Denn Universitäten, Thinktanks, Banken, ökonomische Forschungszentren und Ähnliches sind ebenso Teil der Wirtschaft wie Geschäfte, Fabriken und Lieferketten.

Wirtschaftskrisen, Instabilität und dergleichen sind allerdings nicht der einzige Grund für die kritische Situation der Menschheit im frühen 21. Jahrhundert. Unverkennbar sind wir auch mit einer schweren geopolitischen Krise konfrontiert, noch verschlimmert durch die Grenzschließungen während der Pandemie – eines von mannigfachen Beispielen für nicht beabsichtigte Kollateralschäden der unvermeidlich riskanten Entscheidungen, die es angesichts der globalen Gesundheitskatastrophe ab Anfang 2020 zu fällen galt.

All diese sozioökonomischen und politischen Krisen sind in Gestalt komplexer kausaler und normativer Einflüssen ineinander verschachtelt. Die Wirtschaft ist eingebettet in Politik, die wiederum in Wirtschaft eingebettet ist. Wirtschaft und Politik sind ihrerseits beide eingebettet in menschliche Aktivitäten, die nicht möglich wären ohne ihre Verankerung in natürlichen Prozessen, die weit über menschliches Handeln hinausgehen. Es gäbe keine wertvollen sozioökonomischen Ressourcen wie Kryptowährungen ohne natürliche Rohstoffe (etwa die seltenen Erden), die auf unserem Planeten vorkommen und die wir seit Jahrtausenden der kulturellen und ökonomischen Aktivität in kulturelle Produkte und Artefakte umwandeln.

Alle bisher erwähnten Krisen sind überschattet von einer maximalen und andauernden Krise: der Krise des Menschen als solchem, der immer bedroht ist von seiner Fähigkeit zur Selbstzerstörung. In den vergangenen fünfzig bis siebzig Jahren wurden wir uns der Tatsache zunehmend bewusst, dass wir die Auswirkungen von Klimawandel und globaler Erhitzung zu spüren bekommen und dass diese zumindest teilweise auf unsere ökonomischen Aktivitäten zurückgehen, sprich darauf, wie wir die begrenzten Ressourcen unseres Planeten verwenden, reproduzieren und aufteilen. Der Allgemeinheit ist die Dringlichkeit des Klimawandels vor allem in den vergangenen rund zehn Jahren deutlich geworden, weil seine Auswirkungen inzwischen deutlich spürbar und zumindest in vielen europäischen Staaten weitgehend politisch unstrittig sind. Damit ist natürlich noch nicht gesagt, wie man politisch und wirtschaftlich mit dem Klimawandel umgehen soll. Die Tatsachen des Klimawandels erzwingen keine sozioökonomisch eindeutigen Lösungen – außer dass wir wissen, dass wir unsere schädlichen Emissionen irgendwie drastisch reduzieren müssen. Da menschliche sozioökonomische und politische Aktivitäten unentwirrbar verwoben sind mit nicht-menschlichen Naturprozessen und den von ihnen gebildeten komplexen Kausalsystemen, beschränkt sich selbstzerstörerisches menschliches Verhalten keineswegs auf den menschlichen Bereich im engeren Sinn. Es betrifft auch andere Teile des Systems Erde.

Nun könnte ich unser Zeitalter der verschachtelten Krisen immer weiter und immer detaillierter beschreiben – wie eine Krise die andere verschärft, in Spiralbewegungen bisher unbekannter existenzieller Bedrohungen für die Menschheit (nicht zu vergessen der Aufstieg der KI und weitere technologische Gefahren, die hierbei berücksichtigt werden müssten). Doch ich teile Kate Raworths »positive Vision einer erstrebenswerten wirtschaftlichen Zukunft«:[11] Es ist nie zu spät für einen Kurswechsel, auch wenn die Entwicklung der globalen Lage mittlerweile mehrere Kipppunkte überschritten hat, sodass wir kurzfristig keine deutliche Stabilisierung der ökologischen Verhältnisse durch sozioökonomische Kräfte erwarten können. Um das Zeitalter der Krisen zu überwinden, müssen wir trotz allem optimistisch voranschreiten, hin zu einem postapokalyptischen Stadium der menschlichen Entwicklung. Das kann uns natürlich nur gelingen, wenn wir die Herausforderungen, die vor uns liegen, ernst nehmen.

Schlechter Ruf seit Marx

Seit Karl Marx hat der Kapitalismus in einflussreichen intellektuellen Kreisen einen schlechten Ruf. Viele geben ihm die Schuld an all den Krisen, die ich erwähnt habe, und manche rufen sogar nach einer Revolution, um ein anderes, typischerweise nicht spezifiziertes Wirtschaftssystem durchzusetzen, dessen einzige relevante und bekannte Eigenschaft es wäre, irgendwie all die Probleme zu lösen, die angeblich der Kapitalismus erzeugt hat. Der Kapitalismus wird bis heute für so gut wie jedes Übel der Moderne verantwortlich gemacht: Imperialismus, Kolonialismus, neoliberaler Autoritarismus und Diktatur (man denke an die Fälle Chile und Russland), Plutokratie, Krieg und die Zerstörung der Natur, unserer gemeinsamen Umwelt, durch ruchlose Verheizung von Rohstoffen zu Energie und Waren gemäß einer »kapitalistischen« (sprich: extraktiven und ausbeuterischen) Logik von Handel und Mehrwertproduktion.

Zugleich erging und ergeht es Gesellschaften mit offiziell antikapitalistischen, also kommunistischen oder sozialistischen Wirtschaftssystemen an diesen Fronten noch schlechter oder zumindest nicht besser. Es ist nicht nur wahr, dass vormalig sozialistische Länder wie die Sowjetunion oder DDR mehr gesellschaftliche Pathologien und Misserfolge hervorbrachten als jedes bekannte kapitalistische System, sondern ebenso, dass die kapitalistischen, liberal-demokratischen sozialen Formationen heute ihre Pathologien viel besser zu lindern vermögen als ihre systemischen Rivalen wie Russland oder China. Die totalitären Freiheitsbeschränkungen in Russland, China oder der untergegangenen DDR, die Opfer von Diktaturen sowie ihre Umweltbilanz sind gesellschaftliche Pathologien, die eine Vielzahl von Übeln (etwa schwere Menschenrechtsverletzungen) hervorbringen, durch die sich diktatorische Regime aufrechterhalten. Die nie enden wollende, grausame maoistische Kulturrevolution, die Stasi-Bespitzelung oder der derzeitige russische Angriffs- und Eroberungskrieg gegen die Ukraine sind gesellschaftliche Fehlentwicklungen.

Natürlich gibt es nicht nur solche Extremfälle. Man bedenke zum Beispiel, wie kapitalistische Industriestaaten letztlich doch erfolgreicher im Umgang mit der Notlage der Pandemie waren als die autoritären Regime, die Lockdowns und ähnliche Maßnahmen nicht allein wegen deren nachgewiesener oder angenommener Schutzwirkung verhängten, sondern auch, weil diese ihnen erlaubten, ihre Bevölkerungen über die ohnehin schon etablierten Verletzungen von Privatsphäre und Menschenrechten hinaus zu überwachen.

Im Übrigen trifft es auch nicht zu, dass der kapitalistische »Westen« automatisch oder systemisch Naturzerstörung betreibt. So spielt sich der rasche, wenngleich noch keineswegs hinreichende schnelle Ausbau erneuerbarer Energien und der Ruf nach einem *Green New Deal* in der Europäischen Union – ausgehend von technologischer Innovation und verantwortungsbewusstem Ressourceneinsatz – innerhalb eines kapitalistischen Systems ab: Durch Mehrwerterzeugung werden Produkte hervorgebracht, mittels derer der demokratisch begründete politische Wille einen sozioökologischen Wandel hin zu einer nachhaltigen Zukunft vorantreibt; dass hierbei auch Steuereinnahmen generiert werden, ist ein erfreulicher Zusatzeffekt. Dieser Zusatzeffekt kann wiederum für staatliche soziale Maßnahmen eingesetzt werden, die ja immer auch finanziert werden müssen.

Den Kapitalismus und/oder die liberale Demokratie irgendwie abzuschaffen zugunsten eines Ökosozialismus oder einer noch weniger freiheitlichen Regierungsform (Ökodiktatur) würde den komplexen Krisen, mit denen wir es zu tun haben, nicht beikommen. »Ökosozialismus« steht hier zum Beispiel für die Fantasie von einer Art Weltregierung, die sich ganz dem Anliegen verschreiben würde, die ökologische Krise zu bewältigen. Das Problem mit solch radikalen, global ausgerichteten Ansätzen ist, dass sie weder den sozialen noch den natürlichen Komplexitäten unserer Gegenwart gerecht werden. Eine globale Lösung für die ökologische Krise ist solange unrealistisch, wie sie die soziopolitischen und naturbezogenen Folgen ihrer Umsetzung nicht mit durchdenkt. Da es keine Weltregierung gibt und auf absehbare Zeit auch keine geben wird, sind Ideen einer irgendwie gearteten Top-Down-Lenkung der Weltwirtschaft völlig abwegig. Stattdessen haben wir längst einen weltweit vernetzten Handel und verfügen damit über die Möglichkeit, durch kapitalistische Methoden der Mehrwerterzeugung und durch unternehmerisches Handeln mehr Gutes zu tun als durch nationalstaatliche Interventionen auf der Weltbühne. Der Weg zu einem ethischen Kapitalismus ist wirklich gangbar und weitaus realistischer als eine radikale Veränderung unserer Lebensform hin zu einem ganz andersartigen Wirtschaftssystem, die wir uns schlichtweg nicht leisten können.

Mehr Lösungen als Probleme

Zu den Komplexitäten der *conditio humana* im 21. Jahrhundert zählt, dass das, was wir in Ermangelung eines besseren Begriffs »Kapitalismus« nennen, bei näherer Betrachtung alles andere ist als ein einheitliches Wirtschaftssystem, definierbar anhand einer kurzen Liste von Kriterien. Aus diesem Grund war das Wort »Kapitalismus« im ökonomischen und allgemein gesellschaftlichen Denken für längere Zeit aus der Mode, bis es seit den Nullerjahren in Gestalt kritischer und selbstkritischer Reflexionen wieder auftauchte.[12]

Wenn der Begriff »Kapitalismus« nur die Verknüpfung von Privateigentum an Produktionsmitteln, freien Verträgen und freien Märkten bezeichnet – also die Grundlage für Profite und die Akkumulation von Wohlstand unter den Bedingungen wettbewerbsfähiger Märkte –, ist alles andere als klar, wie er verantwortlich sein kann für die verschachtelten Krisen, mit denen wir konfrontiert sind. Dem kann man mit Verfechtern der liberalen Moderne leichthin entgegnen, dass der Kapitalismus mehr Lösungen als Probleme hervorgebracht habe. Schließlich hat er Hunderte Millionen von Menschen aus extremer Armut befreit, die Gesundheitsversorgung erheblich verbessert, wissenschaftlich-technischen Fortschritt ermöglicht und erfolgreich die totalitären Diktaturen des 20. Jahrhunderts bekämpft.

Aber wie dem auch sei: Selbst wenn wir ein hinreichend einfaches, wissenschaftlich fundiertes Konzept unseres Wirtschaftssystems hätten, das dem Etikett »Kapitalismus« entspräche, wäre keineswegs das »Ende der Geschichte« nahe, sodass wir uns hinsetzen und über seine Misserfolge und Errungenschaften Bilanz ziehen könnten. Wir können nicht behaupten, dass wir wüssten, wie sich der Kapitalismus im Lauf des 21. Jahrhunderts auf die *conditio humana*, geschweige denn auf den Zustand des Planeten auswirken wird.

Allerdings ist das Bewusstsein dafür, wie komplex sowohl die Krisenlage als auch der uns realistischerweise zur Verfügung stehende wirtschaftliche Lösungsraum sind, nicht zu verwechseln mit einer zynischen Verweigerung von Werturteilen. Wo auch immer die Wurzeln der kritischen Situation liegen: Es ist unsere Aufgabe, gangbare Lösungen zu entwickeln, ausgehend vom Status quo der Mehrwertproduktion und ohne anzunehmen, wir bräuchten einen kompletten Systemwechsel, um zu einer Form des mehr oder weniger ewigen gesellschaftlich-natürlichen Gleichgewichts zu gelangen. Denn so etwas gibt es nicht. Nicht abstrakte Utopien sollten also das gesellschaftliche Denken bestimmen, sondern eine klare Vorstellung der verfügbaren Mittel, um die Gesellschaft im Sinn normativer Ideen zu beeinflussen, die auf Tatsachen, auf wissenschaftlichen Erkenntnissen und auf für zukunftsorientierte Problemlösungen nutzbaren Ressourcen fußen.

Der weitverbreitete intellektuelle Reflex, dem Kapitalismus die

Schuld an allen großen Übeln der Moderne zu geben, ist so gesehen ein Fehlschluss. Wir müssen den Kapitalismus, wie wir ihn kennen, nicht überwinden oder ersetzen, sondern ihn reformieren, indem wir Mehrwertproduktion mit moralischem Fortschritt verbinden.

Adam Smith und seine *Theorie der ethischen Gefühle*

Kapitalismus funktioniert wie ein in der Frühmoderne entwickelter Wirtschaftsmotor, der seither eine Art des ökonomischen Gedeihens ermöglichte, die jedem Menschen die Chance gibt, für sein Leben einen Sinn zu finden. Dieser Motor basiert auf einer aus ethischen Einsichten gewonnenen Wertsetzung, die Adam Smith, einer der Begründer der kapitalistischen Wirtschaftslehre, in seinem Buch *Theory of Moral Sentiments* (1759 erschienen und ins Deutsche übersetzt als *Theorie der ethischen Gefühle*) erläutert. Die Verbindung einer ökonomischen Struktur der Mehrwerterzeugung durch freien Warenaustausch einerseits und einer wechselseitigen Interessenanpassung von Individuen mit moralischen Anliegen andererseits nenne ich »ethischen Kapitalismus«.

Dass diese Bezeichnung kein Widerspruch in sich ist, sollte nicht überraschen. Zu Recht gilt Adam Smith als Begründer des kapitalistischen Denkens, und folglich liegt es auf der Hand, dass der moderne Kapitalismus eine ethische Grundlage hat – schließlich war Smith Professor für Moralphilosophie und ist eben nicht nur Autor von *Der Wohlstand der Nationen*, sondern auch der *Theorie der ethischen Gefühle.* Eine entscheidende Rolle spielt für ihn die menschliche Fähigkeit zur »Sympathie«, womit er meint, sich in die Position eines anderen versetzen zu können und in dieser Fähigkeit die eigenen Werturteile zu begründen. Für Smith steht das Wissen darum, dass unser Handeln andere Menschen wirklich als andere betrifft und nicht nur als eine Art Erweiterung unseres Eigeninteresses, am Beginn jeder wirtschaftlichen Aktivität. Die viel besprochene »unsichtbare Hand« der Wirtschaft ist dementsprechend als konkrete Wirkung der »Sympathie« zu begreifen und nicht als verborgenes Gesetz der Ökonomie, das sich mit mathematischer Präzision beschreiben ließe. Smith war keineswegs der Meinung, die Märkte würden dank irgendeiner spieltheoretischen oder sonstigen Logik des Warenaustauschs bei begrenzten Ressourcen für sich selbst sorgen. Die Vorstellung, Wirtschaft folge einer Art Naturgesetz, einer Sozialphysik, der es auf die Spur zu kommen gelte, war Smith vollkommen fremd.

Allerdings genügt es natürlich nicht, darauf hinzuweisen, dass ein Gründungsvater des kapitalistischen Denkens moralische Argumente zugunsten des kapitalistischen Systems anführte. Denn was immer Smiths moralphilosophische oder ethische Überzeugungen waren, heute sind diese jedenfalls veraltet. Dasselbe gilt für seine Vorstellung dessen, was wir Kapitalismus nennen; desgleichen wirkt es fast wie ein Witz, wenn sich Leute auf den historischen Karl Marx beziehen, um heutige Defizite und Pathologien – erzeugt von Globalisierung, digitaler Transformation oder verwerflicher Ungleichheit – zu verstehen. Marx konnte von einer Dienstleistungs- oder einer Wissensökonomie noch nichts wissen, auch nicht von den abstrakteren Produktionsbedingungen im digitalen Zeitalter. Ebenso wenig konnte er die Widersprüche und Antagonismen begreifen, die sich aus dem Zusammenprall kapitalistischer und kommunistischer Staaten nach dem Zweiten Weltkrieg ergaben, denn er erlebte die empirischen, historischen Fakten der Umsetzung seiner Ideen nicht mehr. Wir aber schon – und deshalb ist es wichtig, uns kein romantisches oder idealisiertes Bild von Marx als einer Art Prophet zu machen, der unsere heutigen Krisen bereits vorhergesagt habe oder erklären könne.

Für das 21. Jahrhundert brauchen wir kein Revival historischer Figuren oder traditioneller Lehren, sondern eine Einlösung des Ursprungsversprechens der Moderne, nämlich der Emanzipation der Menschheit von ihrer selbstverschuldeten Unfreiheit. Hier kommt die Wirtschaft ins Spiel und mit ihr die Wirtschaftswissenschaft als die akademische Disziplin, die sich dem Studium sozioökonomischer Transaktionen widmet. Denn manche Menschen schränken in der Tat die Freiheit anderer ein, weil ihre Konsumwünsche mit einer Ausweitung gesellschaftlicher und politischer Unfreiheit an anderen Orten verkoppelt sind. Damit die Moderne vorankommen kann, muss sie den nächsten Schritt tun und diejenigen wirklich in die ethische Gleichung einbeziehen, die sie bisher von ihren Machtzentren ferngehalten hat. Arbeitskraft und Ressourcen anderswo auszubeuten bedeutet eine Form der selbstverschuldeten Unfreiheit in fortgeschrittenen Industrieländern, denn es führt zu geopolitischen Konflikten und löst gerechtfertigten Widerstand und Pauschalkritik am Liberalismus, Kapitalismus oder gar der Demokratie aus. Es ist daher ein Irrweg, den demokratischen Kapitalismus zu militarisieren, um unsere Märkte gegen diejenigen zu schützen, die gegen die ungerechte Verteilung von Ressourcen aufbegehren. Vielmehr müssen wir die Probleme, die wir geschaffen haben, mit den besten uns zur Verfügung stehenden, liberaldemokratischen Methoden lösen. Das bedeutet immer auch: durch unternehmerisches Handeln, neue Geschäftsmodelle und Formen der Zusammenarbeit mit denjenigen, die direkt oder indirekt unter den Kollateralschäden des wirtschaftlichen Erfolgs von Wohlstandsnationen leiden.

Geld als Übersetzungswerkzeug

Wirtschaft gibt es nur da, wo Ressourcen begrenzt sind. Zwei Akteure tauschen Ressourcen aus – Arbeit gegen Bezahlung, Waren gegen Geld, Waren gegen Waren usw. –, weil jedem von beiden das fehlt, was der andere hat, und weil es eine gemeinsame Basis für die Transaktion gibt, eine Art von Übersetzung. Die Macht des Geldes liegt darin, dass es eine Sprache zur Übertragung von Bedürfnissen, Ressourcen und Waren in ein Zahlensystem anbietet.

Der Raum, in dem Bedürfnisse, begrenzte Ressourcen und Waren in das universelle ökonomische Übersetzungswerkzeug Geld umgewandelt werden, ist der *Markt.* Die Grundidee des Kapitalismus besteht darin, das Potenzial freier Märkte zur Schaffung von Mehrwert für die Menschheit anzuerkennen. Dabei ist ein Markt »frei« nicht im Kontrast zu einem staatlich betriebenen Markt, wie einflussreiche neoliberale Denker wie Friedrich Hayek und Milton Friedman fälschlich dachten, sondern er ist frei, weil es keine zentrale Instanz gibt, die genau weiß, wie der Markt funktionieren sollte, und somit die Entscheidung übernehmen kann, welche Waren ausgetauscht werden. Auch ein vom Staat betriebener Markt ist in dieser Hinsicht frei, ungeachtet dessen, was der Staat glaubt. Insofern hatten die freien Märkte in der Neuzeit eine *befreiende* Wirkung, denn sie trugen entscheidend zur Entwicklung des liberaldemokratischen Rechtsstaats bei, der nach und nach die Stelle des aristokratischen Feudalismus einnahm. Der Fehler des klassischen Neoliberalismus ist es so gesehen, den Kontrast zwischen Staat und Markt zu überschätzen. Der freie Markt ist nicht vom Staat frei, sondern von jeglicher Zentralplanung, die der liberale demokratische Rechtsstaat gerade nicht fordert. In der liberalen Demokratie gibt es keinen prinzipiellen Wettbewerb von Staat und Wirtschaft, sondern eine Kooperation dieser beiden einflussreichen Sektoren unserer Gesellschaft mit dem Ziel, möglichst viel Wohlstand und dadurch individuelle und soziale Freiheit zu schaffen.

Dank der vermittelnden Präsenz freier Märkte erzeugen Menschen neuartige Produkte (auch Gedanken), deren Existenz keine zentral planende Instanz vorhersagen kann. Denn die Menschen als Individuen, ebenso wie die sozialen Formationen, denen sie angehören (Familien, Institutionen und andere Gruppen, zu denen sie sich im Lauf ihrer gesellschaftlichen Identitätsbildung zusammenschließen), sind frei. Wenn für ihre Grundbedürfnisse gesorgt ist, werden Menschen zwangsläufig kreativ, denn sobald sie haben, was sie zum Überleben brauchen, beginnen sie, sich andere Fragen nach dem Sinn ihres Lebens zu stellen.

Deshalb muss der Kapitalismus – als ökonomischer Motor hinter dem liberal-demokratischen Rechtsstaatsprinzip – so viele Leute wie möglich auf den *Markt* holen: damit die Erzeugung investierbaren Mehrwerts ansteigt und wieder neue Produkte entwickelt werden können als Antwort auf das unvorhersehbare Aufkommen neuer Bedürfnisse und Ressourcen. Der Kapitalismus folgt also einer Logik der Innovation und Expansion – solange eben die Versorgung der materiellen Grundbedürfnisse für die Menschen in seinem Einflussbereich gesichert ist.

Dies ist eine der Wahrheiten hinter Joseph Schumpeters viel zitiertem Ausspruch, der Erfolg des Kapitalismus liege in seiner Fähigkeit zur »schöpferischen Zerstörung«. Schöpferische Zerstörung muss keinen Bruch bedeuten, keine reine Negativität. Was Schumpeter meinte, war, dass der Kapitalismus nicht in erster Linie von den Krisen profitiert, die er selbst auslöst, sondern von seiner Fähigkeit, Probleme zu lösen. Technologische Innovation erhöht zweifellos unsere Problemlösungsfähigkeiten. Daher konzentriert sich der heutige Kapitalismus auf zwei große Themen: *Energie* als Fundament für die Versorgung unserer Grundbedürfnisse (und um die technische Infrastruktur am Laufen zu halten) sowie *digitale Technologie*, weil es deren Ziel ist, durch die Herstellung lernfähiger Maschinen unsere Problemlösungskompetenz weiter zu steigern.

Wir müssen den Kapitalismus reformieren, indem wir seine Ethik explizit machen, und zwar mit dem Ziel, ihn zu verbessern. Zu diesem Zweck nimmt der ethische Kapitalismus den moralischen Fortschritt als neues Hauptanliegen auf. Er verspricht nicht nur die Versorgung unserer materiellen Grundbedürfnisse, sodass wir auf einer stabilen Basis an der Mehrwerterzeugung teilnehmen können, sondern nimmt zudem die Herausforderung an, uns bei der Suche nach Sinn in unserem Leben zu helfen.

In diesem Zusammenhang verfechte ich den uraufklärerischen Ansatz, dass der Sinn unseres Lebens in unserer Fähigkeit zur gegenseitigen Hilfe liegt – so wie sie Pjotr Kropotkin seinem Klassiker *Gegenseitige Hilfe in der Tier- und Menschenwelt* (veröffentlicht 1902) als Prinzip der Evolution beschrieb. Unsere moralische Kapazität, einander zu unterstützen und damit unsere soziale Freiheit zu erweitern, ist der Grund, warum wir hier sind, also modernen sozialen Formationen angehören.

Der ethische Kapitalismus macht sich daher alle gerechtfertigte Kritik an früheren Formen des Kapitalismus zu eigen, ebenso an den Defiziten einer neoliberalen Auffassung vom *business* als etwas völlig Autonomes und über andere Wertesphären Erhabenes – eine Haltung, die der Menschheit in der Tat Schaden zugefügt hat. Das Problem des Neoliberalismus ist sein falsches Verständnis von Gesellschaft. Er denkt, Gesellschaft lasse sich reduzieren auf das Verhalten individueller, punktartiger Einheiten, die sich durch einen an sich wertfreien Raum des sozioökonomischen Austauschs bewegen und ihre Präferenzen zu verwirklichen versuchen. Der Neoliberalismus verkennt also, was *soziale Freiheit* ist. Er begreift Freiheit nur als Abstand von sozialen Bindungen, daher liegt für ihn die einzige legitime Funktion des Staates im Schutz dieser negativen Freiheit. Selbst die Macht des Staates, der individuellen Freiheit zugunsten der sozialen Freiheit Grenzen zu setzen, erscheint seinen Vordenkern wie Milton Friedman und August Hayek verwerflich.

Im Gegensatz zur Vorstellung eines neoliberalen Markt-Staates steht für den ethischen Kapitalismus die Ethik an erster Stelle: Der Zweck der Märkte ist es, zum moralischen Fortschritt beizutragen. Wie dieser auszusehen hat, wird dabei nicht von außen diktiert – weder durch den Staat noch durch die moralistischen Diskurse der Öffentlichkeit. Wenn für unsere materiellen Grundbedürfnisse gesorgt ist, dann sollte der nächste Schritt beim Aufbau einer Gesellschaft und ihrer ökonomischen Aktivitäten sein, diese Aktivitäten darauf auszurichten, dass sie die soziale Freiheit erweitern. Denn das ist die Funktion von Wirtschaft, sobald sie darüber hinausgeht, überlebenswichtige Güter herzustellen. Und deshalb braucht die Wirtschaftswissenschaft heute ein ethisches Update: damit sie kompatibel wird mit einem moralischen Fortschritt, der als Beitrag zur sozialen Freiheit mit ökonomischen Mitteln erzielt wird. Dieses ethische Update muss aus der Wirtschaft und den Wirtschaftswissenschaften heraus entwickelt werden und den sozioökonomischen und geopolitischen Realitäten entsprechen.

Moral und ökonomischen Wert koppeln: der Weg zu einer Neuen Aufklärung

Um die Selbstbeschränkung der heute gängigen Wirtschaftslehren besser zu begreifen, gilt es zu erkennen, wo sie sich vom Ideal der ethischen Vernunft entfernen. Die Wirtschaftswissenschaft verbindet das allgemeine Konzept des Werts mit der Vorstellung von rationalen Akteuren. Ein »rationaler Akteur« ist jemand, der seine Präferenzen durchzusetzen strebt. Unter »Präferenz« versteht man hier ein Interesse, das sich auf eine Reihe von Alternativen richtet – typischerweise Gegenstände, die als Waren betrachtet werden. Diese Alternativen werden, gemäß ihrer Nützlichkeit für den Akteur, in eine Rangfolge gebracht (»evaluiert«). Wenn Akteur A etwa die Wahl hat zwischen einem Android- und einem Apple-Smartphone und die Mittel, um eins davon, nicht aber beide zu kaufen, so zeigt sich in As Entscheidung für, sagen wir, das iPhone seine Präferenz. Ökonomische Vernunft oder Rationalität bestehe, so heißt es in der herkömmlichen Wirtschaftswissenschaft, darin, das eigene Leben zu optimieren, indem man einen eingeschlagenen Kurs per Kosten-Nutzen-Analyse mit möglichen Alternativen vergleicht.

Dieses Bild von uns als vermeintlich »rationalen Akteurinnen« wirft jedoch viele Probleme auf. Diese Probleme wiederum müssen wir verstehen, denn sie bedeuten gravierende Beschränkungen für die Mainstream-Wirtschaftslehre und erklären, warum Wirtschaftswissenschaft und Ethik bisher nicht hinreichend miteinander verwoben sind.

Das erste Problem mit diesem Bild menschlichen Handelns ist, dass wir oft weder unsere Präferenzen kennen noch einen Überblick über die Alternativen haben, die uns tatsächlich zur Verfügung stehen. Im Prinzip könnten viele von uns Multimillionäre werden, was erheblich dazu beitragen würde, den Ertrag unseres Lebenswegs zu maximieren – wenn wir bloß wüssten, welche Alternative wir wählen müssen, um Multimillionär zu werden. Dass viele Menschen sich gegen die im Einzelnen nicht abschätzbaren Risiken entscheiden, die mit ihrem Unwissen hinsichtlich des Wegs zu großem Reichtum einhergehen, zeigt recht klar, dass wir uns nicht alle wie rationale Akteure im idealisierten Sinn der ökonomischen Theorie verhalten – es sei denn, man setzt voraus, dass jeder Handlungsweg, den ein Individuum einschlägt, per Definition als Optimierung seiner Präferenz-Befriedigung unter Bedingungen relativer Ignoranz und Ungewissheit zählt. In diesem Fall ließen sich die Präferenzen an den tatsächlichen Entscheidungen ablesen. Das würde bedeuten, dass die meisten Menschen es vorziehen, gar nicht erst zu versuchen, Multimillionäre zu werden. Wenn aber Präferenzen so gesehen generell identisch sind mit der Wahl, die Menschen *tatsächlich* treffen, verliert das Konzept der Präferenz seine *normative* Funktion. Ein Wert, der sich zwangsläufig in einem bestimmten Verhalten äußert, kann kein Wert sein, denn es ist unmöglich, nicht so zu handeln, wie er es festlegt.[13]

Ein Konzept ist *normativ*, wenn es für eine Aktivität ein Ziel beschreibt, das von den jeweiligen Akteuren nicht unbedingt erreicht wird. Eine gute Schachspielerin zu sein ist zum Beispiel ein normatives Konzept. Wenn ich die Schachregeln kenne, ein paar Eröffnungen lerne und ein bisschen Endspieltheorie und dann bei Turnieren antrete, macht das freilich allein noch keinen guten Schachspieler aus mir. Ein guter Schachspieler bin ich, wenn mein Verhalten nach Standards als gut gilt, die nicht mit meinem Verhalten identisch sind.

Allerdings sollten diese elementaren Überlegungen zum Begriff der Normativität uns nicht zu der Annahme verführen, Beschreibungen menschlichen Verhaltens könnten nie Einblick in das Wertesystem einer Akteurin bieten. Ein normatives Konzept ermöglicht die Bewertung einer Handlungsweise in Kategorien von Erfolg und Misserfolg. Eine Norm ist etwas, das wir mit unserem tatsächlichen Verhalten erfüllen oder verfehlen können. Da tatsächliches Verhalten beobachtbar ist, bildet auch die Normativität keinen unzugänglichen, transzendenten Bereich. Viele, wenngleich bei Weitem nicht alle Normen sind gesellschaftlich sichtbar, schriftlich niedergelegt, dokumentiert und ausdrücklich formuliert.

Das Rätsel der Mehrwertproduktion

Ökonomischer Wert sollte generell nicht auf die Erfüllung von Präferenzen individueller Akteure reduziert werden. Ökonomische Werte – und damit auch Profite – sind nicht zwangsläufig egoistisch und auch nicht unmoralisch. Sonst könnten wir das Rätsel der Mehrwertproduktion, ohne die es kein Wirtschaftswachstum gäbe, nicht einmal ansatzweise lösen. Dieses Rätsel besteht in der Frage, wie ökonomischer Wert steigen kann, obwohl menschliche Aktivität doch allenfalls die materiell-energetische Objektschicht der Realität umstrukturiert, also etwa aus Holz eine Hütte oder aus einer Vielzahl von Materialien ein Auto macht. Wie kann naturgegebenes und industriell neu hergestelltes Material einfach durch Umgestaltung wertvoller werden?

Wie schon angedeutet, hat die Antwort auf diese Frage mit unseren Praktiken des Werturteils zu tun und demnach mit komplexem gegenseitigem Gedankenlesen. Dieses schlägt sich in Kennzahlen, Umsätzen, Klickraten und Börsenwerten nieder, mittels derer wir unsere Werturteile mehr oder weniger objektiv erfassen. Um am Austausch auf Märkten teilzunehmen, brauchen wir Annahmen über die Bedürfnisse und Wertvorstellungen der anderen Beteiligten. Märkte sind keine wertneutralen Foren, die Preise und andere Mechanismen irgendwie hervorbringen, sondern sie bestehen aus moralisch sensiblen Begegnungen verschiedener Menschen, die bestimmte Werte und Ziele gemeinsam haben, sodass sie in sinnvolle Verhandlungen eintreten können.

Meiner Ansicht nach liegt der anhaltende Reiz des Marxismus, auch nach vielfältigen Widerlegungen seiner Prämissen, darin, dass er für das Mehrwerträtsel eine normativ aufgeladene Erklärung anbietet. Marx' berühmter Gedanke war, dass sich der Unterschied zwischen dem Gebrauchswert einer beliebigen materiellen Zusammenstellung (eines mehr oder weniger naturbelassenen Gegenstands) und dem Preis oder Tauschwert, den dieses Objekt unter Marktbedingungen annimmt, letztlich dadurch ergibt, dass dem Gegenstand Arbeit oder Arbeitskraft hinzugefügt wird. Die Tatsache, dass jemand die natürlich-materielle Zusammenstellung verändert, also etwas in ein Erzeugnis menschlichen Fleißes umwandelt, schafft den Mehrwert, der ein Rohmaterial von einer Ware unterscheidet, deren ökonomische Eigenschaften sich durch Tauschmengen (etwa in Form von Geld) bemessen lassen. Der Wert von Rohstoffen entsteht einer solchen Auffassung zufolge immer nur im Hinblick auf die Arbeit, die an und mit ihm verrichtet werden kann. Wertvoll ist an einem Produkt also, dass es die Verrichtung menschlicher Arbeit in einem Gegenstand verkörpert. Marx dachte, die Wahrheit über die Verhältnisse zwischen Materialien und menschlicher Tätigkeit, durch die wertvolle Artefakte hergestellt werden, sei verdeckt von gesellschaftlichen Bedingungen beziehungsweise von den *Produktionsverhältnissen.* Diese kämen den daran Beteiligten *natürlich* vor – etwa so wie uns heute unsere Umwelt, obwohl unsere Umwelt nirgendwo rein natürlich im Sinn von unberührt von menschlicher Aktivität ist.

Was Marx noch nicht berücksichtigen konnte und was von den heutigen Produktionsverhältnissen tatsächlich verdunkelt wird, ist, dass es eine rein natürliche Umwelt – einen Garten Eden, der noch nicht von menschlicher Aktivität geprägt ist und somit sozusagen für den puren Gebrauchswert steht – nie gegeben hat. Denn als menschliche Tiere sind wir in mannigfache Strukturen des biochemischen Austauschs eingebunden, die sich auf die Zusammensetzung der Atmosphäre auswirken, ebenso auf die Beschaffenheit des Bodens, die Struktur von Flora und Fauna unseres Lebensraums und so weiter. Tiere sind nie passive Sammler und Jäger im Garten Eden, sondern stellen selbst die ökologische Nische her, in der sie überleben.

Anders ausgedrückt: Menschliche und andere Tiere sind kulturelle Lebewesen. Wir formen die Natur schon durch unsere bloße Anwesenheit in ihr. Wie der Biologe und Philosoph Jakob Johann von Uexküll, dessen Standardwerk *Umwelt und Innenwelt der Tiere* (1909) wir den Begriff »Umwelt« im heute geläufigen Sinn verdanken, erklärte, gleichen sich Tiere einer vorhandenen Umwelt nicht an, sondern sie passen sich aktiv in die natürlichen Gegebenheiten ein.

Daher bedeutet die heute beliebte pseudoökologische Vorstellung von einer zyklisch gut funktionierenden Natur, deren Organisation durch die Anwesenheit des Menschen gestört oder gar bedroht werde, schon eine Art Vernebelung der gesellschaftlichen Produktionsverhältnisse, die der Erfindung des Kapitalismus (oder jeder anderen modernen Form des Wirtschaftens) vorausgehen. »Natur« im Sinn einer selbsterhaltenden, sich selbst reproduzierenden präsozialen Ebene des reinen Gebrauchswerts hat es nie gegeben. Denn schon die Ressourcen, auf die wir zum Leben angewiesen sind – die Luft, die wir atmen, die Pflanzen und Tiere, die wir essen –, existieren infolge der Aktivität menschlicher und nicht-menschlicher Tiere, die über Milliarden Jahre die ökologischen Bedingungen auf unserem Planeten geprägt haben. Als Zeitgenossen Darwins konnten sich Marx und Engels mit einigen dieser Tatsachen bereits vertraut machen. Jedoch waren die Lebenswissenschaften, das Ingenieurwesen und die Physik ihrer Zeit noch weit entfernt von den ökologischen Erkenntnissen und den Komplexitätstheorien des 20. und 21. Jahrhunderts.

Kultur in einem tieferen, biologisch begründeten Sinn ist die Produktion ökonomischen Werts. Sie erlaubt es uns, die Bedingungen für unser Überleben herzustellen und zu reproduzieren.

Als prosoziale Säugetiere, die ohne gegenseitige Hilfe nicht überleben können, sind wir auf Kultur als Nahrung angewiesen. Es gibt keine metaphysisch isolierte präsoziale Ebene unseres Seins, auf die wir beim Bau unserer ökologischen Nische zurückgreifen können. Sobald wir als menschliche Tiere existieren, ist der Garten Eden weit weg – so weit, dass wir erkennen müssen, dass er für Tiere gar nicht möglich ist. Wir können in diesem Sinn nicht zur Natur zurückkehren, denn sie hat so nie existiert.

Der Tauschwert taucht in der ontologischen Geschichte von der Entstehung der Werte also viel früher auf, als man denken mag, nämlich ganz am Anfang. Aber das heißt gerade nicht, dass man die sozialen Produktionsverhältnisse zu etwas Natürlichem erklären sollte. Sie sind kulturell, weil von Beginn an im menschlichen Leben und Überleben alles kulturell ist. Deshalb ist die Vorstellung nicht haltbar, es gebe so etwas wie eine Naturebene der menschlichen Wirklichkeit, verdeckt von gesellschaftlichen Produktionsverhältnissen, die implizit oder explizit darauf ausgerichtet sind, Arbeitende auszubeuten – ihnen also zum Beispiel weniger zu zahlen, als ihnen zustünde, wenn wir anhand natürlicher Maßeinheiten (etwa Arbeitsstunden) den Gebrauchswert einer Tätigkeit bestimmen und ihn den Arbeitenden in einer angemessenen, weniger entfremdeten Form des ideologiefreien Tauschwerts zurückgeben würden.

Kollektiveigentum und Privateigentum

Es ist bemerkenswert, wie sehr die Sprache, in der wir den Kapitalismus zu beschreiben pflegen, von marxistischem Vokabular durchdrungen ist. Viele Lexikoneinträge, Handbuchartikel, auch wirtschaftswissenschaftliche Fachpublikationen definieren »Kapitalismus« anhand der Idee des Privateigentums an den Produktionsmitteln plus einiger weiterer Faktoren, darunter Privatbesitz, freie Märkte im Wettbewerb und Kapitalakkumulation.[14] Das Gegenstück zu einem solchen System wird dann typischerweise als Sozialismus definiert, wo sich die Produktionsmittel überwiegend im Besitz anderer Gruppen befinden als von Privatpersonen, deren Eigentum rechtlich geschützt ist.

Diese urmarxistische Gegensatzbildung wirkt bei genauerem Hinsehen fadenscheinig. Damit ein kapitalistisches System funktionieren kann, muss das Privateigentum rechtlich geschützt sein. Ökonomische Produktivität jeglicher Art setzt in komplexen sozialen Systemen »Eigentum, Tauschregeln, Verträge und Rechtsdurchsetzung« voraus, wie die in Stanford lehrende Philosophin und Gesellschaftstheoretikerin Debra Satz in ihrem Buch *Von Waren und Werten* darlegt.[15] Auch dort, wo sich die Produktionsmittel in Privatbesitz befinden, basieren die rechtlichen Voraussetzungen für dieses Eigentum auf Kollektiveigentum. Der strikte Gegensatz zwischen Privat- und Kollektiveigentum löst sich damit in Luft auf. Satz fährt fort:

> Märkte funktionieren nur dort effizient, wo es festgeschriebene und geschützte Eigentumsrechte gibt. Dies setzt rechtliche und ordnungspolitische Rahmenbedingungen voraus, die sicherstellen, dass Verträge eingehalten und vorhandene Eigentumsrechte akzeptiert werden. Damit Märkte funktionieren, muss der Staat allerdings mehr tun, als nur Diebstahl und Betrug zu bekämpfen. Man braucht Verfahren zur Beilegung von Handelsstreitigkeiten, ein vernünftiges Bankensystem, das Unternehmen zu Krediten verhilft, und ein Steuersystem, mit dem die notwendigen kollektiven Ziele, wie Bildung, Schaffung und Instandhaltung von Infrastruktur sowie Rechtspflege, verfolgt werden können. […] Aus dieser Beobachtung folgt notwendigerweise, dass der freie Markt auf die zwangsbewährte Durchsetzung von Eigentumsregeln, gesetzlichen Vorschriften und sozialen Konventionen angewiesen ist. Ein wahres Laisser-faire ist nicht einmal logisch möglich.[16]

Keine Form von Kapitalismus, und sei sie noch so *laisser-faire* oder neoliberal, stand jemals ganz außerhalb des Gesetzes. Auch unsere globalisierte Wirtschaft mit ihren multinationalen Konzernstrukturen unterliegt Handelsgesetzen, Regulierungen, Staatsgrenzen etc. – nie operiert sie ganz abseits der Rechtsprechung.

Das Rechtssystem als System zur Organisation normativer Verfügungen ist ein soziales System; das heißt, wir besitzen das Privateigentum kollektiv, schon indem wir seine Existenz zulassen. Dieses Kollektiveigentum zweiter Ordnung, in die das Privateigentum stets eingebunden ist, erfüllt eine soziale Funktion, die John Rawls mit seinem viel diskutierten »Differenzprinzip« umreißt: Ökonomische Ungleichheit unter Mitgliedern einer beliebigen Gesellschaft (und somit auch Privateigentum, das immer eine Form von Ungleichheit bedeutet) ist in dem Ausmaß gerechtfertigt, in dem sich die Lebenssituation der am wenigsten Begünstigten der Gesellschaft infolge der ungleichen Ressourcenverteilung letztlich verbessert.[17] Kurz gesagt: Die moderne Erfolgsgeschichte des Kapitalismus beruht auf seiner Fähigkeit, Armut und andere Krankheiten komplexer Gesellschaften zu lindern, indem er unter kontrollierten Bedingungen Ungleichheit erhöht. Die Kontrollmechanismen dieser Bedingungen nehmen die Gestalt von Gesetzen an. Ihr Ziel besteht darin, dass alle Mitglieder einer Gesellschaft ihre soziale und ökonomische Stellung verbessern können, sprich, in der Herstellung von Chancengleichheit, was hinreichende ökonomische Mittel (Arbeitsplätze, natürliche und Bildungsressourcen, soziale Gerechtigkeit usw.) voraussetzt.

Das heißt aber auch ganz klar, dass alle Formen schädlicher Ungleichheit, die zu ökonomischen oder gesellschaftlichen Pathologien beitragen (indem sie etwa Armut erzeugen oder Arbeitsbedingungen verschlechtern), illegal sein müssen. Wir sollten Gesetze gegen die Schaffung von Armut entwickeln, denn Armut ist einer der Haupttreiber für gesellschaftliche Pathologien. Menschen sollen nicht unter Armut leiden, und es ist Zeichen sozialen Fortschritts, dass wir Armut (aber natürlich nicht die Armen) bekämpfen. Extreme Armut macht es den Menschen schwer, ihr Leben zu führen und dauerhafte soziale Bindungen einzugehen. Oft sind sie zur Migration gezwungen, weil sie nur so für ihren Lebensunterhalt und den der ihnen Nahestehenden sorgen können. Wir müssen daran arbeiten, die Armut zu überwinden, denn sie bringt Menschen in verzweifelte Lagen, die ausgenutzt werden von echten Imperialisten, Kolonialisten und ausbeuterischen böswilligen Akteuren (so auch kriminellen Schleuserbanden), deren Geschäft die falschen Hoffnungen sind. Armut ist immer noch eines der Hauptprobleme der Menschheit, und sie trägt massiv zu den anderen globalen Schieflagen bei.

Das Differenzprinzip (und sei es in einer modifizierten Version) muss seine Grundlage im Vorfeld oder jenseits des jeweiligen rechtlichen Rahmens haben. Denn zweifellos existieren schädliche Formen von Ungleichheit im global-gesellschaftlichen Ausmaß, und wir verurteilen sie zu Recht. Wenn das Konsumverhalten in hoch entwickelten Industrieländern an soziale Produktionsverhältnisse für die Konsumgüter gekoppelt ist, die in den wohlhabenden Staaten selbst illegal wären, sollte auch dieser Konsum illegal sein. Der moralische Fortschritt erfordert, dass unsere Lieferketten und Produktionsbedingungen die Mehrwerterzeugung nicht unethisch werden lassen, denn dies wird unter Bedingungen globalisierter Volkswirtschaften in die Katastrophe führen.

»Menschen aller Länder, vereint euch!«

Der Wirtschaftsliberalismus fungiert als Werterückgrat, das den Kapitalismus nicht nur akzeptabel macht, sondern einem uneingeschränkten Kommunismus (also der Abschaffung des Privateigentums, sodass der Staat als zentraler Akteur für die Organisation der Märkte verantwortlich ist) auch überlegen ist. Er ist allerdings nur so lange tragbar, wie wir es uns nicht erlauben, Verstöße gegen unsere Gesetze oder gar moralisch verwerfliche Produktionsbedingungen in andere Regionen des Planeten auszulagern. In dieser Hinsicht gleicht der Kapitalismus dem Sozialismus oder Kommunismus: Er kann, als liberales Wertesystem, nur funktionieren, wenn diese Werte für ihn global gelten. Der Imperativ des Kapitalismus sollte daher lauten: Menschen aller Länder, vereint euch!

Deswegen reicht es nicht, wenn wir hierzulande unsere soziale Marktwirtschaft einfach nur durch die eine oder andere innovative ethische Maßnahme verbessern. Unsere Unternehmen sind in globale Produktions- und Wertschöpfungsketten eingebettet, die wir mit unternehmerischen, nicht bloß mit politischen Mitteln ethisch optimieren müssen. Es ist Sache unternehmerischer, allgemein wirtschaftlicher Verantwortung, dass ein ethischer Kapitalismus keineswegs an unseren Grenzen haltmacht. Es geht dabei nicht darum, andere zu belehren, sondern uns selbst zu verbessern, um durch das Tun des Guten Profite zu erzeugen, von denen wiederum möglichst viele Menschen auf eine angemessene Weise profitieren.

Die bereits erreichte ökonomische Globalisierung muss anhand ethischer Prinzipien modifiziert werden, welche den fehlgeleiteten neoliberalen Ansatz überwinden, der gegen alle soziopolitischen Verhältnisse abgeschottete Märkte vorsieht. Zwar ist die Idee einer Weltregierung nicht zu verwirklichen und auch internationales Recht (auch in Ermangelung einer solchen globalen Instanz) nur sehr eingeschränkt durchsetzbar, dennoch kann der ethische Kapitalismus zu mehr Gerechtigkeit im Zeichen der Globalisierung beitragen.

Ich betrachte den Kapitalismus also nicht allein als Maschinerie zur Produktion von Wohlstand. Ein derartiges Bild vom Kapitalismus führt zwangsläufig zu berechtigter Kritik und Ablehnung, solange wir es nicht korrigieren, indem wir ihm das Wertkonzept einer ethisch ausgerichteten Verteilung der Ressourcen hinzufügen.

Tatsächlich funktioniert Kapitalismus nur, wenn er sich an unseren menschlichen Interessen ausrichtet. Das gilt für jedes wirtschaftliche Handeln, sobald es wirklich umgesetzt werden soll.

Wirtschaftliches Handeln ist immer auf menschliche und damit auf soziale Aktivität angewiesen. Menschliche soziale Aktivität aber ist stets normativ in der Hinsicht, dass menschliche Tiere ohne soziale Bindungen der gegenseitigen Hilfe nicht überleben können. Das bedeutet, dass unsere menschlichen Interessen immer auch direkt oder indirekt ethisch relevant sind. Wer seine Interessen nachhaltig verfolgt, bedarf dafür der Kooperation mit anderen. Es gibt genuin moralische Interessen, die sich in Profit verwandeln lassen. Es ist deswegen kein Widerspruch, wenn der ethische Kapitalismus geradezu fordert, davon zu profitieren, dass das moralisch Gute mit wirtschaftlichen Mitteln realisiert wird.

Moderne lose strukturierte, freiheitlich-wirtschaftliche Praktiken entstehen dabei nicht top-down. Die Erfolgsgeschichte des modernen Kapitalismus ergibt sich daraus, dass er vielmehr durch evolutionäre Verfahren des *trial and error*, der allmählichen, fehleranfälligen Problemlösung, entstanden ist. Niemand hat den Kapitalismus geplant, er ist nicht das Ergebnis der Absichten einer kleinen Elite.

Der ökonomische Wettbewerb kann sich nur vor dem Hintergrund eines gigantischen Systems der Kooperation entfalten, das sich wiederum in Gestalt des Rechtswesens materialisiert. Aus dieser Perspektive besteht die Funktion des Rechtswesens darin, im Dienst der Gesellschaft ein Hüter des Differenzprinzips zu sein, das eine der Funktionen des Wirtschaftsrechts ist. Der Grund, warum es Kartellgesetze gibt, liegt genau darin, dass Monopole eine Form der ungerechten Ungleichheit sind, die zu wenigen Menschen zu viel Macht über zu viele andere Menschen verleihen und dadurch das Differenzprinzip bedrohen. Kartellgesetze sind ein Paradebeispiel dafür, dass der demokratische Rechtsstaat die Freiheit der Märkte herstellt. Es ist nicht so, dass die Märkte an sich frei wären und durch staatlichen Dirigismus und Regulierungen eingeschränkt werden. Das gibt es zwar auch, aber im Allgemeinen sichert der Staat vielmehr den Wettbewerb ab, der nur dann funktioniert, wenn es Sicherheitsnetze und faire Voraussetzungen gibt.

Die Quasi-Monopolstellung mancher Digitalkonzerne ist so gesehen das Ergebnis von zu wenig, nicht von zu viel Kapitalismus.

Sowohl die ökonomischen Aktivitäten als auch ihr rechtlicher und gesellschaftlicher Rahmen, durch den wir regeln, welche Art von Privateigentum an den Produktionsmitteln erstrebenswert ist, unterliegen einer weiteren Ebene der Bewertung, nämlich dem Moralgesetz. Colin Mayer schlägt in seinem Buch *Capitalism and Crises* eine solide ethische Grundlage für eine neue Art des »Problemlösungs-Kapitalismus« anstelle des bisherigen »Krisenkapitalismus« vor. Er bezieht diese ethische Grundlage auf den Zweck unserer Existenz, den Sinn des Lebens:

> Wir existieren, um anderen dazu zu verhelfen, dass sie anderen helfen können, und um daran zu verdienen, davon zu profitieren. Doch Verdienst und Profit sind nicht der Grund oder Zweck unserer Existenz. Sie gehen aus ihr hervor.[18]

Da wir soziale Tiere sind und nur miteinander existieren können, ergibt die Ausübung unserer individuellen Freiheit auch nur innerhalb eines Systems der gegenseitigen Hilfe Sinn. Alles, was das System der gegenseitigen Hilfe verbessert, gilt so gesehen als gut; und alles, was es schwächt, als schlecht. Auf dieser Basis führt Mayer eine neue Konzeption des Moralgesetzes ein, eng angebunden an die Vorstellung vom guten Wirtschaften:

> Das Moralgesetz ist folglich, dass wir nur davon profitieren sollten, Lösungen für die Probleme anderer zu bieten, und nicht davon, anderen Schaden zuzufügen. Warum ist dies ein Moralgesetz und nicht bloß eine These oder eine Regel? Ein Moralgesetz ist eine absolute Aussage über richtiges Handeln, hergeleitet aus einem göttlichen Befehl oder aus der Wahrheit der Vernunft. In diesem Fall ist das Gesetz eher aus der Vernunft abgeleitet als aus einer Religion. Seine Begründung erfordert kein göttliches Eingreifen. Vielmehr geht es aus dem Nachdenken über richtiges Verhalten hervor.[19]

Wie aber gelangt man zu diesem Schluss? Welche Art Ethik liegt Mayers Erkenntnis zugrunde, dass Profite auf Kosten anderer nicht nur unmoralisch, sondern zudem nur scheinbar profitabel sind? Denn es reicht ja nicht aus, zu argumentieren, dass wahrer Profit anderen nicht schade, solange man doch weiterhin vom Schaden anderer profitieren kann. Fußt die Normativität des Moralgesetzes in ökonomischer Aktivität? Geht sie ihr voraus? Oder koinzidieren beide dank irgendeines anderen Faktors?

Der Zugang zur ethischen Erkenntnis

Die Ethik ist ein Teilgebiet der Philosophie. Sie befasst sich mit einem speziellen Thema: der Frage, was wir in Anbetracht unseres gemeinsamen Menschseins tun sollten und was nicht. Für viele Dinge, die wir tun (wenn auch bei Weitem nicht für alle), haben wir Gründe. Diese Gründe lassen sich anhand normativer Prinzipien bewerten. Allerdings sind nicht alle normativ relevanten Gründe moralisch und fallen damit in den Bereich der Ethik. Meine Vorliebe für die Königsindische Eröffnung im Schach ist nicht moralisch, sondern unterliegt einer normativen Einschätzung innerhalb der Theorie und Praxis des Schachspiels. Dass mir Blumenkohl besser schmeckt als Brokkoli, ist für mich ein Grund, Blumenkohl zu bestellen, doch ist es weder moralisch noch unmoralisch, einen solchen Grund zu haben.

Viele Gründe für unser Handeln sind Ausdruck unserer Individualität und finden sich reguliert als Teil normativer Praktiken – etwa die Schachregeln oder die Ökonomie der Erzeugung, des Vertriebs und des Verbrauchs von Blumenkohl. Charakteristisch für diese Gründe ist, dass sie meine Individualität ausmachen, obwohl ich sie mit anderen teile. Viele Menschen bevorzugen die Königsindische Eröffnung und essen gern Blumenkohl, auch wenn in meinem System von Präferenzen zwangsläufig irgendeine Ordnung besteht, die ich mit niemand anderem gemeinsam habe.

Unser Präferenzprofil ist individuell, und daran ist an sich nichts falsch.

Allerdings gibt es Bedingungen, unter denen unser individuelles Präferenzprofil die richtige Handlungsweise nicht bestimmen darf. Zur Veranschaulichung möchte ich wieder auf das einfache Beispiel für das zurückkommen, was ich *evidente moralische Tatsache* nenne; also Dinge, die man ungeachtet der eigenen präferenziellen Individualität tun sollte. Stellen Sie sich wieder vor, Sie sehen ein Kleinkind in seichtem Wasser ertrinken. Sie sind weder in relevanter Weise körperlich beeinträchtigt, noch begeben Sie sich in Gefahr, wenn Sie ins Wasser gehen, um das Kind zu retten. Doch Sie müssen sich entscheiden, ob Sie das Kind retten oder ein kaltes Bier trinken, das an der Bar auf Sie wartet. Wenn Sie das Kind retten, wird Ihr Bier wärmer, als Sie es mögen. In dieser Situation sollten Sie zweifellos das Kind retten, ungeachtet Ihrer individuellen Präferenzen. Das gilt für jede Person in derselben Situation. Es spielt keine Rolle, dass gerade *Sie* das Kind retten sollen, ebenso wenig, dass es gerade *dieses* Kind ist, das Sie retten sollen. Sie können das Kind durch jedes andere Kind ersetzen und sich selbst durch jede andere ähnlich befähigte Person: Das Ergebnis ist immer, dass der handelnde Mensch das Kind vor dem Ertrinken bewahren soll. Hierin drückt sich die Idee des moralisch Guten aus. Das moralisch Gute ist *deontologisch* notwendig: Es ist das, was alle, denen eine bestimmte Handlungsweise offensteht, ungeachtet aller weiteren Umstände tun sollen.

Ausdrücklich bezieht sich dieses »alle« nicht auf alle Tiere, die ein Kind vor dem Ertrinken bewahren könnten. Hunde, Löwen, Gazellen und viele andere Tiere wären imstande, das Kind zu retten, doch wenn sie es vorziehen, etwas anderes zu tun, zum Beispiel von dem Wasser zu trinken, anstatt das Kind zu retten, sollten wir sie nicht als böse betrachten, also in ihrem Verhalten einen Verstoß gegen eine grundlegende ethische Norm sehen, weil sie aktiv ja auch nicht das moralisch Gute tun. Ein Löwe, der einen anderen Löwen nicht rettet, geschweige denn ein menschliches

Kind, handelt dadurch nicht unmoralisch. Wir haben Grund zu der Annahme, dass nicht-menschliche Tiere keine ethischen Entscheidungen treffen, da sie keinen Zugang zu moralischen Erwägungen über das Handeln als solches haben.

Das bedeutet nicht, dass andere Tiere zu dumm wären, um das moralisch Richtige zu tun. Auch bei nicht-menschlichen Tieren beobachten wir prosoziales und in gewissem Maß moralisches Verhalten. Es heißt aber nicht, dass sie die moralischen Tatsachen in ihrem ethischen Zusammenhang erkennen können.[20] Man vergleiche diese Behauptung mit der Behauptung, viele Tiere seien fähig, zu zählen und in einer logisch akzeptablen Weise abzuwägen. Das heißt dennoch nicht, dass ihnen Mathematik oder Logik zugänglich wären.

Zugang zur Ethik als einer Art Einsicht in die Allgemeingültigkeit moralischer Gründe zu haben ist eine notwendige Voraussetzung für moralische Akteurinnen und Akteure. Damit werden natürlich nicht alle moralischen Akteure zu Moralexperten; allerdings, darauf weisen Kant und viele andere Ethikerinnen und Ethiker hin, steht jedem moralischen Akteur zumindest die eine oder andere ethische Einsicht zur Verfügung. Darum erkennt er eine moralische Tatsache als solche, ist also zumindest in einfachen Fällen imstande zu verstehen, dass er in einer bestimmten Weise handeln sollte, und zwar aus denselben Gründen wie jede andere Person an seiner Stelle.[21] Vom ethischen Standpunkt aus spielt es keine Rolle, ob das ertrinkende Kind Ihr eigenes ist oder das Ihres Todfeindes. Man soll das Kind retten, egal, wer man selbst, und egal, wer das Kind ist.

Das ist die Pointe des sogenannten Universalismus, der auf der Erkenntnis aufbaut, dass es etwas gibt, was jede und jeder in einer gegebenen Situation tun soll, sofern die Person zu der entsprechenden Handlung imstande ist. In der Ethik spricht man in diesem Kontext auch von akteur-neutralen Handlungsgründen. Bestreitet man deren Existenz, hat man damit auch schon die Ethik verabschiedet. Eine Ethik, die nur für eine kleine oder große

Gruppe gilt, ist keine Ethik. Natürlich gibt es moralisch relevante Eigenschaften einer Person oder Gruppe, dank derer sie besondere Verpflichtungen hat. Doch sind diese Handlungsgründe dann wiederum nicht nur auf diese Person oder Gruppe allein zugeschnitten, sondern gelten universell für relevant ähnliche Personen in derselben Lage.

Wenn es zusätzlich zur philosophischen Sphäre eine wissenschaftliche Dimension der Ethik gibt, so liegt sie erstens in der Aufgabe, offensichtliche moralische Tatsachen gegen ungerechtfertigte Skepsis zu verteidigen, und zweitens in der Aufdeckung teilweise verborgener moralischer Tatsachen, um den moralischen Fortschritt zu fördern. In diesem Sinn existiert in der Tat so etwas wie das absolut richtige Verhalten in einer bestimmten Situation: nämlich das moralisch Gute zu tun und das moralisch Schlechte – sprich das Böse – nicht zu tun.

Wir wenden uns nun dem Raum der ethischen Werte zu, der sich zwischen den beiden Extremen des moralisch Guten (dem, was in einer bestimmten Situation unter allen Umständen zu tun ist) und dem Bösen (dem, was in einer bestimmten Situation unter allen Umständen zu unterlassen ist) erstreckt. Weder ist alles, was wir tun sollten, bedingungslos gut, noch alles, was wir aus ethischen Gründen nicht tun sollten, bedingungslos moralisch schlecht. Die Wirklichkeit des ethischen Denkens ist vielfarbig, ambivalent, ungewiss und unklar, weil die verschiedenen Vektoren des Normativen, also die Vielfalt an unterschiedlichen Gründen für Handlungen, sich sowohl in unserem individuellen als auch in unserem kollektiven Leben dauernd überschneiden. Nicht alle Gründe für Handlungen sind im strengen Sinn moralisch. Und doch hat auch die Einbindung zuvorderst nichtmoralischer (zum Beispiel vorsorgender, praktischer, legaler, politischer oder wirtschaftlicher) Handlungsgründe in unser Leben immer moralische Dimensionen. Darum ist es wichtig, das Normsystem zu analysieren, dem wir uns unterordnen, wenn wir folgenschwere Entscheidungen treffen.

Ein konkretes Beispiel: Während der frühen Wellen der Covid-Pandemie erlebten wir alle ein Zusammenprallen unterschiedlicher Werte. Auf der einen Seite war der »virologische Imperativ«, wie ich es nenne, vollkommen berechtigt. Er wies uns an, die Infektion mit einem potenziell tödlichen neuen Pathogen unter allen Umständen zu vermeiden. Das umfasste individuelle und kollektive Maßnahmen des Abstandhaltens, des *social distancing*. Auf der anderen Seite gibt es Bedingungen, unter denen *social distancing* von Übel ist, etwa wenn ein Baby oder Kleinkind körperliche Nähe und Zuneigung braucht, sie aber nicht erhalten kann, wenn die zuständige Person einen perfekt versiegelten Anti-Viren-Schutzanzug trägt. Der Kompromiss zwischen diesen beiden Imperativen könnte darin bestehen, dass man sich testet und das Kind nur umarmt, wenn man negativ getestet und symptomfrei ist. Schwieriger wird es beim Thema Schulschließungen. Viele Formen davon waren ab einem bestimmten Zeitpunkt meiner Ansicht nach unnötig und sogar ethisch falsch. Kinder aktiv am Schulbesuch zu hindern, obwohl es dazu Alternativen gibt – zum Beispiel weitgehend geschlossene Gruppen, die wirksame Schutzmasken tragen –, ist böse. Es genügt nicht, darauf hinzuweisen, dass Modelle des Distanzunterrichts vorlagen, denn Distanzunterricht war nicht überall und nicht für alle möglich. Zudem wissen wir, dass er viel ineffizienter ist als die üblichen Formate des Bildungswesens, die physische Präsenz voraussetzen; das Lernen und das Einüben sind im Wesentlichen soziale, auch körperliche Tätigkeiten, die man nur gemeinsam mit anderen im selben Raum ausüben kann – und das gilt nicht nur für den Sportunterricht.

Um einer ethischen Lösung für all die schweren Fragen, die der Ausbruch einer Pandemie aufwarf, so nahe wie möglich zu kommen, hätte man noch mehr interdisziplinäre Teams unter der Leitung von Expertinnen für Ethik bilden können, mit der Aufgabe, die moralischen Tatsachen in der konkreten moralisch relevanten

Situation festzustellen. Dass dies nicht zuletzt wegen Zeitdrucks und unter den dynamischen Bedingungen einer brandgefährlichen Pandemie unterblieben ist, ist nachvollziehbar, kann aber Anlass sein, sich für die nächste Großkrise moralisch besser vorzubereiten.

Der zweifellos beste Weg, um den schweren Entscheidungen zu entgehen, die bei der Lösung der ethischen Probleme angesichts einer Pandemie anstehen, ist, die Pandemie zu beenden. Deshalb empfahl sich selbstverständlich die Entwicklung und Auslieferung von Impfstoffen und Arzneien, dementsprechend wurde dies auch erheblich finanziell unterstützt. Doch das warf wiederum ethische Probleme auf, was die globale Verfügbarkeit dieser Pharmazeutika betraf – selbst während ich diese Zeilen schreibe, sind sie noch nicht gelöst.[22] Außerdem gab es unzählige Debatten für und wider eine Impfpflicht sowie phasenweise eine moralisch inakzeptable Beleidigungskultur gegenüber Menschen, die sich, aus welchen Gründen auch immer, nicht impfen lassen wollten. Es kam in Deutschland und andernorts zu teils tiefen gesellschaftlichen Eingriffen (in Form von Impf- und Testnachweisen als Zugang zu gesellschaftlichen Orten wie Weihnachtsmärkten, Theatern, Museen usw.), die Menschen aktiv vom Gemeinschaftsleben ausgeschlossen haben. Einige Politiker haben sich auch auf diese Regeln berufen, um Menschen durch sozialen Druck zur Impfung zu bewegen. Selbst wenn man zu dem Urteil kommen kann, dass dies moralisch vertretbar war, hat es zur gesellschaftlichen Polarisierung beigetragen und war somit jedenfalls keine ethisch optimale Lösung.

Moralisch geboten ist ebenfalls, alles zu tun, um zum Beispiel eine Triage (also eine Entscheidung darüber, welche Personen von endlichen medizinischen Ressourcen profitieren) zu verhindern – oder gar ein Kriegsszenario. Doch findet man sich in einem solchen Szenario wieder, bestehen immer noch moralische Grundsätze, die es innerhalb der Tragödie unbedingt zu beachten gilt. Etwa, keine Folter anzuwenden oder keine Massenvernichtungswaffen einzusetzen, um einen Krieg zu gewinnen und einen Frieden zu erreichen. Wegen der Komplexität einer tragischen Situation ist es jedoch unmöglich, das moralisch Richtige zu tun, ohne dabei die Gültigkeit anderer moralischer Normen zu verletzen und zumindest einzuschränken.

Zudem gibt es Situationen, in denen übergeordnete Handlungsgründe bestehen – das heißt Gründe, nicht das moralisch Gute zu tun, oder sogar Gründe, Böses zu tun: etwa dass wir im Kriegsfall berechtigt sind, unser eigenes Leben und unsere kollektive Lebensform zu schützen, indem wir feindliche Soldaten töten. Obwohl Mord der Inbegriff der bösen Tat ist, ist das Töten von Menschen manchmal zur Verteidigung erlaubt, wenngleich niemals gut. Nicht alle Soldaten sind Kriegsverbrecher, und nicht alle Ärztinnen, die in einem Triage-Szenario entscheiden, wie Risiken eingeschätzt werden, tun deshalb Böses. Wo es keine ethisch optimale Lösung mehr gibt, wo moralische Dilemmata in Tragödien umschlagen, da hilft nur noch das grundsätzlich juristische Recht der Ärztin oder des Ministers, qua Amt eine Entscheidung zu treffen. Das erlaubt uns, ethisch nicht optimale Handlungen dennoch als besser oder schlechter zu bewerten und Menschen juristisch zu entlasten, die nun einmal schwierige Entscheidungen treffen müssen.

Doch auch wenn sich die Ethik mit moralischen Gründen für Handlungen befasst, die vom moralisch Offensichtlichen bis zu den fast unauflösbaren Komplikationen reichen, die sich unter Bedingungen hoher sozialer Komplexität zwangsläufig ergeben, besteht kein Anlass, die Ethik als wissenschaftliche Disziplin zu verwerfen und sie dem Bereich der willkürlichen Entscheidungen zuzuordnen – oder der Politik im Sinne von Verhandlungen zwischen Interessengruppen. Dass die Ethik nicht alle schwierigen Probleme lösen kann, bedeutet nur, dass sie kein Allheilmittel für alle menschlichen Probleme ist.

Moralisch gutes Wirtschaften ist profitabel

Wenden wir uns nun wieder dem Verhältnis zwischen ökonomischen und moralischen Werten zu, so sehen wir, wie sie verknüpft werden können und auch sollten. Da es kategorische Imperative in Gestalt moralischer Tatsachen gibt, die uns anweisen, bestimmte Dinge zu tun und andere zu unterlassen, aus dem schlichten Grund, dass wir alle Menschen sind, sind Geschäftsentscheidungen und Verhalten am Markt ebenso Gegenstand ethischer Erwägungen wie jede andere Form menschlicher Kooperation.

Doch damit nicht genug: Wir können noch einen wichtigen Schritt weitergehen – und der führt uns zum Thema der Neuen Aufklärung. Wenn das Geschäft des Geschäfts das Lösen von Problemen ist und somit nicht andere schädigen darf (gemeint ist, dass man negative Externalitäten nicht in Kauf nimmt und das Leid, das man anderen durch ein Geschäftsmodell oder ein Wirtschaftssystem zufügt, zynisch als Kollateralschaden im Dienst eines höheren Guts, etwa der BIP-Steigerung auffasst), dann dient *gutes Wirtschaften*, Wirtschaften, wie es sein soll, dem moralisch Guten und untersteht somit vollends dem Moralgesetz. Nun stellen Sie sich vor, wir begreifen Profit nicht primär als einen Zuwachs an Wohlstand für Anteilseignerinnen, sondern als messbaren Beitrag zu Problemlösungen. Dann erkennen wir, wie moralisch gutes Wirtschaften nicht nur zufällig profitabel im Sinn von wohlstandsvermehrend ist, sondern einen wesentlichen Beitrag zur moralischen Erkenntnis, der Ethik, und somit auch zum besseren Handeln leistet. Dies ist eine Art, Colin Mayers überzeugendes und kompaktes Argument anzuwenden, wonach der Kapitalismus der Problemlösung dient, die insgesamt dem Moralgesetz untersteht.

Zur Veranschaulichung seien wieder zwei Beispiele aus jüngster Zeit genannt. Dass die Pharmafirmen, welche die wirksamsten Impfstoffe gegen Covid-19 entwickelten und Milliarden von Menschen halfen, sich gegen schwere Infektionsverläufe zu schützen, damit gigantischen Reichtum generierten – für ihre Anteilseigner und, mittels Steuern, auch für die breitere Bevölkerung –, ist ein Nebeneffekt ihres problemlösenden und moralisch lobenswerten Geschäftsmodells. Dies trifft ungeachtet der Tatsache zu, dass die Impfstoffe manchen Menschen durch Nebenwirkungen auch sehr geschadet haben und dass sie außerdem, global betrachtet, ungerecht verteilt waren. Stellen Sie sich nun vor, die Unternehmen hätten einen perfekten Impfstoff erfunden und ihn gleichmäßig über die ganze menschliche Bevölkerung verteilt, sodass wir alle zur selben Zeit eine wirksame Impfung hätten erhalten können: Die Pandemie wäre auf einen Schlag beendet gewesen. Jedes Geschäftsmodell, das dies möglich gemacht hätte, wäre ökonomisch noch erfolgreicher gewesen als das, von dem ohnehin schon viele Menschen in den vergangenen Jahren das Glück hatten, zu profitieren. Nein, die Impfökonomie und -politik während der Corona-Pandemie waren keineswegs moralisch makellos – bei Weitem nicht, weder in Deutschland noch weltweit! Doch das Geschäftsmodell selbst war moralisch lobenswert und generierte dabei erheblichen Mehrwert, der heute seinerseits für moralisch gute Zwecke aufgewendet werden kann, um eine Aufwärtsspirale des moralischen und ökonomischen Fortschritts in Gang zu bringen.

Ein zweites Beispiel bietet der Energiesektor. Welches Geschäftsmodell auch immer unser Energieproblem angesichts des unvermeidlichen Endes der fossil betriebenen Moderne – entweder durch die Klimakatastrophe oder durch Einsicht – lösen wird: Es wird ökonomischen Reichtum in einem nie da gewesenen Ausmaß schaffen. Während die Europäische Union an einem *Green New Deal* arbeitet – was heißt, dass sie umweltschädliche Energiequellen nach und nach durch erneuerbare ersetzen will –, wäre das US-amerikanische Modell, nach einer völlig neuen Technologie zu forschen (zum Beispiel die der kalten Fusion), ein alternativer, gründlich kapitalistischer Ansatz. Im Sinne der »schöpferischen Zerstörung« nach Schumpeter wäre es wahrscheinlicher, dass eine neuartige Technologie das Energieproblem wirklich löst, als die graduelle Transformation von einer Art der Energiewirtschaft zu einer schon bekannten anderen Art. Doch das bleibt abzuwarten. Jegliche tatsächliche Lösung aber wird gigantischen ökonomischen Wohlstand hervorbringen, und sie wird jedenfalls begründet sein in der ethischen Erkenntnis, dass wir unsere fossil betriebene industrielle Lebensweise ändern müssen. Natürlich würde dieser Wohlstand zunächst nur einigen finanziell zugute kommen, doch letztlich würde er uns allen natürlich unser Überleben und damit unser Wirtschaften sichern. Dies wäre ein Beispiel für ein funktionierendes Differenzprinzip: Zwar profitieren manche erheblich mehr als andere, aber es geht allen durch den sehr großen Profit von wenigen besser.

Die ethische Erkenntnis, dass wir auch und vor allem mit unternehmerischen Mitteln den Klimawandel möglichst bremsen oder sogar umkehren müssen, steht seit Jahrzehnten zur Verfügung. Sie wurde nicht in Maßnahmen umgesetzt, aufgrund schädlicher Interessen, unter denen wir nun alle leiden.

Die nach heutigem Wissen bösen Geschäftsmodelle der fossil betriebenen Moderne werden also durch nachhaltigere Modelle der Energieerzeugung und des Energieverbrauchs ersetzt. Das bedeutet auch, dass diese moralisch und ökologisch nachhaltigeren Modelle in Zukunft weitaus mehr ökonomischen Wert erzeugen werden als die heutigen Auslaufmodelle (die Stand heute noch jeden Tag Milliarden Dollar Scheingewinne auf Kosten der Menschheit machen). Es ist ein Aspekt des globalen Wettrennens um alternative Energien und die Loslösung vom fossilen Sektor, dessen Rohstoffe wiederum nicht zufällig zum Großteil in den Händen böser Regime liegt, die von moralisch schlechtem Handeln profitieren, indem sie Menschen (in vielerlei Hinsicht) und unserer gemeinsamen Umwelt Schaden zufügen.

Um den Externalitäten und dem Moralkompass für Geschäftsmodelle und Wirtschaftssysteme gerecht zu werden, müssen wir also – wie Katharina Lima de Miranda und Dennis J. Snower in ihrem Aufsatz *Recoupling Economic and Social Prosperity* erklären – das normative Ideal einer Verbindung von Moral und ökonomischem Wert achten.[23] Es wird dann zu einer begrifflichen Einsicht, zu einer »Wahrheit der Vernunft«, wie Colin Mayer es nennt, dass wahrer Profit sowohl den ökonomischen als auch den moralischen Wert für die gesamte menschliche Bevölkerung erhöht.

Dieses Ideal ist nicht weltfremd und nur leicht futuristisch. Wir können es als *zukunftsorientiert* bezeichnen, denn es versieht uns mit einem normativen Rahmen dafür, wie Kapitalismus funktionieren sollte, um sein Versprechen eines demokratischen, dezentralen, der Freiheit förderlichen Systems der Warenproduktion und der fairen Verteilung von Ressourcen einzulösen. Wenn ein spezielles Teilsystem der wirtschaftlichen Praktiken, die wir Kapitalismus nennen – etwa ein Unternehmen –, gegen dieses normative Ideal verstößt, sind wir berechtigt, es dafür zu kritisieren und eine Reform zu fordern. Deren Zielstruktur wird von der Wahrheit der Vernunft gesetzt, der gemäß Kapitalismus nur funktioniert, wenn er in irgendeiner Form zur Emanzipation der Menschheit beiträgt, indem er Probleme löst. Die Problemlösungskapazität des Kapitalismus hängt von seiner moralischen Rechtfertigung ab. Würde der Kapitalismus unser aller Leben systematisch schlechter machen als irgendeine realistisch umsetzbare Alternative, verlöre er seine Berechtigung und würde durch maximales Marktversagen und daraus resultierende sozioökonomische Umstände gestürzt.

Wie lassen sich Probleme lösen?

Die Probleme, die der Kapitalismus zu lösen antritt, sind sowohl mit unserer *Überlebensform*, wie ich es nenne, als auch mit unserer *sozialen Lebensform* verbunden. Unsere Überlebensform ist das, was sowohl individuelle Menschen als auch Kohorten menschlicher Tiere brauchen, um zu überleben. In dieser Hinsicht löst der Kapitalismus Probleme, indem er die Erzeugung und Verteilung von Nahrung, Medizin, Wohnraum etc. organisiert. Er tut dies nicht durch Zielvorgaben, die ein Staat festlegt (etwa, wenn im erklärten Interesse einer Mehrheit von Wahlberechtigten in einer repräsentativen Demokratie das Gesundheitssystem verbessert werden soll), sondern indem er neue Weisen erfindet, mit Problemen umzugehen – indem er also die *Problemstruktur* verändert. Unsere *soziale Lebensform* hingegen umfasst unser individuelles und kollektives *soziales Imaginäres*. Darunter versteht man die Art, wie wir uns Ziele setzen, um einen Sinn in unserem Leben zu finden; einen Sinn, für den wir in extremen Fällen sogar bereit sind, uns selbst zu opfern.[24]

Eine Problemstruktur zu verändern, um ein Problem zu lösen, heißt zu *lernen*. Das Lernen ist von seinem Wesen her kreativ; es kann nie allein darin bestehen, vorgefertigte Informationen aufzunehmen. Lernen ist keine reine Übertragung von Wissen, sondern die Produktion neuen Wissens. Kapitalismus, wo er funktioniert, erzeugt Wissen. Deshalb haben viele erfolgreiche Unternehmen eigene Abteilungen für Forschung und Entwicklung: Sie forschen selbst, um Produkte zu schaffen, die dann bei den Konsumenten ein relevantes Bedürfnis auslösen. Stellen wir uns nun vor, der Kapitalismus brächte Unternehmen hervor, die Ethiklabore betreiben, um ihre Geschäftsmodelle am Moralgesetz auszurichten, um auf diese Weise Profit zu generieren, der Probleme nachhaltig löst, die sich nur mit unternehmerischen Mitteln lösen lassen. Damit wären wir sehr viel weiter gekommen, weil die meisten Probleme, die wir haben, von dieser Art sind, nämlich Teil unseres ökonomischen Lebens.

Einmal mehr gelangen wir hiermit an einen kritischen Punkt, der von einer Ideologiekritik, die den Kapitalismus durch eine komplett staatlich betriebene, politisierte Wirtschaftsform ersetzen will, überbewertet wird: nämlich die potenzielle Manipulation von Verbraucherinnen und Verbrauchern durch die disruptive Einführung neuer Produkte in die Gesellschaft – seien es Autos, Smartphones, Pharmazeutika, Waffen, sei es jegliches andere Erzeugnis, das offenkundig erhebliche Risiken für die Gesellschaft oder für einen Teil der Gesellschaft birgt. Diese Risiken sind anfangs unerforscht und damit nicht vollends abschätzbar. Zum Beispiel konnte niemand wissen, wie die Erfindung und flächendeckende Einführung des Internets den Lauf der Geschichte beeinflussen würde, indem sie neuartige Bedrohungen für die Demokratie schuf. Doch dieses Problem kann und sollte nicht umschifft werden, indem man im Vorfeld garantiert, dass nichts erzeugt wird, was *nicht* offenkundig im Interesse der Menschen liegt. Denn jenseits der Sicherung überlebenswichtiger Bedürfnisse ist kaum etwas ganz offenkundig im Interesse der Menschen. Darum richten ja auch Politiker, egal welcher Regierungsform, ihre plakativsten Aktivitäten auf Themen, die unser unmittelbares Überleben betreffen – eben weil sie uns direkt alle angehen.

Das ist ein Teil des Grundes, weshalb die kritische Infrastruktur eines Landes (Straßen, Lieferwege, das Schienennetz, das Energiesystem, das Internet, das Telefonnetz usw.) in staatlicher Verantwortung liegen sollte: Diese Infrastruktur schafft die Voraussetzungen, aufgrund derer sinnvolles soziales und wirtschaftliches Engagement erst möglich ist. Die Zuständigkeit des Staates geht somit weit über die Schaffung und Aufrechterhaltung der Minimalbedingungen für menschliches Überleben hinaus. Nur dann kann ich eine Kunstausstellung besuchen, ein Bühnenstück aufführen oder philosophische Vorträge über den Kapitalismus halten, wenn die kritische Infrastruktur zumindest hinreichend gut ist. Und Wirtschaften funktioniert ohne gute Infrastruktur schon gar nicht.

Der Kapitalismus kann nicht alle Probleme lösen, eben deshalb soll er es auch nicht. Es gibt Methoden der Problemlösung, die wir von Generation zu Generation weitergeben (etwa Kochrezepte, Gartenkunst, Rechtstexte, Malweisen, Gastfreundschaft) und gar nicht ändern wollen. Manche Dinge müssen stabil sein, quasi als Fundament, auf dem der Kapitalismus seine Bewegungen der schöpferischen Zerstörung und Innovation entfalten kann. Es spricht vieles dafür, dass die kritische Infrastruktur ein Teil dieses Fundaments ist, darum ist auch die Diskussion berechtigt, wie sich Märkte einhegen lassen. Doch der Ansatz, Märkten Beschränkungen aufzuerlegen, muss nicht auf ein normatives Ideal hinauslaufen, den Kapitalismus zugunsten eines Staates aufzugeben, der die Ziele für die Produktion von Gütern jenseits der Grundbedürfnisse unserer *Überlebensform* vorgibt.

Nun schafft dieses Argument allein noch keine Klarheit, welche Güter genau zur kritischen Infrastruktur zählen und in welcher Weise. Es gibt uns keine Anweisungen, ob wir den Wohnungsmarkt verstaatlichen sollen, die Bahn, Autobahnen, Krankenhäuser oder das Bildungssystem. Daher bleibt die ewige, letztlich nicht entscheidbare Diskussion um das Verhältnis zwischen Wirtschaft und Politik bei der Frage, wer ein konkretes Problem lösen sollte und mit welchen Mitteln.

Die Existenz dieser Debatte und die durch sie hervorgerufene Instabilität lassen sich nicht vermeiden, indem das normative Ideal von Kapitalismus auf Sozialismus – im striktesten Sinn einer vollständigen Vergesellschaftung der Produktionsmittel und der kompletten Abschaffung von Privateigentum – umgestellt wird. Denn diese extreme Verschiebung von einem normativen Ideal zu einem anderen mag zwar das konzeptuelle Problem lösen, wie viel von der ökonomischen Aktivität der Gesellschaft als ganzer gehört (nämlich alles), doch um den unerträglich hohen Preis, dass alle Waren politisiert werden. Das funktioniert nur in einer Gesellschaft, deren Probleme sich auf die Versorgung von Grundbedürfnissen beschränken. Sobald irgendein höheres menschliches Bestreben hinzutritt, wird es Debatten und Auseinandersetzungen zwischen verschiedenen Vorstellungen vom guten Leben geben – also Konflikte um soziale Lebensformen, die sich nicht beilegen lassen, indem man sich an den Staat wendet. Das normative Ideal des Sozialismus verschiebt diese Debatten aus einer ökonomischen in eine ideologische Sphäre, wo sie den liberalen Grundsatz zu ersticken drohen, dass es eine Vielzahl gleichermaßen legitimer sozialer Lebensweisen gibt – alle schützenswert, alle wert, zu gedeihen, und keine von ihnen reduzierbar auf das bloße Ziel, für die Mitglieder der Gesellschaft die Minimalbedürfnisse zu gewährleisten. Dabei ist nicht jede soziale Lebensweise legitim, versteht sich. Rassistische Verbände, Terrorgruppen, religiöse Fundamentalisten oder Schleuserbanden sind aus moralischen Gründen unzulässig. Zu jeder Zeit entstehen neue soziale Lebensweisen, die es immer wieder neu zu bewerten gilt – im Idealfall vor dem liberalen Hintergrund, dass wir möglichst viel Freiheit in der Selbstbestimmung zulassen sollten, ohne dabei das Moralgesetz oder die Prinzipien eines friedlichen Zusammenlebens zu verletzen. Wie dies genau aussieht, ist unter anderem Gegenstand konkreter gesellschaftlicher Debatten, die sich tagesaktuell verschieben.

Das menschliche Tier und der Vorrang der Kooperation

»Gesellschaft« ist ein Wort, mit dem wir ein maximales, kausal verbundenes System sozialer Transaktionen bezeichnen. Eine Transaktion ist *sozial*, wenn sie sich aus der gegenseitigen Haltungsanpassung von mindestens zwei Angehörigen einer Spezies ergibt. Bei der Haltungsanpassung von Mensch zu Mensch – auch menschliche Sozialität genannt – tritt diese Eigenschaft auf der Ebene der Selbstbewusstheit zutage. Selbstbewusstheit heißt hier nur in zweiter Linie das Bewusstsein für das eigene Selbst oder für das eigene Bewusstsein. Vor allem ist Selbstbewusstheit nämlich das Bewusstsein für jegliches Selbst, sei es das eigene oder das von anderen. Selbstbewusstheit ist also durch und durch sozial: Zunächst werden wir uns anderer bewusst, dann erst unserer selbst. Die Fähigkeit, allmählich ein Bewusstsein für unser eigenes Bewusstsein zu entwickeln, gründet darin, dass wie die Haltung anderer erkennen können. Wir erkennen erst andere und dann uns selbst. Wir lernen von anderen, was es heißt, eine Person, ein Mensch zu sein.

Diese entwicklungspsychologische Tatsache zeigt sich zum Beispiel darin, wie Kleinkinder moralische Anweisungen als solche wahrnehmen, noch ehe sie auf sprachlicher Ebene die Normen verstehen können, anhand derer sie ein ethisches Verständnis lernen sollen.[25] Kleinkinder verstehen ja zunächst nicht den sprachlichen Inhalt der Aussagen, mit denen sie lernen, wie man etwas tut. Sie lernen allmählich, wie man sich benimmt, wie man geht, spricht, isst usw. Und sie lernen dies stets von anderen, die dies wiederum von anderen gelernt haben. Kleinkinder erfassen die anderen dabei nicht im Gegensatz zu einem fixen Selbst, sondern sind durchlässig. Ihr Selbst formt sich erst in der Auseinandersetzung mit anderen, von denen sie lernen, welche Handlungsmöglichkeiten in ihrer Gesellschaft bestehen.

Der erste andere Mensch, dessen wir uns bewusst werden, ist unsere Mutter. Diese primäre Selbstbewusstheit bildet sich schon pränatal aus. Vor der Geburt besteht die menschliche Umwelt ganz und gar aus dem Mutterleib sowie dem wiederum sozial und von ihren Lebensumständen geprägten Verhalten der Mutter. Was sie isst, wie sie sich bewegt und wie sie körperlich beschaffen ist – all dies trägt mit zur genetischen und neuralen Entwicklung des Kindes bei, welches sich auf diese Weise lange vor der Geburt an eine sowohl natürliche (biochemische, physikalische) als auch soziale Umwelt anpasst.

Der Mensch ist auch schon vor der Geburt ein Mensch und damit ein prosoziales Säugetier. Bewusstsein entwickelt sich bei menschlichen Tieren im Zuge der Anpassung an eine Umwelt, deren Struktur von sozialen Transaktionen geformt ist – nicht zuletzt von der sexuellen Reproduktion, die bei menschlichen Tieren sozial ist, da sie eine Art der gegenseitigen Haltungsanpassung von Sexualpartnern umfasst.

Selbstbewusstheit ist bei menschlichen Tieren also soziale Selbstbewusstheit. Die britische Philosophin Lucy O'Brien weist deshalb in ihrem Buch *Self-Knowing Agents* darauf hin, dass die geläufige Verwendung des englischen Worts *self-consciousness* im

Sinn einer irritierten Eigenwahrnehmung das Phänomen in seinem Wesen erfasst. Das englische Wort »self-conscious« hat eine andere Bedeutung als das deutsche Wort »selbstbewusst« (worunter wir heute alltagssprachlich eine selbstsichere Haltung verstehen). Nach O'Brien lernen wir von anderen, wie es ist, ein Selbst, eine Person zu sein, indem wir ihre Präsenz in unserem eigenen Bewusstsein wahrnehmen. Wie uns unsere Eltern, Verwandte und andere Personen anblicken, berühren, ansprechen usw., bestimmt maßgeblich mit, wie wir später in unserem Leben sein werden. Wir verinnerlichen die Anderen und erlangen auf diese Weise Selbstbewusstheit.

Zwar ist unser Selbst individuell in jedem relevanten Sinn dieses Begriffs, doch das Bewusstsein, das wir von uns selbst haben, ist eine soziale Errungenschaft. Dies untergräbt keineswegs unsere Individualität, es ist vielmehr ein Teil davon. Menschliche Individuen lösen sich in sozialen Zusammenhängen nicht auf. Wir sind nicht auf Knotenpunkte in komplexen sozialen Gefügen reduzierbar. Vielmehr können nur Individuen Teil von sozialen Beziehungen sein. Die Sozialität endet auf der Ebene des Individuums, doch das heißt eben nicht, dass Individuen nicht Teil des Sozialen wären. Es liegt kein metaphysisches oder politisch grundsätzliches Problem darin, das Individuelle und das Soziale in Einklang zu bringen. Beides hängt zusammen im Konzept der sozialen Formation: Soziale Formationen bestehen aus Individuen, die ihre Haltungen einander anpassen und dabei immer wieder neue Haltungen hervorbringen, so lange, bis es unmöglich ist, die ganze Geschichte der Haltungsanpassungen noch nachzuzeichnen. An diesem Punkt *scheinen* soziale Formationen ein Eigenleben zu haben, so als sei Gesellschaft ein eigener Kausalfaktor am Ende der von unten nach oben aufgebauten sozialen Komplexität. Bei genauerer Betrachtung ist Gesellschaft jedoch eine Verbindung von Individuen. Sie löst sich nicht in die Individuen auf, es gibt soziale Beziehungen, aber diese bilden kein allumfassendes Netz.

Soziale Beziehungen sind Beziehungen der gegenseitigen Haltungsanpassung. Gegenseitige Haltungsanpassung setzt voraus, dass es einen, wie ich es nenne, *Dissens* gibt. Dissens hat hier nicht die übliche Bedeutung einer offenen Meinungsverschiedenheit, sondern bezieht sich auf einen Unterschied in der Wahrnehmungsposition. Ein zweiter wichtiger Begriff in diesem Zusammenhang ist *Sinn:* Er bezeichnet die Art der Präsentation eines Objekts, das in eine Szene eingebettet ist. Eine Szene, in der Gegenstände präsentiert werden, ist ein *Sinnfeld.*[26] Zum Beispiel betreten Sie ein Restaurant. Ein Kellner begrüßt Sie und weist Ihnen einen Tisch zu. In dieser alltäglichen Szene spielen viele Objekte eine Rolle: Tische, Speisekarten, andere Gäste, Getränke, Stühle, vielleicht Gemälde an der Wand oder andere Arten von Dekoration. Die Art, wie diese Gegenstände präsentiert werden, hat typischerweise mit der Position des Subjekts zu tun, dem sie präsentiert werden. Sie sehen den Tisch aus Ihrer Perspektive, der Kellner sieht ihn aus seiner Perspektive. Alles, was Sie wahrnehmen, hängt davon ab, wo Sie stehen oder sitzen, ob Sie Ihre Brille tragen und von vielem mehr. In jedem Moment unseres Lebens besetzen wir eine andere Position im Raum der Wahrnehmung und im sozialen Raum. Nicht nur nehmen wir Gegenstände je nach unserer Perspektive und unserem Körper unterschiedlich wahr, sondern wir nehmen auch soziale Beziehungen von unseren eigenen Positionen und Rollen in der Gesellschaft aus wahr. Unsere verschiedenen Positionen führen dazu, dass wir uns zur Wirklichkeit in unterschiedlicher, im Prinzip unendlich vielfältiger Weise verhalten. Die menschliche Erfahrung ist grenzenlos bunt. Diese Dimension des menschlichen Lebens muss jede Sozialtheorie berücksichtigen. Wir können sie *anthropologische Diversität* nennen.

Anthropologische Diversität

Die anthropologische Diversität ist ein endlos feinkörniges Konzept. Sie bildet das Zielsystem sowohl der Geistes- als auch der humanistischen Sozialwissenschaften, welche die Gesellschaft als nicht vollständig auf sozioökonomische Transaktionen (im Sinne quantitativ messbarer Verschiebungen im Bereich von Glauben-Wunsch-Modifikationen) zurückführbar betrachten. Menschen glauben eben nicht nur etwas und richten daran ihre Wünsche aus, wollen also nicht nur ihre Konsumwünsche befriedigen, sondern sie streben bei ihrem Konsum nach höherem oder tieferem Sinn und drücken dies auch in ihren sozialen und politischen Überzeugungen aus.

Deswegen müssen wir dem ethischen Kapitalismus die Dimension der Lebensqualität hinzufügen, ohne ihn dabei auf ein Bündel an Indikatoren zu reduzieren, anhand derer wir wirtschaftlichen Erfolg (wie es gängige Praxis ist) quantitativ bemessen könnten. Das Ausmaß des intellektuellen Genusses, etwa wenn man seine Lebenseinstellung ändert, nachdem man seinen Lieblingsroman gelesen oder Bekanntschaft mit der historisch gewachsenen kulturellen Vielfalt in Mexiko gemacht hat, trägt erheblich zum menschlichen Wohlergehen bei, ohne dass dies nach bisher gängigen ökonomischen Standards messbar wäre.

Menschliche Haltungen müssen nicht eine so komplizierte Angelegenheit sein, wie es Beispiele tatsächlicher Begegnungen mit kultureller Andersheit mitunter nahelegen. Haltungsanpassung findet, wie gesagt, schon auf der elementarsten Ebene menschlichen Austauschs statt: im Mutterleib.

Die erste soziale Formation, unsere ursprüngliche Identität, ist für uns alle die Beziehung zu unserer Mutter, deren Grundstruktur in der Gebärmutter angelegt wird. Eine weitere paradigmatische Urszene menschlicher Sozialität ist die Blickrichtung. Wir lehren unsere Kinder, ihren Blick so zu lenken, dass er ihnen Zugang zu unserer Lebensweise verschafft, etwa indem wir ihnen bestimmte Gegenstände in ihrer Umgebung zeigen, indem wir sie anlächeln oder indem wir, solange sie sich noch nicht selbst entsprechend bewegen können, ihre Körper ausrichten. Diese Form elementarer Sozialität ist ein wichtiger, wenngleich oft übersehener Teil unseres Alltagslebens. Unentwegt kommunizieren wir durch Abfolgen von

Muskelkontraktionen, Augenbewegungen und andere körperliche Signale, etwa durch die Wellenlänge unserer Klangmodulation beim Sprechen, durch Räuspern, Flüstern und so weiter. Sprache ist sozial – auf der ganz handfesten Ebene genauso wie auf der Ebene höchster Verfeinerung (mit dieser befasst sich explizit die Disziplin der Dichtkunst). Der Klang des mexikanischen Spanisch im Unterschied zum argentinischen Spanisch, der Klang des Französischen in Quebec im Unterschied zum Französisch des Quartier Latin in Paris, die vielen Dialekte des Chinesischen oder die verschiedenen Dialekte des Deutschen sind auf der phonetischen Ebene nicht minder sozial als auf der Ebene der Semantik. Ähnliches gilt für die diverse Bandbreite von Gesichtsausdrücken, die einerseits eine gemeinsame menschliche Natur bezeugen und sich andererseits zwischen Individuen und zwischen Kollektiven unterscheiden.

Vom Vorrang des Wettbewerbs zum Vorrang der Kooperation

All diese wohlbekannten Tatsachen sind Teil der menschlichen Sozialität, die durch Dissens konstituiert wird, das heißt durch gegenseitige Haltungsanpassung infolge unterschiedlicher Blickweisen im buchstäblichen Sinn. Somit ist die ontologische Grundlage für gesellschaftlichen Zusammenhalt der Dissens und nicht, wie Jürgen Habermas argumentiert, erst der vernünftige Konsens.[27] Wären wir uns alle in allem einig, so würde sich die Gesellschaft zu einem homogenen Strom der Selbstzerstörung auflösen, denn wir verlören nicht weniger als den Zugriff auf das Konzept der individuellen Handlungsgründe. Dissens ist die Grundlage der Kooperation. Wir kooperieren, weil wir verschieden sind, nicht weil wir eine tatsächliche oder imaginäre soziale Identität teilen. Soziale Formationen – Gruppen – werden nicht durch Gruppenidentitäten gebildet, sondern durch individuelle Differenzen, die sich als unterschiedliche Wahrnehmungen auf dieselbe Art von

Gegenstand beziehen. Gruppen können gemeinsame Ziele haben, doch jedes Mitglied der Gruppe trägt auf andere Weise dazu bei, diese zu erreichen.

Im ökonomischen Denken der Gegenwart hat inzwischen eine klare Verlagerung vom Vorrang der Konkurrenz hin zum Vorrang der Kooperation stattgefunden. Die Idee vom Vorrang der Konkurrenz wird manchmal mit einer Definition gerechtfertigt, die der britische Ökonom Lionel Robbins in seinem *Essay on the Nature and Significance of Economic Science* vorlegte:

> Ökonomie ist eine Wissenschaft, die menschliches Verhalten als Beziehung zwischen Zielen und knappen Mitteln mit alternativen Verwendungen untersucht.[28]

Seinen wichtigsten Grund für eine solche Definition nennt er kurz vor diesem berühmten Zitat:

> Die materiellen Mittel, um Ziele zu erreichen, sind begrenzt. Wir sind aus dem Paradies hinausgeworfen worden. Weder haben wir ein ewiges Leben noch unbegrenzte Mittel zu unserer Erfüllung. Wohin wir uns auch wenden: Wählen wir ein Ding, müssen wir auf andere verzichten, auf die wir unter anderen Umständen nicht hätten verzichten wollen. Knappheit der Mittel, um Ziele von unterschiedlicher Wichtigkeit zu verwirklichen, ist ein fast allgegenwärtiger Umstand menschlichen Verhaltens.[29]

An diesem Punkt besagt das Konzept der Konkurrenz, dass ökonomisches Verhalten vorrangig kompetitiv sei, weil immer wieder zwei oder mehr Akteure dieselben Mittel für die gleichen oder unterschiedliche Ziele nutzen wollen. Wegen der Knappheit der verfügbaren Mittel und weil mit hoher Wahrscheinlichkeit viele sich dieselben Mittel für ähnliche Ziele wünschen (Energie oder Rohstoffe, Dienstleistungen, Geld, Jobs etc.), scheint es offensichtlich, dass ökonomisches Verhalten strukturell zum Konkurrenzkampf führt und damit zu Konflikten, die sich in Form von Herrschaft, Unterdrückung und anderen aggressiven Strategien zur Durchsetzung von Eigeninteressen niederschlagen.

Im Licht dieser Auffassung sieht der Kapitalismus – obwohl er als das bisher erfolgreichste Modell des Wirtschaftens gelten kann – unweigerlich aus wie ein hobbesscher »Krieg aller gegen alle«: *The winner takes it all*, quasi per Naturgesetz. Es sei denn, ein Eingreifen staatlicher Kräfte zügelt die Gier und bewahrt die im Konkurrenzkampf Unterlegenen vor dem Schlimmsten, so als sei der einzige Weg, dem Drang nach Wettbewerb und dem Ringen um Macht und Anerkennung Grenzen zu setzen, jener, ihm eine normative Ebene hinzuzufügen, welche die Freiheit bei der Wahl der eigenen Ziele und bei der Wahl der zu ihrer Durchsetzung angewandten Mittel einschränkt.

Wollen wir dieser Denkweise entgehen, dann müssen wir zunächst zeigen, dass Freiheit von ihrem Wesen her soziale Freiheit ist. Auch die Freiheit bei der Wahl der eigenen Ziele steht immer in komplexen sozialen Zusammenhängen, die dem angeblich egoistischen Bestreben kompetitiver Individuen entgegenwirken. Ausgangspunkt für diese Argumentation, deren Fazit einen Grundbaustein des ethischen Kapitalismus bildet, ist die Beobachtung, dass die Aktivitäten, die Menschen der Mühe wert halten, größtenteils sozial sind. Die meisten Dinge, die wir gern tun, sind nur zusammen mit bekannten anderen oder in Kooperation mit unbekannten anderen in größeren sozialen Formationen möglich: Sex, gutes Essen, Tennis spielen, mit dem Motorrad durch die Wüste fahren, Fußball gucken oder am Aktienmarkt investieren. Wäre Freiheit ein Gegenteil von Gesellschaft, würde sie sich in weitgehend bedeutungslosen Aktivitäten erschöpfen, die in der Abgrenzung von geteilten sozialen Praktiken allenfalls indirekt einen Sinn ergäben.

Etymologisch gesehen ist »privat« sogar etwas Negatives: nämlich das Nicht-Öffentliche, hergeleitet vom lateinischen *privare* – entziehen, vorenthalten. Die Privatsphäre ist allerdings in Wahrheit ein fester Bestandteil des öffentlichen Raums. Sie ist die unbeobachtete Dimension menschlicher Aktivität, von der Gesellschaft geschützt, damit die Gesellschaft funktionieren kann. Doch das Private beschränkt sich natürlich nicht auf die Ausübungen individueller Freiheit, die sozialen Arrangements entgegenstünden. Das Private ist ebenso sozial wie das Öffentliche.

Das Zitat aus Jean-Paul Sartres *Geschlossene Gesellschaft*, »Die Hölle, das sind die anderen« – und zwar weil sie mein existenzielles Projekt einschränken –, führt in die Irre. Mein Mit-anderen-Sein ist der einzige Weg, auf dem ich jedwede wünschenswerte Form von Freiheit ausüben kann. Freiheit und Gesellschaft sind einander in keiner relevanten Weise entgegengesetzt, weder tatsächlich noch konzeptuell. Frei sein heißt, zwischen verschiedenen Möglichkeiten wählen zu können, und die meisten dieser Möglichkeiten haben wir anderen zu verdanken. Wir treffen unsere Wahl nicht in einer präsozialen und schon gar nicht in einer antisozialen Lage. Das ist einer der Gründe, warum es einen sogenannten *Naturzustand* nie gegeben hat. Menschen sind weder gut noch böse – sie sind nur von ihrer Natur her frei, das heißt fähig, über ihr jeweiliges Handeln unter den Bedingungen sozialer Selbst-Bewusstheit zu entscheiden.

Soziale Komplexität und Freiheit

Gesellschaft ist, wie erwähnt, der Begriff für das größte kausal verknüpfte System sozialer Transaktionen. Wir wissen, dass es existiert und dass es sich ständig wandelt, weil jede einzelne Transaktion die Struktur der sozialen Transaktionen verändert. Eine Gesamtschau der Gesellschaft ist unmöglich. Sie bleibt für jede Beobachterin und jede Teilnehmerin letztlich intransparent, wegen der Komplexität der Netzwerke, die sich in ihr überlagern und überschneiden. Stellen Sie sich eine Stadt wie Tokio in all ihren sozialen Details vor: Ganz offensichtlich kann niemand entschlüsseln oder gar vorhersagen, wie sich auch nur die gesellschaftlichen Aktivitäten eines einzigen Nachmittags in so einem begrenzten Raum entfalten. Das ist einer der Gründe, warum es zum Beispiel auch kein schlüssiges Modell und keine verlässlichen Prognosen für Verkehrsstaus oder auch, wie wir alle kürzlich erlebt haben, für Pandemiewellen gibt.

Die Freiheit ist ein Teil der sozialen Komplexität: Die Angehörigen einer Gesellschaft treffen Entscheidungen – jeder Einzelne, zigmal am Tag. Wann stehen wir auf? Was essen wir zum Frühstück? Wohin schauen wir in der U-Bahn? Was lesen wir? Woran wollen wir denken? Solche und andere tägliche Entscheidungen treffen wir auf etlichen Ebenen, von einfachen Körperbewegungen bis hin zu schwierigen Grübeleien etwa darüber, wer wir werden möchten. Jede einzelne Entscheidung setzt die Verfügbarkeit von Alternativen voraus, aus denen wir wählen. Unsere Wahl ist dabei nie einfach und nie bloß eine primitive Reiz-Reaktion. Sie hat immer eine Geschichte, soziale Voraussetzungen, neuronale oder andere körperliche Vorbedingungen. Deshalb ist es auch so gut wie unmöglich, irgendeine menschliche Entscheidung vollständig zu analysieren – denn dafür wäre unter anderem ein direkter neurowissenschaftlicher Einblick in Nervenaktivitäten nötig, und davon sind wir weit entfernt.

Die Vorstellung, all unsere Entscheidungen ließen sich durch ein System von Bestimmungsgrößen rekonstruieren, die wir uns nicht aussuchen können, sondern die vielmehr für uns die Wahl treffen, ist somit ziemlich unbegründet und wenig plausibel. Schon die Art, wie Nervenzellen miteinander verknüpft sind, ist das Produkt sozialer Interaktion zwischen Menschen in einer gemeinsamen Umgebung (wieder angefangen beim Mutterleib). Die Behauptung, Fakten der Neurobiologie würden belegen, dass unsere Neuronen uns unfrei machen, indem sie unsere nur vermeintlich freien Entscheidungen konditionieren, ist falsch. Unser Gehirn macht uns nicht unfrei. Im Gegenteil, es ist geformt von sozialer Freiheit, von menschlicher Interaktion und damit von sozial organisiertem freiem Willen.

Auch wenn die Gesellschaft an sich zweifellos existiert, ist das

Konzept *Gesellschaft* nicht sehr aussagekräftig. Und ganz gewiss gibt es nicht so etwas wie eine kapitalistische, kommunistische, digitale, postmoderne oder sonst wie geartete Gesellschaft, die sozusagen um ein einzelnes Thema versammelt ist. Es besteht keine übergeordnete konzeptuelle Struktur, mit der sich die Entfaltung aller Details einer Gesellschaft erklären ließe. Gesellschaft ist undurchdringlich komplex und differenziert.

Anstatt Gesellschaft als einen großen Block zu denken, als ein Ganzes, dessen kleine Teile wir sind, sollten wir sie als aus lauter kleineren sozialen Systemen zusammengesetzt betrachten, die ich *soziale Formationen* nenne.[30] Eine soziale Formation kann eine Familie sein, ein Freundeskreis, ein Arbeitsumfeld, die Kunstszene Manhattans, der Londoner Immobiliensektor, der Kreml, ein Tempel in Kyoto oder das NATO-Hauptquartier. Soziale Formationen können aus einer fast beliebigen Zahl von Menschen unterhalb der Ebene der Gesellschaft als ganzer bestehen.

Die Covid-Pandemie ist das seltene Beispiel einer fast maximalen sozialen Formation, die sich beinahe vollständig mit der Gesellschaft überschnitt. Wir erlebten also einen Moment der tatsächlich globalen Gesellschaft. Die Reaktionen darauf lassen sich als das erste Ereignis der Menschheitsgeschichte betrachten, bei dem fast alle lebenden Menschen etwa zur selben Zeit mit derselben Art von Aktivität befasst waren: geeignete Maßnahmen zu erkennen und zu ergreifen, um die unkontrollierte Ausbreitung eines potenziell tödlichen, jedenfalls sehr schädlichen Erregers unter der menschlichen Bevölkerung zu verhindern. Dabei entstand eine ihrerseits potenziell schädliche soziale Formation, deren positive Seite der »virologische Imperativ« war und deren negativen Aspekt ich Hygienismus nenne. Auf der positiven Seite wurde ein Maximum an kooperativer Anstrengung erbracht, um die Ansteckungskurve abzuflachen, Risikogruppen zu schützen, Impfstoffe und Arzneien zu finden und durch Investitionen Arbeitsplätze zu bewahren. Doch schon nach wenigen Monaten zeigte sich, dass diese Maximalkooperation, angetrieben von der ethischen Einsicht, beispiellose sozioökonomische Risiken eingehen zu müssen, um das moralisch Richtige zu tun, unerwartete Nebenwirkungen hatte und unvorhersehbare Konsequenzen nach sich zog. Grenz- oder Schulschließungen zum Beispiel sind von ihrem Wesen her unmoralisch; sie untergraben frühere ethische Einsichten, die zu mehr oder weniger offenen Grenzen und zum Recht auf Schulbildung geführt hatten. Die ergriffenen Maßnahmen, um die Ausbreitung des Virus zu hemmen, waren nicht vollauf moralisch akzeptabel. Insbesondere schufen und verstärkten sie Formen der Ungleichheit, die die Menschheit eigentlich kooperativ vermindern sollte.

Es ließe sich noch viel mehr dazu sagen – etwa, dass kein öffentliches Gesundheitssystem, keine staatliche Pandemiepolitik irgendwo auf Erden vor dem Hintergrund einer voll durchdachten ethischen Einschätzung dessen, was wir einander im Kampf gegen eine Pandemie wirklich schulden, agierte, weswegen die ergriffenen Maßnahmen nicht als nachweisbar ethischer gelten dürfen als mögliche Alternativen (einschließlich der Entscheidung, gar keine staatlichen Maßnahmen zu verfügen). Herauszufinden, wie sich der virologische Imperativ zum Beispiel mit dem pädagogischen Imperativ (alle Kinder sollen zur Schule gehen und dort mit anderen Kindern Umgang haben) vereinbaren ließe oder mit dem Imperativ der offenen Grenzen (jede Person, die nicht vorhat, den Menschen in einem bestimmten Staat Leid zuzufügen, soll die Grenze überqueren dürfen), hätte zu besseren sozioökonomischen Resultaten geführt, wurde aber staatlicherseits kaum versucht.

Bemerkenswert ist in diesem Zusammenhang, dass die überraschend schnelle Erfindung und Erzeugung von Impfstoffen, Medikamenten und anderen Gesundheitsgütern sich als die beste tatsächlich umsetzbare *Auflösung* des ethischen Problems erwiesen. Die ethische Gleichung der Pandemie war nicht rechtzeitig *lösbar*, da sie zu viele Variablen enthielt, um sich binnen weniger Wochen ausrechnen zu lassen und damit die Behörden zur Umsetzung des moralisch Richtigen zu motivieren. Stattdessen hat der freie Markt das ethische Problem *aufgelöst*, indem er das zur Verfügung stellte, was nötig war, um das Problem wenigstens zu vermindern: eine künstliche Immunisierung (zusätzlich zur natürlichen Immunisierung durch die grassierenden Infektionen).

Die Erfindung und ethisch problematische Verteilung hochwirksamer Impfstoffe verringerte wiederum den wirtschaftlichen Schaden, den die staatlichen Schutzmaßnahmen unweigerlich nach sich zogen. In Deutschland erwirtschaftete die Firma Biontech gigantische Gewinne, von denen durch das Steuersystem auch die Bevölkerung sowie die Infrastruktur an den Firmenstandorten profitierten. Das wiederum ermöglicht weitere Geschäftsmodelle. Zwar förderte der Staat die Erfindung und die Herstellung der Impfstoffe auf vielfältige Weise (auch, indem er seit jeher Lehrstühle finanziert, deren Forschung wichtiges Wissen für die Pharmaindustrie bereitstellt), doch die Auflösung des Pandemieproblems in den reichen Industrieländern war ein veritabler Triumph des Kapitalismus.

Der Grund dafür ist aber nicht, dass freie Märkte extrem kompetitiv sind und somit die »unsichtbare Hand« eines Zusammenpralls von Eigeninteressen die besten Ergebnisse hervorbringt. Tatsächlich haben sich bei den Impfstoffen die rasche Kooperation und das dringende Interesse, ein ethisches Problem der Menschheit anzugehen und dafür alle in wohlhabenden Industriestaaten verfügbaren wissenschaftlichen und ökonomischen Mittel aufzuwenden, als fähig erwiesen, eine Konstellation sozialer Kräfte aufzulösen, für die es staatlicherseits keine ethische Lösung gab. Die Kooperation, die zu diesem Ergebnis führte, war nicht nur von eigennützigen ökonomischen Interessen motiviert, sondern vom Anliegen, einem ethischen Dilemma zu entkommen. Dieses Anliegen ist selbst ethisch begründet und lässt sich nur durch Kooperation im großen Stil verwirklichen.

Kooperation kann böse sein

Allerdings richtet die immer weiter um sich greifende Ansicht, wir müssten unser hobbessches oder neo-hobbesches Bild vom Menschen als aggressivem, eigennützigem Verbreiter egoistischer Gene durch ein kooperatives Selbstporträt ersetzen, für sich allein noch nichts gegen die ethischen und menschlichen Unzulänglichkeiten aus, auf die die Kritik am Kapitalismus abzielt. Es genügt nicht, darauf zu bestehen, dass wir »soziale Wesen« seien, wenn wir begründen wollen, warum wir »alles andere sind als Roboter oder selbstsüchtige Wüstlinge, nämlich moralische Kreaturen, mit Moralkodices, die über rationales Kalkül und Eigeninteresse triumphieren«[31], wie es der Juraprofessor Yochai Benkler ausdrückt. In seinem Buch *The Penguin and the Leviathan* wendet sich Benkler zu Recht gegen die These, egoistische Gene oder andere zellbiologische Fakten über uns menschliche Tiere böten eine Rechtfertigung für unmoralisches Verhalten oder antisoziale Impulse im Allgemeinen. Damit ist aber noch kein Beleg dafür erbracht, dass tatsächlich Kooperation dem menschlichen Tier dazu verhilft, der Ursuppe der rein natürlichen Selektion zu entsteigen. Allenfalls lässt sich damit zeigen, dass die Vorstellung einer prämoralischen Ursuppe fehlgeht. Der Nachweis der unweigerlichen, weil konstitutiven Sozialität menschlichen Handelns an sich führt auf eine andere Ebene der *explanatorischen Beschreibung* menschlichen Verhaltens und ermöglicht daher keine relevante *normative* Grundlage für einen ethischen Kapitalismus. Wie Benkler selbst beiläufig bemerkt, sind »*gut* und *kooperativ* nicht immer Synonyme. Tatsächlich wurden einige der grausamsten und unmenschlichsten Handlungen, die Menschen aneinander verübten, von zutiefst ›kooperativen‹ Leuten ausgeführt.«[32]

Aus diesem Grund sollten wir nicht nur von »den Grenzen der Biologie der Kooperation«[33] sprechen, sondern begreifen, dass der konzeptuelle Umweg über eine Entgegensetzung von eigennützigem Wettbewerb auf der einen und altruistischer Kooperation aufgrund eines gemeinsamen Verständnisses von *sozialen* Gütern auf der anderen Seite eine falsche Fährte ist. Die Dichotomie zwischen selbstsüchtig und kooperativ ist nicht zwangsläufig eine moralische. Es gibt auch selbstsüchtiges Verhalten, das moralisch gut, und Kooperation, die böse ist.

Dennoch ist die Einsicht in unsere kooperative Natur als soziale Lebewesen einer bestimmten Spezies, nämlich als menschliche Tiere, ein wichtiger Schritt zur Erkenntnis, dass menschliches Verhalten nicht allein vom einen oder anderen Beweggrund bestimmt ist (sei es reiner Eigennutz oder wahre Rücksichtnahme auf andere), sondern eingebettet in die Realität von Werten, von denen einige fraglos moralisch sind. Kooperativ und sozial zu sein ist eine notwendige, aber keine hinreichende Bedingung für moralische Werte, die eben von Gut bis Böse reichen. Die handlungsimmanenten Werte sind da, egal, welche weitere Absicht jemand mit seinem Handeln verfolgt.

Soziale Konstruktion ist nicht alles

Der nächste Schritt ist das Argument, dass Normen nicht nur deshalb verbindlich sind, weil eine kooperative Gemeinschaft sie akzeptiert. Ob eine gesellschaftliche Gruppe oder Formation eine Handlungsweise für sozial gut befindet (als Beitrag zum sozialen Zusammenhalt oder zur Lösung von Problemen im Sinn der Gruppe), unterscheidet sich konzeptionell vom damit verbundenen ethischen Sachverhalt. Nicht unbedingt erkennt die Gemeinschaft an, dass es einen Unterschied gibt zwischen dem, was sie glaubt (und damit für wahr hält), und dem, was tatsächlich der Fall und damit wahr ist. Dieser Unterschied zwischen Glauben und Wissen gilt auch im Normativen. Manche Normen sind verbindlich, gerade weil sie höher stehen als etablierte Regeln der Anerkennung. Das einfachste Beispiel dafür ist die Wahrheitsnorm für Aussagen, deren Inhalt in keiner Weise menschliche Denker oder Akteure einbezieht – etwa astrophysische Aussagen zum Alter der Sonne. Dass unsere Sonne soundsoviele Jahre alt ist, ist nicht wahr, *insofern wir es als wahr anerkennen*. Nein, die Sonne wäre auch dann soundsoviele Jahre alt, wenn niemand je darüber nachgedacht hätte, dass sie irgendwann entstanden sein muss.

Tatsachen, die in diesem Sinn völlig unabhängig von unserer Haltung zu ihnen gültig sind, nennen ich *maximal modal robust*.[34] Das extreme Gegenstück zu maximal modal robusten Tatsachen sind minimal modal robuste Tatsachen: Fakten, die nur für eine individuelle denkende oder handelnde Person gültig sind – etwa ein Jucken. Wenn mich etwas juckt, fallen die Gültigkeit des Juckens und meine Anerkennung des Juckens zusammen.

Nun haben viele Sozialontologinnen (also Philosophinnen, die sich mit der grundlegenden Beschaffenheit des Sozialen befassen) argumentiert, dass manche sozialen Fakten dadurch gültig sind, dass sie von einer Gruppe anerkannt werden. Plausibel erscheint das im Fall sozialer Rollen, die man nur übernehmen kann, wenn dies anerkannt wird und man in der Rolle gesehen wird. Die brillante Sitcom *Seinfeld* bietet besonders amüsante Veranschaulichungen für diesen Aspekt sozialer Normen. In einer Folge von Staffel 9 zum Beispiel erklärt George Costanza, einer der Protagonisten, seiner Freundin, er mache Schluss mit ihr, worauf sie antwortet: »Nein.« Verblüfft von ihrer Reaktion, akzeptiert George ihre Weigerung und beginnt, alle möglichen Pläne zu schmieden, um sie dazu zu bringen, dass sie die Trennung doch noch hinnimmt – als ließe sich eine Beziehung nur beenden, wenn alle Beteiligten das Ende anerkennen. Der Witz zeigt, dass eine (informelle) menschliche Liebesbeziehung nur existiert, solange alle Beteiligten sie anerkennen; für eine Trennung, wenngleich sie ein ebenso sozialer Vorgang ist, gilt dies aber nicht.

Aus der Einsicht, dass die Anerkennung einer sozialen Tatsache für deren *Konstituierung* eine wichtige Rolle spielt, folgern viele Theoretiker, solche Tatsachen seien *sozial konstruiert* – also nur dann gültig, wenn eine relevante Gruppe von Menschen ihre

Existenz anerkenne. Typischerweise führen solche Gesellschaftstheoretiker – wie Judith Butler und John R. Searle, beide von der Universität Berkeley – als Beispiele Gender, Geld, Ehe, Taufe oder politische Ämter an.[35] Von diesem sozial-konstruktivistischen Standpunkt aus erscheint es offensichtlich, dass sich der Tauschwert, der das Verhältnis bestimmt zwischen einem Hundert-Dollar-Schein und den Waren, die sich damit erwerben lassen, aus einem komplexen Geflecht von Akten der Anerkennung seitens unzähliger Menschen ergibt. Diese Akte ermöglichen es, von der Tatsache abzusehen, dass ein Hundert-Dollar-Schein als bedrucktes Papier zweifellos keine hundert Dollar wert ist. In Anlehnung an die marxistische Mehrwerttheorie glauben Sozial-Konstruktivisten, dass der Tauschwert des Geldscheins und damit der Preis für Waren auf einem Markt ein Messergebnis sozialer Beziehungen sei, also aus Akten der Anerkennung hervorgehe. Würden wir alle in dem Geldschein bloß das sehen, was er ist – ein Stück bedrucktes Papier –, und uns der Prämisse verweigern, er habe irgendeinen Wert über sich selbst hinaus (wie zum Beispiel jenen einer Theaterkarte oder was man sonst dafür kaufen kann), würde sich das Mysterium des Geldes in Luft auflösen.

Bei näherer Betrachtung erweist sich dieser Gedanke aber als unrealistisch, denn er klammert einen wichtigen Bestandteil der konstitutiven Geschichte aus: die Gesetze und andere Institutionen. Denn Institutionen gehen eben nicht aus einer sozial koordinierten Verteilung von Anerkennung oder anderen Haltungen hervor. Im Gegenteil, sie dienen dazu, die Willkürlichkeit und Zufälligkeit unserer sozialpsychologischen Haltungen zu beschränken. Sie stützen die Normativität. George Costanzas Freundin irrt sich, wenn sie glaubt, sie könne eine Trennung in der Art informeller menschlicher Liebesbeziehung, wie sie viele Menschen in den USA der Neunziger praktizierten, einfach ablehnen. Wenn jemand mit dir Schluss macht, kannst du dies nicht mit einem »Nein« verhindern. Eine Trennung nicht hinzunehmen bedeutet nicht, dass die Beziehung damit weitergeht. Einen Hundert-Dollar-Schein in einem bestimmten Moment innerhalb der hochkomplexen Geschichte des Tauschwerts nicht als das anzuerkennen, was er ist, ändert nichts am tatsächlichen Tauschwert des Scheins – ebenso wie nicht anzuerkennen, dass Trump oder Bolsonaro die Wahl verloren haben, sie nicht wieder ins Amt bringt, es sei denn, andere Institutionen, etwa das Militär, sind gewillt, eine bestehende institutionelle Ordnung umzustürzen und durch eine andere zu ersetzen. Einem bestehenden normativen Gefüge die Anerkennung zu verweigern führt nicht dazu, dass das Gefüge einfach verschwindet, sondern im Extremfall zu gesellschaftlichen Umbrüchen und damit zu sozialem Wandel.

Sozialer Wandel ist als solcher nicht immer gut oder positiv. Es gibt guten und schlechten sozialen Wandel, sprich: Fortschritt und Rückschritt. Ob sozialer Wandel fortschrittlich oder rückschrittlich ist, lässt sich nicht beurteilen, indem man auf den Wandel selbst starrt. Sozialer Wandel gehört einer normativen Sphäre an, die von ihrem Wesen her die Vorstellung von der Kontingenz des Sozialen überschreitet. Die Anhänger der sozialen Konstruktion liegen zwar richtig, wenn sie betonen, gesellschaftliche Verhältnisse seien kontingent, also nicht alternativlos, und damit wandelbar. Sie übersehen dabei aber, dass dieser Hinweis allein nicht hinreicht, um guten von schlechtem Wandel zu unterscheiden. Dafür muss man die soziale Sphäre überschreiten und zur Ethik übergehen. Diese handelt nicht nur davon, wie Menschen zusammenleben und wie soziale Rollen in einer Gesellschaft gelebt werden, sondern auch davon, *wie wir leben sollen.* Die Ethik befasst sich mit dem Guten (dem, was wir unbedingt tun sollen) und dem Bösen (dem, was wir unter keinen Umständen tun sollen). Diese Normen sind weder sozial konstruiert noch kontingent. Menschen oder andere Tiere zu foltern ist völlig unabhängig davon moralisch verwerflich, ob eine gegebene Gesellschaft diese Vorgehensweise anerkennt oder nicht.

Es ist somit falsch, sozialen Wandel als solchen mit moralischem Fortschritt gleichzusetzen – als wäre blinder Aktionismus der Weg in eine bessere Zukunft. Die jüngsten gesellschaftlichen und mit ihnen auch verbundenen geopolitischen Kämpfe zeigen deutlich, dass es Aktivismus im guten und im schlechten Sinn gibt. Ein Werturteil, das die Aktionen der Trump- und Bolsonaro-Gefolgschaft als schlecht und die von Klimaaktivistinnen, die in Deutschland Infrastruktur lahmlegen, um damit die Weltgemeinschaft zu einer Änderung ihrer Mobilitätsmuster und zur Rettung des Planeten zu bewegen, als gut einstuft, kann sich nicht auf Notwendigkeiten der menschlichen Lebensform oder gar die Natur berufen. Bestimmte Formen von Aktivismus als fortschrittlich und gut zu deuten aufgrund ihrer vermeintlich tieferen Beziehung zur »Natur« ist ein Fehler und dient der Sache des Umweltschutzes nicht wirklich. Sowohl beim fortschrittlichen als auch beim rückschrittlichen Populismus begehen beide Seiten den Fehler, nicht nur zu behaupten, sie verstünden und verträten die Menschen, sondern sie verstünden und verträten die Natur.

Der Schluss dieser Argumentation lautet, dass das Gute im ethischen Sinn weder mit dem Sozialen (und damit dem Kooperativen) identisch ist noch mit dem Natürlichen im Sinn der Vorstellung von einer sich selbst erhaltenden Umwelt, deren Zyklen von menschlicher Gier und menschlichem Handeln gestört sein sollen – als wäre es möglich, aus der Natur hinauszutreten, indem man sich unnatürlich verhält.

Wer sich für den ökologischen Imperativ einsetzt und von uns fordert, die Gefahren des menschengemachten Klimawandels politisch und sozioökonomisch ernst zu nehmen, kann sich dafür nicht auf die Natur berufen. Es geht nicht um Umweltschutz, sondern darum, dass Menschen und die unzähligen anderen Lebewesen, mit denen wir vernetzt sind, auch in ferner Zukunft gut leben können. Der Streit um die richtige Umweltpolitik bedarf einer umfassenden ethischen Reflexion, die sich vor allem auf die sozioökonomische Sphäre erstreckt. Gerade in Fragen der Umweltpolitik bedarf es deswegen eines ethischen Kapitalismus, der Mehrwert und Wirtschaftswachstum hervorbringt, ohne damit den Klimawandel weiter zu befeuern.

Die naturwissenschaftlichen Erkenntnisse, die uns vor Augen führen, wie gefährlich der menschengemachte Klimawandel und seine nie ganz vorherzusagenden Konsequenzen sind, reichen allein nicht hin, um einen ethischen Weg aus der Krise zu weisen. Damit möchte ich nicht behaupten, dass die Natur-, Lebens- und deskriptiven Sozialwissenschaften (zu denen auch die meisten Zweige der Wirtschaftswissenschaft zählen) nur beschreiben und erklären, was *ist*, und deshalb blind sind für das, was sein *sollte*. Im Gegenteil, all diese Sozialwissenschaften befassen sich oft damit, was sein sollte. Denn menschliche und nicht-menschliche Realität sind eingebettet in normative Rahmen, und zwar solcherart, dass menschliche und nicht-menschliche Akteure oft genau das tun, was sie tun sollten. Wir finden das Gute daher im menschlichen Handeln, und dieses können wir verhaltenswissenschaftlich erforschen.

Unsere kooperative Natur als prosoziale Säugetiere der Gattung *homo sapiens* trägt tatsächlich zu einer Manifestation des moralisch Guten bei. Denn niemand von uns hätte ein Alter erreicht, in dem wir die Sätze, die ich hier schreibe, verstehen können, ohne die Liebe, Pflege und Unterstützung, die wir von anderen Menschen empfangen haben. Und die Umgebung, in der uns diese Zuwendung zuteilwurde, musste hinreichend moralisch stabil sein, also das Gute zum Vorschein bringen, sonst wären wir alle von Eltern, Lehrerinnen und Mitschülern traumatisiert. Anders gesagt, selbst die Kooperation von bösen Menschen wie etwa Putin und seinen Handlangern setzt voraus, dass sie nicht permanent nur Böses tun. Das stellte unlängst auch Emmanuel Macron fest, als er in einem Interview über Putin sagte: »Er ist nicht unangenehm, das ist ein Paradox.«[36] Ja, selbst Putin tut oft das moralisch Richtige, wenn auch nicht hinsichtlich der Ukraine und sehr vieler Menschen in seinem Machtbereich. Würde er nicht hinreichend oft das moralisch Richtige tun, könnte er gar nicht überleben.

Moralisches Handeln ist immerhin dahingehend in der Natur verankert, dass die Natur-, Lebens- und deskriptiven Sozialwissenschaften imstande sind, moralisch gutes Verhalten festzustellen. Sie haben damit zwar keine Deutungshoheit in Fragen der Ethik, können aber durchaus messen, wie weit moralisch richtiges Handeln und Denken verbreitet ist, sobald es uns gelingt, die Begriffe des Guten, moralisch Neutralen und Bösen objektiv darzustellen. Es ist somit nicht konstitutiv für moralische Tatsachen, dass wir sie nur in den Blick bekommen, wenn wir selbst handeln. Kurzum: Die Ethik lässt sich als eine praktische Wissenschaft verstehen. Sie erkennt moralische Tatsachen, die uns zum Handeln auffordern.

Das Moralische hat einen Grund in der Natur, doch es ist mit diesem Grund nicht identisch, so wie wir Menschen Körper haben und damit in der Natur verankert sind, ohne mit unserem Körper identisch zu sein. Das Moralische beginnt bei dem simplen evolutionären Prinzip, sich selbst, den eigenen Nachwuchs, den eigenen Stamm oder auch die eigene Spezies zu schützen. Doch es überschreitet dieses Prinzip insofern, als wir unsere Moralität auf andere Spezies ausweiten können, auf die mit ihnen geteilte Umwelt und auch auf viele Dinge, die der evolutionären Notwendigkeit des Überlebens sogar entgegenstehen. Menschen riskieren ihr Leben für andere, verteidigen sich in Kriegen oder halten es aus moralischen Gründen gar für nötig, andere anzugreifen. Für all diese Praktiken gibt es keine gänzlich evolutionäre oder sonstige rein naturwissenschaftliche Erklärung.

Die Geisteswissenschaften sind demgegenüber imstande, diese metaethische Erkenntnis – dass Ethik sich nicht komplett mit naturwissenschaftlichen Methoden erfassen lässt – auszuformulieren; zudem können sie eine Heuristik für moralische Bewertungen zusammenstellen und spielen damit eine entscheidende Rolle bei der Beantwortung der Frage, wie wir moralische Tatsachen erkennen können. Eine Heuristik ist eine Art und Weise, etwas zu entdecken. Wenn es moralische Tatsachen gibt, die wir nicht alle jederzeit schon kennen und anerkennen, bedarf es einer Heuristik. Zu dieser gehören die Geistes- und Sozialwissenschaften, weil sie imstande sind, menschliche Werturteile, Selbst- und Naturverständnisse in ihren historischen, kulturell jeweils unterschiedlichen Kontexten zu erfassen.

Diese erkenntnistheoretische Positionierung der Geisteswissenschaften steht nicht im Zusammenhang einer Kritik oder Ablehnung des Kapitalismus, seines technisch-wissenschaftlichen, ökonomischen Unterbaus oder seiner Ideologie. Ganz im Gegenteil ist es möglich, die Werteerkenntnis der Geistes- und Sozialwissenschaften im unternehmerischen Feld (also etwa in Firmen) zum Einsatz zu bringen. Auf diese Weise könnten wir Unternehmen als »Labore moralischer Innovation« (*»moral innovation labs«*) auffassen.[37] Das Ziel solch einer Initiative besteht darin, nachhaltigen unternehmerischen und damit allgemeinen sozialen Erfolg zu erreichen. Wertschöpfung ist und bleibt nämlich die Voraussetzung für tragfähigen sozialen Fortschritt.

Das setzt eine neuartige Form der transsektoralen Kooperation voraus. Geistes- und Sozialwissenschaftler kooperieren in diesem Modell mit Sektoren der Gesellschaft, die direkt zur Wertschöpfung beitragen, um auf diese Weise Zugang zu bisher noch nicht erfassten Gebieten moralischer Tatsachen zu erhalten. Zur Heuristik, also zur Findung moralischer Tatsachen, gehören soziale Praktiken und Erfahrungen, die sich nicht nur am Schreibtisch erfassen lassen.

Daher möchte ich diese Überlegungen mit ihrer wichtigsten These abschließen. Sie besagt: Wir können und sollen im menschlichen Handeln das moralisch Gute (und auch sein Gegenstück, das Böse) beobachten. Auf Basis dieser Beobachtung können wir uns bisher noch weitgehend unbekannte moralische Tatsachen erschließen und auf diese Weise moralischen und wirtschaftlichen Fortschritt koppeln. Die Wirtschafts-, Natur- und Lebenswissenschaften begehen keinen Kategorienfehler, wenn sie darauf beharren, dass unser mittlerweile empirisch gut unterfüttertes Selbstbild als kooperative Tiere zum moralischen Fortschritt beiträgt. Uns über unser kooperatives Wesen und unsere ökologische Zugehörigkeit klar zu werden hilft dabei, zu verstehen, warum moralisch korrektes

Verhalten die Grundlage wahren Profits und wirtschaftlichen Erfolgs ist. Wenn wir hingegen an der Vorstellung festhalten, Märkte und Staat seien dazu gedacht, die andernfalls unheilvollen Konsequenzen unseres puren Egoismus und Eigennutzes abzumildern, missverstehen wir das tatsächliche Verhalten menschlicher Akteure in ökonomischen und politischen Beziehungen. Dies wiederum prägt unser eigenes Verhalten, denn ein falsches Verständnis von uns selbst führt zu fehlerhaften ökonomischen Modellen, die dann, vermittelt über Studiengänge der Wirtschaftswissenschaft, in die Politik und das Geschäftsleben einfließen.

In dieser Hinsicht ist die kooperative und ökologische Wende, die sich in jüngster Zeit in den Theorien der Wirtschafts- und der Lebenswissenschaften abzeichnet, ein notwendiger Schritt, um zu dem Schluss zu gelangen, dass ein ethischer Kapitalismus und damit eine neue Form für sozioökonomische Transaktionen nicht nur utopisch wünschenswert, sondern bereits real ist. Realismus – und nicht die sogenannte ideale Theorie mit ihren abstrakten Wunschzuständen – ist der Weg zu den Reformen, die wir dringend brauchen, um unsere ökonomischen Aktivitäten wieder mit der Wirklichkeit zu verbinden, die wir bewohnen und mit erschaffen.

Moralischer Fortschritt und Nachhaltigkeit

Im Lauf der fossil betriebenen Moderne, also seit der industriellen Revolution, blähten sich diverse Dimensionen der menschlichen Lebensform zu gefährlichen, krisengebeutelten Dualismen auf. Insbesondere setzte sich in unserer sozialen Fantasie die Idee fest, menschlicher und gesellschaftlicher Fortschritt ließe sich auf technisch-wissenschaftlichen Fortschritt reduzieren. Dass diese Vorstellung für die neuen herrschenden Klassen in der Politik nach der Französischen Revolution so reizvoll war, liegt an einer Grundprämisse der Aufklärung im 18. Jahrhundert: Menschen seien Maschinen des Begehrens. Gemäß diesem Bild von der *conditio humana* hat jedes Individuum ein mehr oder weniger egoistisches Interesse am eigenen Überleben und materiellen Wohlergehen, und das politische Leben steht im Dienst dieser Interessen.

Eine materialistische Auffassung von der *conditio humana* setzte sich also durch. In der Folge wurden der wirtschaftliche und technisch-wissenschaftliche Fortschritt nach und nach ganz vom moralischen Fortschritt entkoppelt. Das führt dazu, dass wir noch heute denken, wir könnten unsere Gesellschaften allein durch ökonomische Strategien der Zuteilung und Umverteilung von Ressourcen koordinieren, ohne dabei nichtmaterielle Ressourcen hinreichend zu berücksichtigen. Überdies trennt das materialistische und technokratische Weltbild vieler (wenngleich nicht aller) Denker der frühen Aufklärung den Menschen vom Rest der Natur ab und fasst die Natur nur als Bereich der Ressourcen für das materielle Wohlergehen des Menschen auf – so als sei die Natur nur eine gigantische, bedeutungslose Maschinerie, die mechanistisch-physikalischen Gesetzen unterworfen ist und uns als Rohmaterial für ein eng gefasstes Konzept von Wirtschaftsleben dient.

Wir leben in einer Zeit, in der diese Auffassung von Natur und unserem Ort in ihr an ein Ende kommt – nicht zuletzt, weil uns klar geworden ist, dass das technokratisch-materialistische Weltbild unsere Macht und unsere positive Bedeutung für die Ökosysteme des Planeten überschätzte. Leider aber überschätzen auch diejenigen, die heute eine politische Ökologie in Achtung der planetaren Grenzen fordern, unsere Macht. Wir leben eben nicht im Anthropozän, einer Ära, in der wir Menschen zur einzigen großen geologischen Schicksalsmacht unseres Planeten geworden wären. Auch wenn wir heute mehr Möglichkeiten zu unserer Selbstzerstörung haben, als je zuvor, sollten wir nicht dem Irrglauben verfallen, dass Schicksal der Natur liege in unseren Händen. Vielmehr sind wir mit unvorhersehbaren Folgen einer industriellen, fossil betriebenen Moderne konfrontiert.

Aus diesem Grund fordern heute viele Denkerinnen eine Neue Aufklärung, eine »Aufklärung im Zeitalter des Lebendigen«, wie es die französische Philosophin Corine Pelluchon in ihrem Buch *Das Zeitalter des Lebendigen* nennt.[38] Diese Neue Aufklärung bildet eine synthetische Einheit mit dem Ziel, Dimensionen der menschlichen Lebensform wieder miteinander zu verbinden, die im Lauf der Moderne in Dualismen aufgespalten worden sind. Einer dieser gefährlichen Gegensätze ist jener von Ökonomie und Ethik. Um beide wieder zu verbinden, sind konkrete Reformen nötig und der feste Glaube daran, dass es nicht nur prinzipiell möglich, sondern für uns Menschen eine Pflicht ist, von moralisch gutem Handeln zu profitieren und damit die Wahrscheinlichkeit zu verringern, dass sich »Ordnungen des Bösen« bilden.[39]

Bis hierher habe ich argumentiert, Moral und ökonomischer Wert ließen sich mittels einer Auffassung der ökonomischen Mehrwerterzeugung verbinden. Moralische Erkenntnis ermöglicht neue Arten der Problemlösung. Die Erkenntnisfindung muss unbeeinträchtigt von akuten politischen Anforderungen durch kreatives Lernen erfolgen. Kapitalismus ist auf staatliche Stabilität angewiesen (auf eine kritische Infrastruktur, die private Eigentümer von Produktionsmitteln nicht bieten können), doch diese staatliche Stabilität ist ihrerseits auf den Kapitalismus angewiesen, weil der Staat allein das Problem der Pluralität sozialer Lebensformen nicht lösen kann, von denen jede an anderen Produktlinien interessiert ist, weil eben jede Lebensform mit unterschiedlichen Bedürfnissen einhergeht. Das dritte Element, das aus Kapitalismus und Staat eine synthetische Einheit macht, ist der Mensch als Quelle, Gegenstand und Grund für ethische Erkenntnisse.

Die weitere Präzisierung dieser Idee, die ich nun vornehmen möchte, greift auf Kants Konzept des »höchsten Guts« zurück, das er in der *Kritik der praktischen Vernunft* entwickelt. Ich werde argumentieren, dass wir eine neue Form von moralischem Realismus brauchen – die Kant in gewissem Maß vorwegnahm –, um zu verstehen, wie moralischer Fortschritt vonstatten geht und wie Ethik und Ökonomik als wissenschaftliche Disziplinen dazu beitragen können.

Auf dieser Basis werde ich dann ausführen, dass *Nachhaltigkeit* nicht nur ein modisches Buzzword unserer Zeit ist, sondern einer der höchsten Werte der Menschheit: Denn wir müssen die Bedingungen verbessern, unter denen Menschen Sinn für ihr Leben finden und verwirklichen können, und zwar über Generationen hinweg. Zu diesem Zweck müssen wir nachhaltige Wertschöpfungsketten und Infrastrukturen schaffen. Da unsere Wertschöpfungsketten in Tatsachen unseres Tier-Seins eingebunden sind, stehen wir nicht nur einander, sondern auch gegenüber anderen Teilen der sogenannten Natur, mit der wir verwoben sind, in der Pflicht. Ich möchte diesen Gedankengang mit einer gewagten, wahrhaft optimistischen Behauptung abschließen, nämlich die einer »prästabilierten Harmonie« von moralischen Wert-Tatsachen und wirtschaftlichem Gedeihen.[40]

Diese Überlegungen stützen meinen Ansatz, dass wir letztlich das Konzept Kapitalismus – und damit auch das des ethischen Kapitalismus – durch ein neuartiges Konzept der wünschenswerten sozioökonomischen Konstellation ersetzen müssen, als eine »neue moralisch-politische Ökonomie«, wie es Margaret Levi und Federica Carugati genannt haben.[41] Diese neue sozioökonomische Konstellation sollte das Ergebnis einer Neuen Aufklärung sein, die sich äußert und verwirklicht, indem sie moralischen und ökonomischen Wert, menschliche und nicht-menschliche Natur, individuelles und soziales Bewusstsein, Freiheit und Gesellschaft, die Märkte und den Staat miteinander verknüpft. Für diese Verknüpfung arbeitet die Neue Aufklärung zunächst die Unzulänglichkeiten von polaren und polarisierenden Gegensätzen heraus. Dann zeigt sie, dass es einen Mittelweg zwischen den Alternativen gibt.

Kurz gesagt, läuft dies auf eine aufgeklärte Dialektik hinaus anstatt auf eine Dialektik der Aufklärung. Hierbei ist Dialektik eine Methode, deren Ziel darin besteht, einen bisher noch nicht sichtbaren und gangbaren Mittelweg zwischen polaren Extremen zu finden. Dialektik ist die Antwort auf die Polarisierung, nicht das Eintreten für eines der Extreme im tagesaktuellen politischen Kampfgeschehen. Eine Dialektik ist aufgeklärt, wenn sie das praktische Ziel verfolgt, eine moralische Option zu identifizieren, die einen gegebenen Kampf überwindet. Sie strebt damit Frieden an. Keine Ethik ist denkbar, die Krieg und Kampf als Dauerzustand oder als Notwendigkeit versteht. Deswegen muss es stets Ziel allen ethischen Nachdenkens sein, wie wir Krieg und Kampf überwinden können, indem wir einen neuen Mittelweg finden, der nicht zwischen den Polen aufgerieben wird. Vor diesem Hintergrund ist mein Vorschlag eines ethischen Kapitalismus eine Station auf dem Weg einer aufgeklärten Dialektik, weil er die angeblichen Dichotomien von Staat und Markt, von Profit und Gerechtigkeit, vom moralisch Guten und ökonomisch Wertvollen überwindet – indem er zeigt, dass solche scheinbar totalen Gegensätze gar nicht der Wirklichkeit entsprechen.

Die Korrektheit moralischer Tatsachen

Um der Verbindung von Moral und ökonomischem Erfolg den Boden zu bereiten, möchte ich einige Definitionen und konzeptionelle Klarstellungen noch aus einem anderen Blickwinkel vornehmen. Für vieles, was wir – mehr oder weniger absichtlich – tun, haben wir Gründe: Interessen, Vorlieben, Motive, die uns zu bestimmten Handlungen bewegen. Handlungsgründe unterliegen verschiedenen Arten der normativen Einschätzung. Wir können das Tun eines Menschen in ökonomischen, ästhetischen, sozialen, juristischen, erkenntnistheoretischen und nicht zuletzt moralischen Begriffen bewerten. Unser Handeln kann gewinnbringend oder teuer sein, schön oder hässlich, freundlich oder grob, legal oder kriminell, wahr oder falsch – und gut oder böse. Und noch in vielen weiteren Dimensionen ordnen wir ein, was wir tun. Der normative Raum, in dem wir leben, ist größer und komplexer, als wir es uns derzeit vorstellen können. Er umfasst Milliarden von Menschen in verschiedenen Kulturen, die verschiedene Sprachen sprechen, an unterschiedlichen Traditionen festhalten und in unterschiedliche natürliche Umgebungen eingebunden sind. Niemand überblickt ihn. Menschen sind unvorstellbar viel diverser, als wir denken.

Ich schrieb am Anfang dieses Buchs, Ethik sei ein Zweig der Philosophie und widme sich dem Wesen, der Reichweite und den Details moralischer Tatsachen. Ethische Fragen sind in meiner Lesart vollkommen sinnvoll insofern, als wir auf sie mit gutem Grund eine kognitive Antwort erwarten können, das heißt eine Antwort in der Form: Wir sollen φ tun oder nicht tun – wobei φ als Symbol für eine Handlung steht, etwa ein ertrinkendes Kind zu retten oder die Steuern auf Automatisierung zu erhöhen und sie auf Arbeitslöhne zu senken. Weitere ethische Fragen dieser Art wären zum Beispiel: Sollen wir der Ukraine Waffen liefern oder sogar selbst in den Krieg eintreten? Sollen wir Schulen schließen, um Infektionsketten zu unterbrechen? Sollen wir vegan leben? Sollen wir mit Rassisten reden? Sollen wir medizinisch assistierten Suizid erlauben, und wenn ja, unter welchen Voraussetzungen? Soll Sexarbeit verboten sein? Sollen wir ein bedingungsloses Grundeinkommen einführen, um in einer Welt entfremdeter, nicht für alle verfügbarer Arbeit die Menschenwürde zu wahren?

Moralische Tatsachen werden oft als besonders voraussetzungsvoll betrachtet, weil sie im folgenden Sinn unbedingt gültig sein müssen: Wenn ich aus spezifisch moralischen Gründen φ tun soll, dann soll auch jede andere Person an meiner Stelle und unabhängig davon, wer diejenigen sind, für die das Handeln Folgen hat, φ tun, und zwar alle aus denselben Gründen. Allgemein gesprochen, läuft das, was ich bisher skizziert habe, auf eine Art des moralischen Realismus hinaus, der sich in der These zusammenfassen lässt, dass es moralische Tatsachen gibt, also richtige Antworten auf ethische Fragen dazu, was wir angesichts unseres gemeinsamen Menschseins tun oder nicht tun sollten. Moralische Tatsachen machen explizit, was wir einander schulden.

An dieser Stelle neigen vor allem die sogenannten Metaethiker unter den Philosophen dazu, einen Unterschied zwischen Kognitivismus und Realismus zu machen. Der *moralische Kognitivismus* vertritt die Auffassung, dass ethische Sätze einen Wahrheitswert haben, also wahr oder falsch sein können, während der *moralische Realismus* üblicherweise mit der zusätzlichen Annahme einhergeht, dass die Wahrheit oder Falschheit ethischer Sätze auf Tatsachen beruht, die unabhängig sind vom jeweiligen Gehirn, von der jeweiligen Kultur, Sprache, Theorie und Gesellschaft. Da moralische Tatsachen wie jene, dass es gut ist, Kinder vor dem Ertrinken zu retten, und schlecht, sie mit Raketen zu beschießen, keine unmittelbaren Anzeichen von Gehirn- oder Kulturabhängigkeit erkennen lassen, würde ich sagen, die Beweislast liegt im Fall dieser harten Fakten menschlicher Gesellschaft aufseiten der Theoretiker, die abstreiten, dass es moralische Tatsachen gebe. Deshalb werde ich meine Haltung dazu nicht noch weiter begründen, sondern annehmen, dass wir uns fürs Erste einig sind. Das gilt auch für heute kontrovers diskutierte politische Themen der postkolonialen Gerechtigkeit, des Umgangs mit ethnischer Diversität, Genderthemen usw. – in jeder dieser Debatten sollte grundsätzlich anerkannt sein, dass zum Beispiel Kolonialismus, rassistische Diskriminierung oder Diskriminierung aufgrund geschlechtlicher Selbstbestimmung oder geschlechtlicher Merkmale moralisch verwerflich sind. Dass dies so ist, liegt nicht daran, dass eine Gruppe (sei dies eine Mehrheit oder Minderheit) dies glaubt. Vielmehr handelt es sich beim Kolonialismus, Rassismus oder der Misogynie (als immer noch besonders verbreiteter Form von Diskriminierung aufgrund des Geschlechts) um Übel, die nicht nur für die Opfer schlecht, sondern wirklich böse sind.

Typischerweise stellen Sympathisantinnen und Kritikerinnen des moralischen Realismus gleichermaßen an diesem Punkt die Frage, wie wir um moralische Tatsachen wissen können. Sie verlangen also nach einer *Heuristik.* Bei vielen moralischen Tatsachen der offensichtlichen Sorte wäre es allzu abwegig, zu leugnen, dass wir um sie wissen. Unsere menschliche Wahrnehmung der Wirklichkeit ist zutiefst und unweigerlich wertebeladen. Wie gesagt, gibt es dafür gewiss biologische, evolutionäre Gründe – schließlich sind wir prosoziale Säugetiere, die ohne Pflege, Liebe, Zuneigung und Unterstützung durch andere nicht einmal zu eigenständigen Lebewesen heranwachsen können. Und doch überschreiten die Annahmen und Forderungen des Moralischen bei Weitem unsere überlebenswichtigen Bedürfnisse oder elementaren biologischen Vorlieben.

Zum Beispiel halte ich es für eine moralische Tatsache, dass Versklavung, Fremdenfeindlichkeit, Rassismus und Misogynie moralisch falsch und sogar radikal böse sind. Deshalb können emanzipatorische Erkenntnisse aus dem Feminismus, der Genderforschung, der Geschichtswissenschaft etc. zu einem Verhaltenswandel im großen Stil beitragen, wie wir ihn bei keiner anderen prosozialen Spezies sehen. Doch wie genau positiver sozialer Wandel angesichts teils neu entdeckter moralischer Tatsachen politisch und ökonomisch gestaltet und realisiert werden kann, steht auf einem anderen Blatt. Dafür bedarf es einer transsektoralen Kooperation, die nicht darin bestehen kann, dass Wissenschaftler den Praktikern mitteilen, was sie zu tun haben. Denn die sozialen Praktiken der Politik und der wirtschaftlichen Wertschöpfung sind keine Anwendungen theoretischer Erkenntnisse, sondern Reallabore, die Orte werden können für neue theoretische Erkenntnisse.

Wie gesagt, ist die Ethik nicht auf unsere Natur als prosoziale Säugetiere zu reduzieren. Zwar legen zum Beispiel Bonobos oder Löwen zweifellos prosoziales, sogar moralisches Verhalten an den Tag – es gibt etliche Belege dafür, dass die Natur nicht bloß ein grässliches Spiel oder eine gigantische Nahrungskette ist, bei der alle Tiere andere Tiere essen in einem ewigen gnadenlosen Kampf ums Überleben und um Vorherrschaft. Doch Bonobos ziehen nicht in Erwägung, sich Alphamännchen vom Hals zu schaffen und Regeln für die Gleichberechtigung der Geschlechter aufzustellen. Und Löwen diskutieren nicht, ob sie Vegetarier werden und die Gazellen in Frieden lassen sollten.

Warum wir die Geisteswissenschaften für die Ethik brauchen

Nicht alle moralischen Tatsachen sind offensichtlich, geschweige denn selbstverständlich. Viele ethische Fragen bleiben ungelöst; die Ethik ist weit davon entfernt, vollständig zu sein. Einer der Gründe, warum es ungelöste ethische Fragen gibt, ist die soziale Komplexität. Soziale Komplexität – für Soziologinnen ein wohlbekanntes Phänomen, schließlich spielt sie eine zentrale Rolle in der soziologischen Systemtheorie – bedeutet, dass wir in jedem Moment unseres Lebens Teil etlicher sozialer Systeme sind. Uns allen ist die Erfahrung vertraut, zwischen verschiedenen sozialen Rollen zu wechseln: Wir sind Freunde, Professorinnen, Staatsbürger, Wählerinnen, Weintrinker, Schwimmerinnen, Buddhisten, Kongressrednerinnen, Angestellte, Bahnreisende und so weiter. Jede dieser Rollen ist verbunden mit Erwartungen, Traditionen, Normen, Konzepten und weiteren Elementen des menschlichen Selbstbildes. Zudem variieren Rollen und Erwartungen im Detail zwischen verschiedenen Kulturen und Zeiten. Manchmal ändern sie sich über kurze, manchmal über längere Zeiträume hinweg, und in keinem Teil der Welt existiert eine einzelne, homogene Kultur, die alle Mitglieder einer Gesellschaft mit klaren Anweisungen für ihre sozialen Rollen versehen würde. Der Hauptgrund dafür ist, dass wir frei sind und bleiben, egal, wie fest geknüpft und konservativ die sozialen Formationen sind, die unsere gesellschaftliche Identität ausmachen.

Hier kommen die Geistes- und die Gesellschaftswissenschaften ins Spiel. Vom Standpunkt der Ethik aus, so wie ich ihn interpretiere, können wir die Geistes- und Gesellschaftswissenschaften als Teil der Heuristik der Ethik betrachten. Vor allem die Geisteswissenschaften lassen sich als Disziplinen auffassen, welche die vielfältigen historischen (sowohl diachronischen als auch synchronischen) Variationen des menschlichen Selbstbildes erforschen. Wie ihre traditionelle Bezeichnung im Englischen, hergeleitet aus den romanischen Sprachen – *humanities* – nahelegt, widmen sie sich dem menschlichen Sein, oder vielmehr dem *gemeinsamen Werden* (wie es der japanische Philosoph Takahiro Nakajima nennt)[42], indem sie die Struktur menschlicher Selbstbilder untersuchen: also die Art und Weise, wie Menschen sich auf individueller und kollektiver Ebene selbst als Menschen wahrnehmen. Das Menschsein ist keine bestehende, in der Wirklichkeit auffindbare Entität, sondern ein historisch offener Prozess der gesellschaftlich orchestrierten Selbstbestimmung, verflochten mit anderen Teilen der Natur.

Die Gesellschaftswissenschaften hingegen erforschen soziale Systeme, indem sie Modelle und Theorien entwerfen, um Aufbau und Entwicklung sozialer Formationen zu erfassen.[43] In diesem Zusammenhang verstehen wir unter einer sozialen Formation ein System menschlicher Handlungskoordinierung. Menschen tun, was sie tun, indem sie sich fragen, was andere tun. Wir vergleichen unser Handeln immer mit dem von anderen – daraus entstehen soziale Strukturen. Hervorgebracht werden soziale Systeme – der Gegenstand der Gesellschaftswissenschaften – durch die Tatsache, dass wir Menschen die meisten Dinge, die uns wichtig sind, nur gemeinsam tun und erreichen können.

Die Geisteswissenschaften erforschen die Entfaltung und tiefen Unterschiede menschlicher Selbstentwürfe. Sie widmen sich dem Menschen als dem »sich selbst deutenden Tier«, wie es der kanadische Philosoph Charles Taylor formuliert.[44] Mit dieser hermeneutischen (unser Selbstverständnis betreffenden) Dimension der menschlichen Lebensform befassen sich die Gesellschaftswissenschaften nur am Rande. Fast gänzlich abwesend ist sie allerdings in der Wirtschaftswissenschaft. Das halte ich für einen der gravierendsten Mängel der Wirtschaftswissenschaft, wie sie seit etwa dem letzten Drittel des 19. Jahrhunderts praktiziert wird – ausgerichtet an der positivistischen Vorstellung, sie solle sich zu einer Art Gesellschaftsphysik auf Grundlage von Gleichungen der Differentialrechnung entwickeln.

Ich bin allerdings nicht auf eine umfassende Kritik der mathematisierten Wirtschaftswissenschaft aus. Denn wir verdanken ihr natürlich unzählige Erkenntnisse. Vielmehr sehe ich die Wirtschaftswissenschaft in der Kombination mit Geistes- und Gesellschaftswissenschaften als festen Bestandteil der Heuristik der Ethik. Was wir über uns selbst wissen dank der Anthropologie, der Kultur- und Medienwissenschaft, philologischer Rekonstruktionen der tieferen Bedeutungsschichten unserer Sprachen, der Psychologie, Kognitionsforschung und Verhaltensökonomie, ist eine wichtige Quelle ethischer Einsicht. Koppeln wir dies zurück an die Methoden der Wirtschaftswissenschaften, dann ist es durchaus denkbar, dass wir zu völlig neuen Ergebnissen kommen, die wiederum die sozialen Praktiken der Wertschöpfung befruchten können.

Daher besteht die Heuristik der Ethik darin, ein metaethisches Fundament (am besten eine Form des moralischen Realismus) mit Erkenntnissen der Geistes- und Gesellschaftswissenschaften zur Struktur menschlicher Selbstbestimmung und sozialer Formationen zu verbinden – sowie, selbstverständlich, in unseren Kenntnissen der natürlichen Realität, von der wir ein Teil sind. Schließlich sind und bleiben wir Tiere, wenn wir auch einen höheren ethischen Auftrag haben als alle anderen uns bekannten Lebensformen.

Wie sich Lebensqualität quantitativ messen lässt

Ein Beispiel dafür, wie Geisteswissenschaften, humanistische Gesellschaftswissenschaften und Wirtschaftswissenschaft zusammenwirken können, ist die Erforschung von Begriff und Wirklichkeit der Lebensqualität, auch häufig mit Glück gleichgesetzt. Qualitäten können ebenso wie Quantitäten gesteigert oder verringert werden. Allerdings definiert sich eine Qualität dadurch, dass sie Aspekte hat, die sich nicht auf Quantität reduzieren lassen. Wenn ich von einer Schokolade immer mehr esse, wird die Qualität des Schokoladenerlebnisses nachlassen, während die Quantität, also die konsumierte Menge, steigt. Die Wirtschaftswissenschaft spricht in solchen Fällen vom Gesetz des sinkenden Grenzertrags.

Im Allgemeinen besteht menschliches Wachstum in einem Wandel von Haltungen und damit in einer Differenz bei der Auffassung und Erfahrung von Glück. Wie wir menschlich wachsen und gedeihen, ist somit nicht mit denselben prognostischen Instrumenten erfassbar, die wirtschaftliche Entwicklungen messbar machen. Das schließt aber nicht aus, dass wir Erkenntnisse zum wirtschaftlichen Gedeihen (messbar anhand des BIP und anderer Indikatoren) und zum menschlichen Aufblühen verbinden, um zu neuen moralischen Einsichten zu gelangen; wir können und sollten ökonomische Aktivitäten strukturieren, damit sie zum menschlichen Wohlergehen in einer bestimmten sozialen Formation beitragen. Quantitatives Wirtschaftswachstum und qualitatives Wachstum in Gestalt menschlichen Wohlergehens sind nicht unvereinbar, sondern vielmehr verknüpft im Konzept der Nachhaltigkeit.

Die Grundidee, Lebensqualität und Wirtschaftslehre zu verbinden, findet sich bereits in einem Abschnitt aus John Stuart Mills berühmten *Grundsätzen der politischen Ökonomie* von 1848. Er diskutiert dort »die Unmöglichkeit, schließlich dem stationären Zustande zu entgehen«[45], sowie eine Vielfalt von Faktoren für den Fortschritt. Vor allem argumentiert er, während »die Zunahme des Nationalvermögens nicht unbegrenzt«[46] sei, gebe es andere Formen von Wachstum, die nicht auf der fehlgeleiteten Vorstellung eines Immer-mehr dessen beruhen, was sich als BIP bemessen lässt. Hier Mills' Gedanken dazu, wie wir auf eine andere relevante Weise wachsen können und sollten:

> Es dürfte die Bemerkung kaum nothwendig sein, daß ein stationärer Zustand des Kapitals und der Bevölkerung keineswegs einen stationären Zustand der menschlichen Verbesserungen in sich schließt. Der Spielraum für alle Arten geistiger Entwicklung sowie des moralischen und sozialen Fortschritts würde dabei nicht verkürzt werden; es wäre ebenso viel Raum vorhanden für die Ausbildung der Kunst des Lebens

> und mehr Aussicht für das Gelingen derselben, wenn die Kunst des Erwerbens die Geister minder ausschließlich in Anspruch nähme.[47]

Doch Mill stellt auch fest, dass

> die, welche die gegenwärtige noch sehr frühe Stufe der menschlichen Entwicklung nicht als deren schließlichen Typus ansehen, Entschuldigungen finden, wenn sie vergleichsweise gleichgültig erscheinen gegen diejenige Art wirthschaftlichen Fortschrittes, welche die Glückwünsche gewöhnlicher Staatsmänner hervorruft – die bloße Zunahme der Produktion und Kapitalansammlung.[48]

Realismus, den moralischen Fortschritt betreffend

Wie aber denken wir genau über moralischen und gesellschaftlichen Fortschritt? Und wie hängen beide mit menschlicher Verbesserung zusammen?

Hier können wir zwischen einer *realistischen* und einer *relativistischen* Auffassung von moralischem Fortschritt unterscheiden. Generell ist *moralischer Fortschritt* die Anerkennung einer teilweise verborgenen moralischen Tatsache, die so weit verbreitet ist, dass sie zu einer Verhaltensänderung im großen Maßstab führt. Die Art positiven sozialen Wandels, zu dem die Neue Aufklärung beitragen will, wäre dann die Umsetzung und aktive Förderung moralischen Fortschritts in Verbindung mit anderen Aspekten von Fortschritt, die auf normative Ressourcen zurückgreifen (Gesetze, Kunst, Politik, Ökonomie, religiöse Weisheit) und sich nicht alle auf *moralischen* Fortschritt reduzieren lassen. In Kunst und Religion erproben wir Menschen Formen des Zusammenlebens, Rituale des Zusammenhalts und der Ausrichtung an etwas Höherem (dem Schönen, Göttlichen, Erhabenen). Auf diese Weise eröffnen sich auch Wege des Fortschritts, was viele große historische Umbrüche der Menschheitsgeschichte erklärt.

Hier können wir einen gefährlichen Fehler benennen, der paradoxerweise zum Hindernis für den moralischen Fortschritt und für positiven sozialen Wandel werden kann: den Moralismus. Mit *Moralismus* meine ich die Reduktion aller Normativität auf eine letztlich moralische Ebene, die entweder von der professionellen Ethik zutage zu fördern ist oder, schlimmer, von einer mehr oder weniger willkürlichen öffentlichen Meinung über das, was in einem bestimmten Moment als »moralisch« gilt. Da es keinen Einblick in die Gesellschaft als ganze geben kann (infolge der sozialen Komplexität), kann auch keine normative Sphäre, nicht einmal die moralische, sich alle anderen unterordnen, ohne potenziell schädliche Nebeneffekte zu erzeugen. Darauf wies Karl Popper schon vor Jahrzehnten in seinem berühmten Buch *Die offene Gesellschaft und ihre Feinde* hin. Er erinnert uns an die Fehlbarkeit und Korrigierbarkeit jeder gesellschaftlich relevanten Entscheidung.

Dies ist ein Teil der Rechtfertigung für den Liberalismus. Sozial komplexe Problemlagen, die in öffentlichen Debatten verhandelt werden und echte politische Voraussetzungen und Konsequenzen haben, lassen sich nie auf einfache moralische Wahrheiten zurückführen. Die Ethik spielt zwar eine wichtige Rolle bei der Lösung unserer sozial komplexen Problemlagen, aber nicht, indem wir einfache Rezepte und moralische Schlagwörter verwenden, um politische Gegner moralisch zu diskreditieren. Denn dieses weitverbreitete Vorgehen, das den politischen Gegner zu einem moralischen stempelt, ist mit der Ethik gerade nicht vereinbar.

Der Moralismus verwandelt sich bei näherem Hinsehen in eine Art Verschwörungstheorie in dem Sinn, den Popper diesem Begriff gab: die Vorstellung, es gebe irgendeine zentrale Instanz, fähig, allen sozialen Wandel zum Besseren oder Schlechteren zu lenken – als könnten wir die soziale Komplexität doch irgendwie umgehen, indem wir moralische Überlegenheit erlangen, um dann von dort aus das tagesaktuelle Weltgeschehen zu bewerten und die politischen Lager in moralische Kategorien einzuteilen.

Ich vertrete eine Haltung des Realismus zum moralischen Fortschritt. Meine Ansicht ist, dass moralische Tatsachen nie ganz vor allen menschlichen Akteuren verborgen sein können, weil moralische Tatsachen in gewissem Ausmaß von uns abhängig sind, und zwar insofern, als sie für uns – als Akteure, die imstande sind, moralische Tatsachen als solche zu begreifen – einen imperativen Charakter haben. Wenn eine moralische Tatsache gilt, hängt ihre Wahrheit nicht von der Haltung (etwa Anerkennung oder Intuition) derer ab, für die sie gilt.[49] Der imperative Gehalt moralischer Tatsachen hat gleichwohl Adressatinnen, nämlich Menschen oder andere zu ethischen Erwägungen befähigte Akteure, die uns noch nicht bekannt sind (wer weiß, wie auf anderen, weit entfernten Planeten gelebt wird). Die moralische Tatsache, dass man ein Kind in Gefahr retten soll (etwa, wenn es zu ertrinken droht), könnte ohne geistige Zustände nicht gelten. Das heißt aber nicht, dass die Akteurinnen die Wahrheit des moralischen Satzes erst schaffen, indem sie ihn durch geistige Akte als wahr anerkennen. Die Ethik handelt von dem, was *wir* tun sollen – und damit von uns. Sie ist in diesem Sinn von uns abhängig, doch relativiert dies ihre Wahrheit nicht. Die Ethik gilt nicht deswegen, weil wir dies behaupten oder anerkennen, sondern weil sie moralische Tatsachen erkennt, bezüglich derer wir uns täuschen können. Wenn wir uns bezüglich einer Tatsache täuschen oder sie eben auch richtig erfassen können, ist sie objektiv.

Moralischer Fortschritt ist demzufolge nie eine überraschende Enthüllung oder Entdeckung einer gänzlich verborgenen Tatsache, so wie es etwa in der Physik passieren kann. Nehmen wir das Standardbeispiel für moralischen Fortschritt: die Abschaffung der Sklaverei. Für mich ist sie kein Resultat der plötzlichen Erkenntnis, dass Sklaverei böse ist, denn diese Tatsache war denen, die versklavt wurden, schon immer bekannt. Wer argumentiert, Aristoteles – der die Institution der Sklaverei verteidigte – habe es nicht besser wissen können, weil die Griechen nun mal kulturell anders waren als diejenigen von uns, die in Gesellschaften aufwachsen, in denen

Sklaverei als böse gilt, begeht den schweren Fehler, die Opfer der antiken Sklaverei zu vergessen. Dasselbe gilt für andere paradigmatische Fälle von moralischem Fortschritt, wie das Wahlrecht für Frauen oder die Einführung von Maßnahmen, deren Ziel es ist, Diskriminierung aufgrund ethnischer, geschlechtlicher, religiöser oder anderer Merkmale zu verhindern.

Der *Relativismus* bezüglich des moralischen Fortschritts fasst diesen hingegen als bloßen Verhaltenswandel innerhalb einer Gemeinschaft auf, der sich unter anderem in einer Verschiebung des Ausdrucks oder der Vorstellung von Werten ausdrückt. Dieser Lesart nach wiesen Abolitionistinnen und Feministinnen etwa nicht auf Tatsachen hin, als sie ihre (ziemlich erfolgreichen) Forderungen stellten, sondern veränderten nur die sozialen Normen dessen, was in einer bestimmten Gruppe als akzeptabel galt. Eine streng relativistische Haltung zum moralischen Fortschritt müsste in der gegenwärtigen geopolitischen Situation über große Teile der russischen Bevölkerung denken, sie hätten einfach andere Werte – Werte, die wir wiederum vielleicht mit Waffen und mit erhöhten Sicherheitsmaßnahmen auf unserer Seite bekämpfen wollen, ohne aber dabei zu glauben, es gebe etwas im moralischen Raum, das wir richtig und sie falsch verstehen. Dass wir keine Angriffskriege zur Gebietseroberung oder Demoralisierung unserer Nachbarn führen, wäre demnach lediglich ein Verhaltenswandel heutiger europäischer Nationen und keine Abbildung der moralischen Erkenntnis, dass solche Angriffskriege moralisch schlicht verwerflich sind.

Wichtig ist, dass der Realismus zum moralischen Fortschritt nichts mit Unfehlbarkeit, Dogmatismus oder gar Imperialismus zu tun hat. Die Vorstellung, dass in einer ethischen Debatte jemand recht und jemand anders unrecht haben kann, bedeutet nicht, dass deshalb »wir« (Wer immer wir sein mögen – der Westen, die Deutschen, die Liberalen, die Progressiven?) recht haben, schon gar nicht immer. Natürlich hat so ein »wir« (zum Beispiel die Liberalen und auch die Progressiven) in vielen Dingen unrecht – wir sind weit entfernt von einer moralisch perfekten gesellschaftlichen

Organisation. Wir wissen häufig nicht, wo genau die moralischen Tatsachen liegen, und sind deswegen auf den Dialog mit Personen angewiesen, die teils völlig anderer Meinung sind oder auch gänzlich andere Erfahrungen machen. Ohne einen solchen Dialog gibt es keine Dialektik und damit keinen gangbaren Mittelweg.

Wo Menschen im Spiel sind, gibt es keine ethische Neutralität

Im Licht dieser Erwägungen betrachte ich *kritische Theorie* als die Art von Theorie, die dazu dient, ideologische, ökonomische, politische und weitere Umstände zu analysieren, die den moralischen Fortschritt behindern. Kritische Theorie ist der Name einer einflussreichen Denkschule in den Geistes- und Gesellschaftswissenschaften. Ihren Ursprung hat sie in den Arbeiten des Philosophen und politischen Ökonomen Max Horkheimer, der 1937 den Begriff »Kritische Theorie« einführte. Eine Reihe einflussreicher Gesellschaftstheoretiker jener Zeit – unter ihnen Theodor W. Adorno, Herbert Marcuse und Walter Benjamin – trug zu ihrer Ausformulierung bei; ihre wichtigsten Vordenker mussten aus Nazi-Deutschland fliehen.

Ausgangspunkt der Kritischen Theorie war die Idee, Gesellschaft als ein komplexes Geflecht von materiellen Interessen und ideologischen Repräsentationen zu begreifen. Auf diese Weise versuchten ihre Vordenker, die klassisch marxistische Auffassung zu reformieren, der zufolge unsere materiellen Bedürfnisse und Aktivitäten Kultur und Bewusstsein schaffen. Sie stellten fest, dass wir ein genaueres, interdisziplinäres Verständnis von Gesellschaft und Individuum brauchen, um zu erkennen, wie wir positiven sozialen Wandel fördern können.

Heute sind verschiedene Formen kritischer Theorie in allen normativen Disziplinen anzutreffen, von der Philosophie bis zur Rechtswissenschaft, von der Wirtschaftswissenschaft bis zur Anthropologie. Ein berühmter zeitgenössischer Vertreter ist der deutsche Philosoph und Soziologe Jürgen Habermas, der die Kritische

Theorie zu einer Verteidigung des demokratischen Rechtsstaats in der Tradition der Aufklärung weiterentwickelte. Andere ihrer Verfechterinnen stehen hingegen dem Konzept der Moderne als solchem und dem Projekt Aufklärung sehr skeptisch gegenüber.

Kritische Theorie möchte zur Heuristik des positiven sozialen Wandels beitragen, indem sie neue Wege zu Verhaltensänderungen im großen Maßstab aufzeigt. Dazu sind Instrumente der Genderforschung, der Sozialanthropologie, der postkolonialen Forschung und der Geschichtswissenschaft erforderlich sowie interdisziplinäre, sektorenüberschreitende und aktivistische Formen von Wissen. Dadurch sind wir besser imstande, jene zu identifizieren, die in der einen oder anderen Weise von der Ideologie und den Machtstrukturen des historischen Moments unterdrückt oder verzerrt werden. Das Ziel ist hierbei, an der Idee des Fortschritts festzuhalten, denn mit ihrer Zurückweisung beginnt das Abgleiten in einen zahnlosen Relativismus, dem als Grundlage für Werturteile allenfalls der Moralismus bleibt anstatt ethischer Erkenntnis. Einen wegweisenden Vorschlag, wie man in der gegenwärtigen Kritischen Theorie am Begriff des Fortschritts festhalten und ihn sozusagen wieder fortschrittlich machen kann, hat etwa die Berliner Philosophin Rahel Jaeggi vorgelegt.[50] Ähnlich wie Colin Mayer argumentiert sie dafür, dass Fortschritt darin besteht, Probleme zu lösen, während Regression daran erkennbar ist, dass Problemlösungen zugunsten von Parolen oder Pauschalkritik vermieden werden.

Ich sehe die Rolle der Ethik und damit die Funktion des moralischen Fortschritts heute darin, die richtigen Ziele für ökonomische und politische Aktivität ausfindig zu machen. Dies erfordert eine Abkehr von Max Webers einflussreichem, aber unhaltbarem Dogma von der »Wertfreiheit der Sozialwissenschaften«.[51] Wo Menschen im Spiel sind (und sei es als Theoretikerinnen), gibt es keine ethische Neutralität. Wir können nicht das Werteschema eines Individuums oder eines Kollektivs beschreiben, ohne dabei selbst Werturteile einzubringen. Daran ist auch nichts falsch – es ist eine Tatsache des Menschseins.

Das heißt aber nicht, dass es keine harten Fakten gäbe, wenn es an die tieferen Fragen der Menschheit geht, etwa jene nach dem Sinn des Lebens und wie sie sich zu unseren pluralistischen Gesellschaften verhält, die sich dadurch auszeichnen, dass sie so viel Raum wie möglich bieten wollen für individuelle Entscheidungen, welchen Sinn wir in *unserem* Leben finden.

Ökonomismus ist auch nicht besser

So wie der Moralismus eine unzulässige Reduzierung sozialer Komplexität auf eine bedingungslos gültige Ebene moralischer Werte bedeutet, gilt es auch, die in der Wirtschaftswissenschaft weitverbreitete Tendenz zurückzuweisen, soziale Komplexität auf eine ökonomische Normativität zu reduzieren, bekannt als »Rationalität«. Rationalität bezeichnet hier die Vorstellung, wir sollten uns irgendwie so verhalten, als entsprächen das Modell des *homo oeconomicus* und seine technisch-mathematischen Formulierungen der Realität, wie wir Werturteile treffen. Die Vorstellung vom *homo oeconomicus* besteht darin, dass Menschen primär wirtschaftliche Ziele der Nutzenmaximierung verfolgen. Demnach streben wir in jedem Augenblick letztlich nach unserem Nutzen, was in dieser Perspektive als rational gilt. Entsprechend wurden teils ziemlich raffinierte Theorien entwickelt, die zeigen sollten, wie wir unsere Rationalität in diesem Sinn optimieren können.

Verwenden wir dementsprechend die Bezeichnung *Ökonomismus* für die Leugnung moralischer Werte auf der Basis eines vermeintlich realistischen Modells des individuellen und kollektiven menschlichen Verhaltens, in dem Werturteile auf ein Kalkül der Nützlichkeit reduziert sind. Diesem Verständnis zufolge sind alle Werte letztlich Projektionen von Vorlieben, die auf einem Markt entstehen, auf dem um begrenzte Ressourcen gerungen wird. Auf einem solchen Markt gäbe es keine moralischen Werte, da sich alle Werte am Ende als ökonomisch und rational entpuppen würden.

Das »höchste Gut« in modernen Zeiten?

Mit optimistischerem Ton werde ich nun dazu aufrufen, ökonomisches und ethisches Denken über Wert und Werte im Projekt einer Neuen Aufklärung miteinander zu verknüpfen. Auf der analytischen Ebene können wir die Neue Aufklärung nämlich als Festlegung auf eine anspruchsvolle Form von Optimismus betrachten. Man bedenke, dass der Begriff *Optimismus* auf Gottfried Wilhelm Leibniz' Idee zurückgeht, dass wir allem Anschein zum Trotz in der besten aller möglichen Welten leben. Er führte diese Idee in seiner *Theodizee* ein, seinem Buch zur Rechtfertigung Gottes angesichts der schrecklichen Verheerungen in der Menschheitsgeschichte und der vielen unschuldigen Opfer. Dabei handelte es sich nicht um eine naive Annahme der umfassenden Güte Gottes und schon gar nicht um eine zynische Haltung zur tatsächlichen historischen Realität mit ihrem Leid, Tod, Hunger, ihrer Gewalt und all den anderen Missständen. Vielmehr kann uns Leibniz dabei helfen, an einen Punkt der Überschneidung von ökonomischem und moralischem Wert zu gelangen. Dieser Punkt leitet sich aus der Tatsache her, dass Märkte Menschen zusammenbringen. Daher dürfen grundlegende Wahrheiten über das menschliche Wesen und seine Stellung innerhalb der Natur nicht ausgeblendet werden, wenn wir verstehen wollen, wie Märkte funktionieren.

Ein zentraler Bestandteil der *conditio humana* ist unsere Fähigkeit, uns einen Begriff von uns selbst zu machen. Wir sind »sich selbst deutende Tiere« – Tiere, die sich einen Sinn geben. Diese reflexive Sinngebung ist der Forschungsgegenstand der Geisteswissenschaften, deren englische Bezeichnung *humanities* deshalb ja so treffend ist. Dabei zeigt sich, dass menschliches Handeln einen Hintergrund von Wertvorstellungen hat, die ihrerseits im Licht tatsächlicher Werte, einschließlich moralischer Werte, aber auch schlichter Gebrauchswerte von Waren, Diensten und Infrastrukturen bewertet werden können. Die Vorstellung, Märkte seien nichts weiter als Plattformen des aufgeklärten Eigeninteresses oder eines rationalen Egoismus, entspricht nicht der Wirklichkeit des menschlichen Bewertens.

In diesem Zusammenhang ist Optimismus die Vorstellung, dass wir letztlich nur profitieren, wenn wir das moralisch Richtige tun. Ökonomische Mehrwertproduktion und das moralisch Gute werden so gesehen zusammen gedacht in Colin Mayers schon erwähntem Konzept des »wahren Profits«. Lassen Sie uns das Gleichgewicht beider Seiten mit Kants berühmtem Begriff *das höchste Gut* bezeichnen. Das höchste Gut ist demnach eine Situation, in der ökonomische Aktivität zum positiven sozialen Wandel beiträgt, indem sie anhand moralischer Erwägungen Waren herstellt und vertreibt.

Kant hat auch einen Begriff für den maximalen ökonomischen Wert, der (etwas irreführend) »Glückseligkeit« lautet. Hier eine seiner Definitionen:

> Glückseligkeit ist der Zustand eines vernünftigen Wesens in der Welt, dem es im Ganzen seiner Existenz alles nach Wunsch und Willen geht, und beruht also auf der Übereinstimmung der Natur zu seinem ganzen Zwecke, imgleichen zum wesentlichen Bestimmungsgrunde seines Willens.[52]

Kant dachte, es gebe Arten, sich Glückseligkeit zu verdienen, die darüber hinausgehen, sie bloß zu erlangen oder zu finden. Für dieses Verdienen prägte er den Begriff der »Glückswürdigkeit«. In dem Maß, wie wir Menschen ein Gleichgewicht von moralischem Verdienst und wirtschaftlichem Gedeihen erreichen, können wir hinsichtlich unserer Aktivität von maximalem Erfolg sprechen, weil sie die Menschenwürde in den Mittelpunkt unserer sozial orchestrierten Produktionsverhältnisse stellt.

Kant argumentiert weiter, es bestehe eine rational gerechtfertigte Hoffnung, dass wir uns auf einem guten Weg befinden, der Anlass für Optimismus bietet:

> Die völlige Angemessenheit des Willens aber zum moralischen Gesetze ist Heiligkeit, eine Vollkommenheit, deren kein vernünftiges Wesen der Sinnenwelt in keinem Zeitpunkte seines Daseins fähig ist. Da sie indessen gleichwohl als praktisch notwendig gefordert wird, so kann sie nur in einem ins Unendliche gehenden Progressus zu jener völligen Angemessenheit angetroffen werden, und es ist nach Prinzipien der reinen praktischen Vernunft notwendig, eine solche praktische Fortschreitung als das reale Objekt unseres Willens anzunehmen.[53]

In unserem Kontext soll das bedeuten, dass wir uns eine Ökonomie vorstellen können, deren Umstände des Gedeihens von echten ethischen Erwägungen eingerahmt sind. Tatsächlich befinden wir uns in gewissem Ausmaß schon in diesem Rahmen, da wir viele menschliche Güter von ökonomischen Erwägungen ausnehmen und zudem in wirtschaftliche Aktivitäten investieren, die dem menschlichen Gedeihen förderlich sind. Schon immer wurden Märkte auch von verschiedenen nichtökonomischen Normativitäten geformt, darunter ethischen Überlegungen, die Ausdruck der menschlichen Prosozialität sind und über enge biologische Parameter hinausgehen.

Das legt nahe, dass wir beginnen können, zukunftsorientierte, ethikbasierte Verläufe und Geschichten zu entwerfen hinsichtlich der sozioökologischen Transformation, die wir angehen müssen. Denn die Realität der Natur – des Planeten und des Lebens, das wir gemeinsam als Menschen und zusammen mit nicht-menschlichen Tieren und Mikroorganismen führen – zwingt uns, unsere Lebensform der einzigen Umwelt anzupassen, in der diese möglich ist.

Die Essenz der »Ziele für nachhaltige Entwicklung«

In unserem Zeitalter der Krisen ist »Nachhaltigkeit« ein soziopolitischer Megatrend. Besonders sichtbar ist dies zum Beispiel in Gestalt der »17 Ziele für nachhaltige Entwicklung« (nach der englischen Bezeichnung SDG abgekürzt), die von den Vereinten Nationen formuliert wurden und von denen »Maßnahmen zum Klimaschutz« und »Nachhaltiger Konsum und Produktion« nur zwei sind. Nachhaltigkeit als Konzept erfasst nicht nur unser Verhältnis zur nicht-menschlichen natürlichen Realität, sondern sie betrifft uns selbst sowohl auf der Ebene des Überlebens (Gesundheit, Ernährung, Trinkwasser, Beziehung zu anderen Lebewesen) als auch auf der sozioökonomischen Ebene (anständige Arbeit und Wirtschaftswachstum, Gender-Gleichberechtigung, keine Armut, Frieden, Gerechtigkeit, starke Institutionen, gute Bildung etc.).

Die Mehrheit der SDG beziehen sich auf unsere sozioökonomische Lebensform. Diejenigen der SDG, die sich auf unser Verhältnis zur nicht-menschlichen natürlichen Realität beziehen, hängen mit unserer Selbstverortung in der Natur zusammen. Es findet sich unter den SDG kein Imperativ, »die Welt zu retten« oder »die Natur zu bewahren«, weil solche Formulierungen bei näherem Hinsehen inhaltsleer sind und an Unsinn grenzen.

Der Begriff *Nachhaltigkeit* bezeichnet die umfassende Idee, über Generationen hin stabile Gesellschaften hervorzubringen durch ökologische, ökonomische und soziale Maßnahmen, die sich an alle Menschen ungeachtet ihrer Spezifitäten richten.[54] Die Zielsetzung der SDG ist also für und von Menschen formuliert, und das zu Recht – schließlich ist der Mensch die einzige bekannte Spezies, die zu Wissenschaft, Technologie und Ethik imstande ist; daran erinnerte unlängst die Ethikerin Christine Korsgaard in ihrem Buch *Tiere wie wir*.[55] Der Grund für diese Sonderstellung liegt darin, dass das menschliche Tier nicht nur überlebt und gedeiht, sondern sein Leben im Licht einer Vorstellung von sich selbst führt. Menschen sind die einzigen bekannten Tiere, die sich selbst als Tiere begreifen, das heißt als Lebensform, die in größeren Zusammenhängen steht und diese Zusammenhänge in ihrer Komplexität erforscht – mit dem Ziel, die Prinzipien ihrer Zugehörigkeit zu größeren Sinnfeldern offenzulegen und somit ihr eigenes Verhalten auf individueller und kollektiver Ebene mittels dieser Prinzipien zu regulieren.

Menschen *gestalten* ihr Leben, es geschieht ihnen nicht bloß. Und sie gestalten es, indem sie erkennen, wie wir zur Natur gehören.

Zugleich sind wir bei unserem von Einsicht geleiteten, zielgerichteten Handeln von natürlichen Bedingungen abhängig, die wir nicht kontrollieren können. Wir sind weder Beherrscher noch Hüter der »Natur« im Sinn der nicht-menschlichen natürlichen Realität als ganzer oder im Sinn der natürlichen Realität auf dem Planeten Erde. Wir werden es auch niemals sein. Der Grund dafür ist unsere organische Kondition. Als menschliche Tiere können wir nicht ohne Körper leben. Unsere Körper sind keine stabilen Objekte, hinreichend angepasst an eine gnadenlose Umwelt – bis sie verwesen und zur Natur zurückkehren. Vielmehr gestalten unsere Körper ihre Umwelt fortwährend auf allen Ebenen, die für die Lebenswissenschaften (Medizin, Neurowissenschaft, Biologie, Biochemie) und die anderen Naturwissenschaften (Physik, anorganische Chemie usw.) zugänglich sind.

Dieses Einander-Gestalten von Umwelt und Organismus spielt sich in vielen Schichten ab und beginnt schon unterhalb der Zellebene: Hier fanden durch die sogenannte Endosymbiose Bakterien und Viren Eingang in die menschliche Überlebensform; sie sind längst feste Bestandteile unserer Organismen auf allen Ebenen. Dies wiederum ist ein Hauptargument der *Gaia-Hypothese*, formuliert von der Mikrobiologin Lynn Margulis und dann radikalisiert von James Lovelock.[56] Die Gaia-Hypothese besagt, dass menschliche soziale Komplexität in das Erdsystem eingebunden und kein ihm äußerlicher Faktor ist. Wir sind der Natur nicht fremd, sondern Teil eines übergreifenden lebenden Systems von Systemen, die wir nicht kontrollieren und beherrschen können.

Aus dieser Einsicht in die zutiefst ökologische Kondition des menschlichen Werdens fabrizierte der französische Soziologe Bruno Latour eine postmoderne Ideologie, der zufolge unser planetarer Zustand in jeder Hinsicht Vorrang vor unserer sozialen Selbstbewusstheit habe. Wie manche Umweltaktivisten heute dachte auch er, wir seien nicht nur fähig, unseren Lebensraum zu zerstören, indem wir externe Ressourcen übermäßig ausbeuten, sondern dass unsere Selbstwahrnehmung durch eine andere Zentrierung ersetzt werden müsse: einen Gaia-Zentrismus.[57]

Doch wenn der Versuch einer natürlich-wissenschaftlichen Dezentrierung des Menschseins überhaupt zu etwas führt, dann zu der Erkenntnis, dass die Idee eines übergeordneten Zentrums fehlgeht. Weder hat die Natur ein Zentrum noch der Planet noch die Gesellschaft noch die Wirtschaft. Nicht einmal mein eigenes Leben hat ein Zentrum, etwa ein rationales oder irrationales Ego, das meinen Körper kontrollieren würde.

Deshalb ist Nachhaltigkeit kein ökologischer Imperativ der einen oder anderen Art, sondern vielmehr ein Satz ethischer Prinzipien, die menschliches Verhalten auf all den Ebenen bestimmen sollten, zu denen wir rationalen Zugang haben. Das Ziel der SDG ist es, menschliches Leben zu verbessern und damit auch das Leben anderer Spezies, indem wir unsere Produktions- und Reproduktionsverhältnisse der Tatsache anpassen, dass alle ökonomischen und menschlichen Ressourcen bis auf Weiteres endlich sind – und eingebettet in komplexe Kreisläufe.

So verstanden, leiten sich die SDG hauptsächlich von ökonomischem Denken ab – und darum betreffen sie den ethischen Kapitalismus. Das ökonomische Denken hinter den SDG gründet im aktuellen Fortschritt der ethischen Erkenntnis. Die Imperative der Gender-Gleichstellung und der Bildungsgerechtigkeit beispielsweise hätten vor hundert Jahren auf höheren Ebenen der soziopolitischen Zielsetzung keinen Sinn ergeben. Und in vielen Nationalstaaten tun sie es noch heute nicht in relevantem Maß, man denke nur an Afghanistan und Iran, wo auf den entscheidenden Ebenen von Politik und Wirtschaft nichts getan wird, um die genderbezogenen Aspekte der SDG umzusetzen, sondern diese stattdessen untergraben werden; Ähnliches gilt für die Friedensziele, die in Russland und anderen kriegstreibenden Staaten offenkundig nicht geachtet werden.

Die SDG sind also normativ: Sie sollen unser Handeln anleiten. Die Gründe, warum sie das sollten, können nicht rein ökonomisch sein – denn es erscheint allzu einfach, enorme Reichtümer anzuhäufen, indem man die SDG sabotiert und den moralischen Fortschritt bekämpft. Allerdings ist die kurzfristige Akkumulation von Vermögen, die den modernen Oligarchen ausmacht, gerade nicht nachhaltig. Nicht nur trägt sie zur Destabilisierung sozialer Formationen im großen Maßstab bei; zumindest indirekt bedeutet sie auch, den Ast abzusägen, auf dem man selbst sitzt. Mit dem Ausmaß, in dem ein Geschäftsmodell der puren Akkumulation von Reichtum moralisch verwerflich ist, wachsen seine Instabilität und damit unkalkulierbare Risiken sowohl für seine interne Organisation als auch für seine Umwelt. Nachhaltigkeit ist kein einschränkender Faktor für ökonomische Aktivität – daher ist der einzige Weg, um weiter auf dem Planeten Erde zu leben und zu gedeihen, keineswegs jener, die Idee des Wirtschaftswachstums aufzugeben.

Das achte SDG lautet: »Nachhaltiges Wirtschaftswachstum und menschenwürdige Arbeit für alle – dauerhaftes, breitenwirksames und nachhaltiges Wirtschaftswachstum, produktive Vollbeschäftigung und menschenwürdige Arbeit für alle fördern.«[58] Nachhaltigkeit ist ausdrücklich unvereinbar mit Sprache und Praxis der *degrowth*, der Wachstumsrücknahme. *Degrowth* gefährdet zudem das erste SDG (»Armut in allen ihren Formen und überall beenden«) und das dreizehnte (»Umgehend Maßnahmen zur Bekämpfung des Klimawandels und seiner Auswirkungen ergreifen«).

Ohne finanzielle Ressourcen, generiert durch ökonomische Aktivität, können wir kein einziges Nachhaltigkeitsziel erreichen, und es hilft uns nicht weiter, von einer postkapitalistischen Realität zu träumen, in der wir uns irgendwie den Kreisläufen der Natur angepasst haben und bloß noch zu ernten brauchen, was sie für unser Überleben bereitstellt. Einen solchen stabilen Zustand der menschlichen Anpassung an natürliche Zyklen hat es nie gegeben. Auch unabhängig von den erheblichen und gefährlichen menschlichen Beiträgen zur globalen Erhitzung und zum Verlust an Biodiversität ist die Natur ein instabiles System komplexer Systeme.

Die Entwicklung dieses Systems von Systemen bezieht menschliche Aktivität und Intervention ein, während es in seiner Gesamtheit alles Wissbare überschreiten und in unbekanntem Maß über den technologischen Erfindungsgeist des Menschen hinausgehen.

Die Natur ist nicht identisch mit dem, was wir über sie wissen. Zudem können wir nicht wissen, was genau wir über die Natur nicht wissen – diese unendliche Ignoranz bleibt, ganz gleich, wie sehr die technisch-wissenschaftliche und wirtschaftliche Entwicklung fortschreitet. Die Grenzen unseres Wissens über die natürliche Realität sind unerkennbar und fließend: Diese wichtige Tatsache ist uns allen seit der Covid-Pandemie klar geworden. Wenn uns die Pandemie als ein zugleich natürliches und gesellschaftliches Phänomen etwas gelehrt hat, dann, wie wenig wir über die Natur wissen – auch wenn wir überraschend erfolgreich darin waren, die negativen Folgen unseres Unwissens abzumildern, indem wir etwa Impfstoffe und digitale Arbeitsplätze erfanden.

Die Konsumgesellschaft überwinden und den ethischen Kapitalismus durchsetzen

Zum Schluss dieses Abschnitts möchte ich an die aristotelische Unterscheidung zwischen verschiedenen Arten von Veränderung erinnern – eine Unterscheidung, die hoffentlich dazu inspirieren kann, in einer anderen Art über *Wirtschaftswachstum* nachzudenken. Aristoteles unterscheidet zwischen *quantitativer Veränderung* oder *Wachstum* und *qualitativer Veränderung* oder *Wandel*.[59] Wenn wir uns moralisch verbessern oder mit einer neuen Art des Erlebens aus einer persönlichen Krise hervorgehen – mit einer anderen Weise, über uns selbst, unsere Beziehungen und unsere Wirklichkeit zu denken –, dann ist das eine Form von Wandel, und zwar eine, die keine natürlichen Ressourcen zerstört oder gar planetare Grenzen überschreitet.

Nicht jede Form des wirtschaftlich relevant zu Buche schlagenden Wachstums trägt mithin zur Umweltzerstörung bei. Dass Wirtschaftswachstum und Umweltzerstörung zwingend Hand in Hand gehen, ist eine irrige Annahme. Wir können auch qualitative Veränderungen im Prinzip messen und auf dieser Basis eine neue Konzeption von qualitativem Wirtschaftswachstum entwerfen und diese unseren Buchhaltungsstandards für ökonomischen Erfolg hinzufügen, zusätzlich zum BIP und anderen Indikatoren.

Stellen wir uns nun ein futuristisches, aber keineswegs utopisches Szenario vor, in dem das Hauptziel wirtschaftlicher Aktivität wäre, die Lebensqualität für Menschen zu verbessern, indem die sozialen und politischen Bedingungen für eine auf ständigen moralischen Fortschritt ausgerichtete Lebensweise geschaffen würden. Die Griechen greifen hier (ähnlich wie viele weitere antike, indigene und andere zeitgenössische Kulturen) auf die Vorstellung zurück, dass Kugeln und Kreise der Inbegriff von Perfektion seien und nicht lineare oder exponentielle Funktionen des Wachstums, die darin bestehen, irgendwie mehr von einem an sich völlig bedeutungslosen Messwert zu produzieren – etwa Geld, BIP oder eine andere Quantität, die ursprünglich eingeführt wurde, um soziale Beziehungen darzustellen (zum Beispiel Schuld), aber längst entkoppelt ist von dieser realen Grundlage.

Dieses Szenario setzt voraus, dass wir die Konsumgesellschaft überwinden, in der die Erfahrung von Lebenssinn für die meisten Menschen an den Verbrauch flüchtiger, letztlich leerer Güter gebunden ist, etwa ein neues Smartphone oder Plastikspielzeug für Kinder. Aber seien wir sogar noch optimistischer: Eine Neue Aufklärung erfordert, dass wir vor allem *Weisheit* zu schätzen lernen – dass Wirtschaftswissenschaftler, Geschäftsfrauen, Politikerinnen, Künstler alle im wahren Wortsinn Philosophen werden, also Weisheitsliebende um des wahren Wirtschaftswachstums willen, definiert durch seinen intrinsischen Wert und seine Nachhaltigkeit.

»Wie soll denn das möglich sein?«, fragen Sie sich vielleicht; darauf antworte ich: Die Vergangenheit des Menschen in früheren Stadien des Holozäns und sogar noch vor dessen mehr oder weniger stabilen Klimabedingungen ist der beste Beweis für diese Möglichkeit. Denn die Menschheit gibt es ja schon viel länger als die kurzlebige Periode der industrialisierten, selbstzerstörerischen fossilen Moderne, die zu Ende gehen muss. Wir können berechnen, wie nah wir den apokalyptischen Szenarien kommen, die wir immer noch zu vermeiden imstande sind, indem wir die Gangart wechseln, ohne die Idee des Wirtschaftswachstums aufzugeben. Wir brauchen bloß ein anderes Zielsystem für unsere Messinstrumente (zu denen soziopolitische Indikatoren und ökonomische Modelle zählen): Dieses könnte darin bestehen, qualitatives Wachstum und wahren Profit zu messen. Das wäre ein auch politisch wirksamer Schritt hin zum ethischen Kapitalismus.

Der ethische Kapitalismus, wie ich diese nächste Stufe der sozioökonomischen menschlichen Entwicklung nenne, investiert in die SDG in all ihren Dimensionen. Er ist damit in keiner relevanten Weise antikapitalistisch oder ökosozialistisch, sondern verlagert einfach unsere Aufmerksamkeit: weg von der kurzfristigen Anhäufung von Reichtum, hin zu nachhaltigen Formen des gemeinsamen Werdens, mit dem Ziel, vom menschlichen Glück zu profitieren.

Es liegt an uns, ob wir die Zukunft aktiv gestalten wollen, indem wir einen optimistischen Ton anschlagen – wahrhaft hoffnungsvoll, doch nicht naiv, denn er fußt auf dem aktuellen Forschungsstand der Geistes- und Sozialwissenschaften, verknüpft mit anderen Sektoren der Gesellschaft. Mit einer *Star Wars*-Anspielung gesagt: Wir brauchen eine neue Hoffnung.

»Kapitalismus« als Verdinglichung

Im vorigen Abschnitt habe ich das Konzept einer aufgeklärten Dialektik eingeführt. Der Ansatz dabei ist, dass wir die Dialektik aufklären und sie zu einem Motor des positiven moralischen Fortschritts machen können, indem wir den Mittelweg suchen, von dem polarisierte und polarisierende Dualismen ausgehen. Ich möchte diesen Teil der Überlegungen mit einer kleinen dialektischen Übung abschließen. Sie besteht darin, zu zeigen, wie die Vorstellung vom Kapitalismus eine Reifizierung, also eine Verdinglichung von Gesellschaft ist. Die aufgeklärte Dialektik unterläuft die gängige Behauptung, Kapitalismus sei ein bestehendes, übergreifendes Wirtschaftssystem, welches seinerseits alle Mitglieder der Gesellschaft verdingliche. Dieses Konzept des Kapitalismus als Verdinglichung oder purer Kommerzialisierung von allem – und somit auch die darauf fußenden kapitalistischen Praktiken – sind in der Tat fehlgeleitet. Doch dies liegt nicht am Wesen des Kapitalismus, sondern ist Folge einer unzulässigen Verdinglichung aller sozioökonomischen Aktivitäten zu einem Gespenst vom »Kapitalismus an sich«.

Viele Wertbegriffe, die mit der Aufklärung in Verbindung gebracht werden, etwa Modernität, Kapitalismus, Wirtschaftswachstum, Wissenschaft, Wahrheit, Erkenntnis, Humanismus, Realität, Fortschritt, Universalismus und auch die Vorstellung objektiv existierender Werte, die von rationalen Akteuren erfasst und begriffen werden können, sind in den vergangenen Jahrzehnten von (nach eigenem Bekunden) linken oder kritischen Theoretikern teils grundsätzlich infrage gestellt worden. Dies führte teilweise zu bedauernswerten Formen der intellektuell vulgären Aufklärungskritik, die zwar manchmal moderne Pathologien korrekt aufzeigen, aber keine realistischen Alternativen anbieten. Darauf zu bestehen, dass es zu nachweislich schlechten Praktiken Alternativen gebe, ohne diese zu benennen, reicht nicht aus, um erstere zu überwinden. Schlechte Praktiken werden nicht einfach durch die Illusion aufrechterhalten, sie seien notwendig oder natürlich. Um sie zu überwinden, reicht es deswegen nicht, sich vorzustellen, dass es auch Alternativen gibt, wenn man diese dann nicht in konkreten Praktiken realisiert.

Die Idee, unsere soziopolitischen und wirtschaftlichen Verhältnisse zu verbessern, ist auf das universalistische Vokabular angewiesen, welches jene Denker kritisieren oder sogar ablehnen, die denken, sie hätten für die modernen Missstände eine einzelne

Ursache ausgemacht, etwa den Kapitalismus, den Eurozentrismus, die Aufklärung oder was auch immer als Epizentrum unserer Krisensituation herhalten soll. Ich meine damit schlicht, dass wir die Vorstellung objektiv existierender, konsensfähiger Werte brauchen, wenn wir eine Kritik des Kapitalismus, des Eurozentrismus oder der Aufklärung formulieren wollen. Wir können den Eurozentrismus nicht kritisieren, wenn wir glauben, dass alle Werte nur lokale kulturelle Ausprägungen sind (so wie russische, japanische, chinesische oder europäische Werte). Gäbe es bloß verschiedene kulturelle Werte und keine übergreifenden, universellen Werte, dann wäre am Eurozentrismus ja nichts auszusetzen, denn er würde nur zur Verteidigung einer lokalen Kultur dienen. Wenn wir also ungerechte Aspekte des Kapitalismus, der Globalisierung oder der Moderne allgemein kritisieren wollen, müssen wir auf ethische Erkenntnisse bauen, die unsere lokalen Kulturen und provinziellen Identitäten überschreiten.

Lässt sich der Kapitalismus als ein System begreifen?

An dieser Stelle möchte ich kurz ausführen, warum gleichermaßen weite Teile der radikal linken wie der apologetischen Literatur zum »Kapitalismus« die komplexen sozialen Beziehungen, die durch sozioökonomische Transaktionen zustande kommen, in einem einzelnen Block von »Gesellschaft« verdinglichen. Gegen diese Verdinglichung haben viele Befürworter des Kapitalismus, seit Schumpeter sein wegweisendes Konzept der »kreativen Zerstörung« vorlegte, argumentiert, »Kapitalismus«, wie etwa Marx ihn verstehe, seien allenfalls noch lokale Ausformungen eines weitgehend obsolet gewordenen Geschäftsmodells. Zum Beispiel schlägt der britische Ökonom John Anderson Kay vor, eine moderne Firma nicht als System des Eigentums an Produktionsmitteln zu betrachten, sondern als eine Form kollektiver Intelligenz ohne Zentrum, eine »Versammlung von Fähigkeiten«, aus der Produkte hervorgehen – und zwar auf sozial komplexen Wegen, die nicht einer simplen Formel oder einem System folgen, das ableitbar wäre aus einer Kombination von Klasseninteressen und dem Privateigentum an den Produktionsmitteln.[60]

Ein aktuelles Beispiel für die Verdinglichung von Gesellschaft zu einem kapitalistischen System bietet Nancy Frasers Forderung, die Kritik am Kapitalismus müsse seine Richtung ändern: weg von der Attacke auf ein Wirtschaftssystem, hin auf den Kapitalismus als »eine Gesellschaftsform«. Insbesondere schlägt sie vor, den Kapitalismus als »institutionalisierte Gesellschaftsordnung, vergleichbar etwa mit dem Feudalismus«, zu denken.[61] Laut Fraser liegt der relevante Unterschied zwischen dieser Auffassung von Kapitalismus und der neomarxistischen Tradition der Gesellschaftsanalyse darin, dass ihr Ansatz die Grenzen der Kommodifizierung berücksichtige: »Meiner Ansicht nach ist die Warenform in der kapitalistischen Gesellschaft dagegen keineswegs universell. Im Gegenteil: Dort, wo sie vorhanden ist, hängt sie von Zonen der Nicht-Warenförmlichkeit ab, die das Kapital systematisch kannibalisiert.«[62]

Bemerkenswerterweise kritisiert Fraser zunächst das Vokabular des Kannibalismus wegen seiner kolonialen Herkunft und verwendet es dann selbst als emotional aufgeladenen Begriff zur Beschreibung einer vermeintlich kapitalistischen Gesellschaft:

> eine Gesellschaftsform, die es einer offiziell als solche bezeichneten Wirtschaft erlaubt, monetären Wert für Investoren und Eigentümer anzuhäufen, während sie den nicht ökonomisierten Reichtum aller anderen verschlingt. […] Der kannibalistische Kapitalismus ist also das System, dem wir die gegenwärtige Krise verdanken. […] Wir haben es mit einer allgemeinen Krise der gesamten Gesellschaftsordnung zu tun, in der all diese Katastrophen konvergieren, sich gegenseitig verschärfen und uns zu verschlingen drohen.[63]

Was genau aber ist der »nicht-ökonomisierte Wert aller anderen«, den der hungrige Leviathan angeblich ausbeutet und enteignet?

Am ehesten klärt sich dieser Aspekt von Frasers Ablehnung des Kapitalismus mit dem Verweis auf unsere natürlichen Kräfte, die wir für unbezahlte Haus- und Care-Arbeit aufwenden oder für die Datenproduktion im digitalen Bereich, die – unter dem Deckmantel des scheinbar freien Zugangs zu offenen Plattformen oder Systemen – in der Tat problematische Formen unbezahlter Arbeit hervorgebracht hat. Man denke nur an das jüngste Produktschema der Firma OpenAI, die antritt, um die Menschheit mit hilfreichen KI-Modellen zu beglücken, und uns dann einlädt, diese Modelle unentgeltlich mit unseren Daten zu füttern. All jene von uns, die mit ChatGPT herumspielen, sind auf diese Weise für OpenAI tätig, ohne angemessene Entlohnung für diese Arbeit, mit der wir Mehrwert für das Unternehmen erzeugen.[64]

Die Vorstellung, die Grundstruktur des Kapitalismus sei die einer Gesellschaft, die Zonen der nicht kommerzialisierten Existenz nur braucht, um sie indirekt auszubeuten oder anderweitig für die Anhäufung von Reichtum der wenigen Glücklichen und Mächtigen zu missbrauchen, unterliegt einer gewissen Beweispflicht. Sie muss zeigen, wie sie in ihrem Blick auf den Kapitalismus der Falle einer Verschwörungstheorie im Sinne Karl Poppers entgeht:[65] also der Fantasie, es gebe eine zentrale Instanz, die uns unweigerlich alle auf den Pfad der Selbstzerstörung führt, weshalb wir dieses System durch irgendein anderes, weniger pathologisches ersetzen müssten. Dabei ist schon der Ansatz, Kapitalismus als ein System aufzufassen, fragwürdig – denn er beruht, wie gesagt, auf der falschen Voraussetzung, der Kapitalismus habe eine zentrale Struktur. Zudem stellt sich die Frage, wie ein alternatives System aussehen könnte und wie es sich in Kraft setzen ließe. Da in der gängigen antikapitalistischen Literatur außerhalb Chinas oder Nordkoreas – wo antikapitalistisches, sinomarxistisches Denken immer noch ein mächtiger ökonomischer und soziopolitischer Motor ist – fast niemand mehr die Ansicht vertritt, es gebe eine historische Dialektik, die zwangsläufig zur Revolution und damit zur Errichtung einer kommunistischen Gesellschaft führe, fällt die verschwörungstheoretische Kritik am Kapitalismus in einer Art »Alternativlosigkeit« in sich zusammen. Denn es wird zwar immer wieder darauf hingewiesen, dass der Kapitalismus als zentrale Quelle von Übeln wie Ausbeutung und anderen Ungerechtigkeiten an ein Ende kommen solle, aber konkrete Alternativen, wie wir dann Wertschöpfung betreiben können, die den Milliarden Menschen sowie künftigen Generationen ein gutes Leben ermöglicht, werden nicht entwickelt. Wie genau überzeugt man all diese Menschen davon, auf eine andere Art und Weise zu leben, die den Kapitalismus überwindet?

Der Wert des aufgeklärten Denkens

Ähnliches gilt für die Dialektik der Aufklärung. Manche Aufklärungskritiker beziehen sich auf das berühmte gleichnamige Buch von Theodor W. Adorno und Max Horkheimer. Darin zeigen die beiden Sozialwissenschaftler und Philosophen, zu welchen Missständen der Gebrauch der Vernunft als Instrument zur Herrschaft über Natur und Gesellschaft führt. Sie weisen nach, wie die aufklärerische Unterscheidung zwischen Mensch und Natur, Vernunft und Mythos, Wissenschaft und Aberglauben und die damit verbundenen Konzeptionen der Moderne im Gegensatz zu vor- und nicht-modernen Lebensweisen und Weltbildern in eine Dialektik verstrickt sind. Das bedeutet, dass sie schädliche Folgen nach sich ziehen, die implizit von ihrer eigenen Struktur bestimmt sind. Konkreter gesagt: Wenn wir Vernunft und Mythos entgegensetzen und der Vernunft den Vorzug geben, neigen wir dazu, Menschengruppen, deren Leben von mythischem oder religiösem Denken geprägt ist, zu unterdrücken oder umzuerziehen. Zugleich haben sich die Errungenschaften der technisch-wissenschaftlichen Naturbeherrschung im Lauf des modernen Industriekapitalismus gegen sich selbst gekehrt. Wir stehen heute an der Schwelle zur Selbstvernichtung – mit den gleichen Mitteln, die uns im großen Maßstab die Emanzipation von natürlichen Notwendigkeiten gebracht haben. Ein weiteres aktuelles Beispiel ist die Informations- und Kommunikationstechnologie. Während Smartphones, Suchmaschinen und soziale Medien menschliche Vernetzung über unsere wildesten Träume hinaus gesteigert haben, dienen sie zugleich als Instrumente zur Verbreitung von Hassrede, Fake News und gewissenloser Propaganda.

Doch ebenso wie spätere Kritikerinnen der europäischen Aufklärung und ihrer tatsächlichen historischen Übel (etwa Rassismus, Sexismus, Kolonialismus und die Ausbeutung unterdrückter Gruppen), haben auch Adorno und Horkheimer nicht bewiesen, dass die Werte der Aufklärung für diese Unzulänglichkeiten verantwortlich sind. Das war allerdings auch nicht ihre Absicht.[66] Im Gegenteil, sie versuchten einen Ausweg aus der Dialektik der Aufklärung aufzuzeigen, sodass wir die emanzipatorischen Bewegungen der Moderne von ihren dialektischen Gegenkräften befreien könnten.

Bei genauerer Betrachtung kann es aber nicht ganz stimmen, dass die Aufklärung eine Dialektik erzeugt und damit indirekt oder gar direkt für die großen Übel der Moderne – darunter Totalitarismus und »totaler Krieg« – verantwortlich ist. Schließlich sind die Übel der Moderne Übel gerade im Licht der Werte der Aufklärung! Universalismus, Humanismus und der kategorische Imperativ zum Beispiel sind gänzlich unvereinbar mit Rassismus, Sexismus, Kolonialismus oder anderen brutalen Formen von Herrschaft, Ausbeutung und Enteignung. Selbst die Tatsache, dass berühmte Vertreter der europäischen Aufklärungsbewegungen wie Hobbes, Locke, Kant oder Rousseau selbst kolonialistische und rassistische Haltungen vertraten, kann die Idee nicht schwächen, dass wir einander wegen unseres gemeinsamen Menschseins Dinge schuldig sind. Im Gegenteil, die Fehlbarkeit und faktischen Fehler gleichermaßen von aufklärerischen wie antiaufklärerischen Gestalten (man denke an Marx' moralische Fragwürdigkeiten, bis hin zu seiner Ablehnung ethischen Denkens als ideologische Rechtfertigung für historische Untaten) erweisen sich als Selbstwidersprüche des aufklärerischen Denkens. Der Wert des aufklärerischen Denkens liegt genau darin, solche Fehler zu korrigieren und sich an das ethische Gerüst zu halten, welches kritische Theorie und systemisch-moralischen Fortschritt möglich macht. Die aufklärerischen Verpflichtungen zu Universalismus, Menschenrechten und wirtschaftlichem Gedeihen als Mittel des moralischen Fortschritts abzustreiten führt nirgendwo hin, es sei denn, eine konkrete, realistische und bessere Alternative würde angeboten. Doch *besser* nach welchen Maßstäben – wenn nicht eben jenen, die wir alle teilen sollten: den aufklärerischen Maßstäben von Freiheit, Gleichheit und Solidarität?

Eine aufgeklärte Dialektik anstatt einer Dialektik der Aufklärung

Nach Ansicht mancher ihrer Kommentatorinnen scheitert die Kritische Theorie daran, positive Alternativen zu den von ihr diagnostizierten Pathologien anzubieten. Sie habe sich, so der Vorwurf, in eine rein negative Position manövriert und dabei ihre eigene Fähigkeit untergraben, mit dem Entwurf utopischer und doch realistischer Reformen zum positiven sozialen Wandel beizutragen. Die Kritische Theorie hat präzise nachgezeichnet, wie einer der großen Fehler der Moderne im Anschluss an die industrielle Revolution und nach den gescheiterten Ansätzen der Französischen Revolution darin bestand, den wissenschaftlich-technischen und wirtschaftlichen Fortschritt vom moralischen, sozialen und menschlichen Fortschritt zu entkoppeln. Daher brauchen wir, um konkrete Visionen für positiven gesellschaftlichen Wandel zu formulieren, die Ergebnisse der Kritischen Theorie – bloß ohne deren Tendenz, in eine Haltung der grundsätzlichen Negativität zu verfallen.

Der erste Schritt, um ein humanistisches Denken von den Rändern des gesellschaftlichen Selbstverständnisses in seine zahlreichen Zentren zu bewegen, ist die Abkehr vom verschwörungstheoretischen, übermäßig verallgemeinernden Ansatz, Gesellschaft oder Kapitalismus als *ein Ganzes* zu betrachten. An dessen Stelle tritt die Erkenntnis, dass der Erfolg des Kapitalismus in seiner anarchischen, zentrumslosen Struktur begründet ist. Kapitalismus ist eben kein System, weder ein Wirtschafts- noch ein übergreifendes Gesellschaftssystem, dem alle menschlichen sozioökonomischen Transaktionen direkt oder indirekt unterworfen wären. Seine Kraft liegt vielmehr in seiner Kreativität und Unvorhersehbarkeit, und diese sind eine Folge der Abwesenheit jeglicher zentraler Lenkung wirtschaftlicher Aktivitäten – sprich: eine Folge der Existenz freier Märkte und Handelsbeziehungen, die nicht an die Werturteile der gerade regierenden Politiker oder der gerade existierenden Großfirmen gebunden sind.

Zugleich haben der Staat und andere Institutionen die Aufgabe, den moralischen Fortschritt zu kanalisieren und ihn in normative Anweisungen umzuwandeln, die nicht dem freien Markt und Handel unterstehen. Es gibt in der Tat vieles, »was man für Geld nicht kaufen kann«, um einen Buchtitel des Philosophen Michael Sandel zu zitieren.[67] Doch aus der Tatsache, dass es für Märkte moralische und andere Grenzen gibt, folgt nicht, dass wir irgendwie den Kapitalismus überwinden und ihn durch eine Zentralinstanz ersetzen sollten. Denn das würde die Menschheit nicht vom Joch der Ausbeutung befreien, sondern zu einer Form von Staatsfeudalismus oder Zeitgeistmoralismus führen, wo staatliche Akteure, etwa Ministerinnen, Staatssekretäre oder Präsidenten, uns sagen würden, wie wir zu leben hätten, so als seien sie die größten Fachleute für Ethik.

Anstatt einer Dialektik der Aufklärung bedient sich die Heuristik, die ich vorschlage, um zu einem ethischen Kapitalismus als realistischem nächstem Stadium der menschlich-historischen Entwicklung überzugehen, einer aufgeklärten Dialektik. Allgemein gesprochen, löst Dialektik Antinomien, also Gegensätze zweier gleichermaßen unwillkommener Extreme, auf, indem sie einen Mittelweg sucht, von dem aus wir verstehen können, warum die Extreme überhaupt attraktiv scheinen – und warum sie nicht die einzigen und daher rücksichtslos konkurrierenden Möglichkeiten sind.

Die Gestalt der aufgeklärten Dialektik ist daher nicht Krieg – wie Philosophen von Heraklit bis Hegel und darüber hinaus dachten –, sondern Friede oder Versöhnung. Friede gleicht in dieser Hinsicht der demokratischen Rechtsstaatlichkeit: Er ist eine Errungenschaft, kein stabiler, vorgegebener Zustand. Er ist ein Ziel für nachhaltige Entwicklung. Um dieses Ziel zu erreichen, müssen unser wirtschaftliches Denken und Handeln, als besonders wirkmächtige Bereiche menschlicher Aktivität, mit der *conditio humana* in Einklang gebracht werden. Dies aber kann nur geschehen, indem die Geistes- und die humanistischen Gesellschaftswissenschaften mit an den Tisch kommen. Ihre Funktion ist es, zwischen extremistischen Haltungen zu vermitteln, die im öffentlichen Raum und auch in anderen wissenschaftlichen Disziplinen hervorgebracht werden, infolge der allzu menschlichen Neigung, soziale Komplexität unzulässigerweise auf simple Formeln zu reduzieren. Der weltgeschichtliche Erfolg des Kapitalismus bestand darin, uns von dieser Neigung zu befreien – denn der Kapitalismus erzeugt laufend anarchische Formen von Komplexität mit wünschenswerten Ergebnissen, messbar zum Beispiel anhand ihres Beitrags zur Verwirklichung der SDG.

Das heißt nicht, dass wir die Augen verschließen sollten vor dem politischen Missbrauch dieser Dynamik durch selbsterklärte Kapitalisten oder gar Anarchokapitalisten wie Donald Trump (sofern er überhaupt eine Ideologie hat) oder dem argentinischen Präsidenten Javier Milei. Die Vorstellung, der Kapitalismus erfordere massive Wellen staatsbetriebener Privatisierung, ist ein krasser Widerspruch in sich: Ein wahrhaft liberaler Kapitalist benutzt keine Staatsmacht, um in Märkte einzugreifen – auch nicht, um sie vermeintlich zu befreien. Wer den Staat mit staatlichen Methoden zugunsten von Marktkräften und Unternehmen angreift, agiert damit keineswegs kapitalismusfreundlich. Denn eine solche Maßnahme ist ja wiederum nur ein staatlicher Eingriff in das Marktgeschehen und damit nur die Herstellung einer falschen Freiheit. Wie gesagt, ist die Freiheit der Märkte nicht das Gegenteil des Staats, weil Markt und Staat sich gegenseitig bedingen und unterstützen.

Zwischenbilanz

In diesem Abschnitt möchte ich meine Argumentation zusammenfassen. Die Idee eines einzelnen, einheitlichen Systems namens »Kapitalismus«, das alle sozialen Beziehungen verdinglicht und kommerzialisiert, entspricht nicht der Wirklichkeit. Der Kapitalismus tut gerade dies nicht, denn es wäre im ökonomischen Interesse keines Unternehmens, die Privatsphäre – in der Konsumentenwünsche geformt werden – zu kolonisieren. Profit kann nur gemacht werden, wenn die Verbraucherinnen in relevantem Maße frei bleiben. Dazu gehört die Existenz von Wettbewerbern am Markt, ohne die der Kapitalismus zu viel von seiner Dynamik verlöre.

Da aber in der Tat nicht alles zu kaufen und verkaufen sein sollte, ist die Diskussion über moralische, gesetzliche und politische Grenzen des Wettbewerbs fester Bestandteil des demokratischen Kapitalismus. Gerade weil die Gesellschaft nicht als ganze kapitalistisch sein kann, kann der Kapitalismus florieren. Jene, die ihn als eine gigantische und potenziell allumfassende Maschine der Verdinglichung sehen, bewerten den einen oder anderen Aspekt real existierender Wirtschaftsbeziehungen über (etwa die Rolle von Werbung, PR, *greenwashing*, Ausbeutung, Ressourcenverschwendung, ungerechten Machtverhältnissen zwischen Aktionärinnen und Arbeitern). Dies führt zu Verallgemeinerungen. Was wir damit zu fassen bekommen, ist aber nicht das Wesen des Kapitalismus, sondern bloß eine historische Verwirrung von Politik, Wirtschaft und anderen Dimensionen von Gesellschaft.

Wir können gegebene Konstellationen von Politik und Wirtschaft mit Recht als schädlich oder pathologisch kritisieren, indem wir Werkzeuge der Kritischen Theorie anwenden. Auf diese Weise ist die kritische Theorie Teil des Rahmens für eine Heuristik der ethischen Erkenntnis, den ich hier vorschlage. Gesellschafts- und Wirtschaftskritik werden in das Konzept eines moralischen Fortschritts integriert, der ein nachhaltiges Wirtschaftswachstum ermöglicht und sich damit nicht gegen die kapitalistische Mehrwerterzeugung stellt.

Abschließend gestehe ich ein, dass der Begriff »ethischer Kapitalismus« als Titel für eine Wirtschaftsform der Neuen Aufklärung den offensichtlichen Makel hat, dass er falsche – radikal linke oder auch apologetisch-neoliberale – Assoziationen wecken kann. Damit droht er in der Dialektik von Markt und Staat, Kapitalismus und Kommunismus, Ausbeutung und Emanzipation stecken zu bleiben. Die Schwachstelle des Konzepts Kapitalismus liegt darin, dass der Begriff »Kapitalismus« typischerweise eine verdinglichte Gesellschaftsordnung bezeichnen soll, eine Gesellschaft en bloc, in einen einzelnen Rahmen oder ein System gepresst. Da der real existierende Kapitalismus aber kein System ist, sondern eine Form von Anarchie, dank derer kreative Zerstörung, Problemlösung und individuelle Freiheit nicht durch eine zentrale Instanz kontrollierbar sind, sollten wir einen angemessenen Begriff suchen für einen neuartigen *ökosozialen Liberalismus*, welcher der nächste, noch zukünftigere Entwicklungsschritt nach der Einführung des ethischen Kapitalismus sein könnte. Dies führt in die eher spekulativen Gefilde des zukunftsorientierten Denkens – und dorthin wollen wir nun vordringen.

Teil 3: Anwendungen

Der ethische Kapitalismus ist ein realistischer Vorschlag, der in die Zukunft gerichtet ist. Er beschreibt nicht nur, was derzeit möglich oder schon Realität geworden ist, sondern denkt normativ weiter. Realistisch ist er insofern, als er von der Anerkennung der sozioökonomischen Realität ausgeht, dass Kapitalismus eine lose verbundene Menge von Aspekten des modernen Wirtschaftslebens ist. Der Kapitalismus hat das Leben der meisten heute lebenden Menschen maßgeblich verändert. Unsere soziale Marktwirtschaft ist ein Ergebnis dieser Prozesse. Der ethische Kapitalismus akzeptiert die Existenz der kapitalistischen Methode der Mehrwertproduktion und sucht nach Wegen, sie mit einer neuen Vision des Guten zu koppeln, die im konkreten Wirtschaftsleben entstehen kann.

Auf dieser Basis habe ich behauptet, dass sich Kapitalismus und Ethik nicht nur aus historischen Gründen mehr oder weniger zufällig überschneiden. Da Menschen moralische Tiere sind – prosoziale Säugetiere, die sich nach einem sinnvollen und gemeinsamen Leben jenseits ihrer Grundbedürfnisse sehnen –, handeln sie immer im Licht ethischer Erwägungen. So gesehen artikuliert die Ethik höhere Bedürfnisse des Menschen, und das wiederum ist die Grundlage für ethisch-gewinnorientiertes Wirtschaften oder *wahren Profit*, wie ich es im Anschluss an Colin Mayer genannt habe. Ethik und Kapitalismus sind also miteinander vereinbar, und zwar nicht etwa nur dadurch, dass die Ethik die Wirtschaft irgendwie einhegt, sondern indem sie diese anspornt, Mehrwert durch das Tun des Guten zu erzeugen.

Bei genauerem Hinsehen stellte sich heraus, dass der Begriff »Kapitalismus« kein einzelnes Wirtschaftssystem bezeichnet, geschweige denn eine Gesellschaft. Kapitalismus ist eine lose verbundene Menge von Bedingungen für Mehrwerterzeugung. Diese fügen sich nicht zu einem *System* zusammen, eher handelt es sich um eine Form von Anarchie, eine Art negativer Freiheit von einer Zentralinstanz. Deshalb ist der Kapitalismus historisch mit dem politischen Liberalismus verbunden, der wiederum für Jahrhunderte zum Fundament der demokratischen Rechtsstaatlichkeit wurde. Beim Kapitalismus oder Liberalismus die Schuld an allen Krisen und gesellschaftlichen Missständen unserer Zeit zu suchen führt auf den Holzweg. Eine grundsätzliche Kritik am Kapitalismus als System oder gar als Gesellschaftsform ist unrealistisch. Und ohne den Liberalismus funktioniert unser liberaler demokratischer Rechtsstaat nicht, der gerade dadurch moralischen Fortschritt erzielt, dass er Freiräume für kreative, neuartige Lebensformen eröffnet und Freiheiten zur Verfügung stellt, die es uns erlauben, gesellschaftliche Missstände zu kritisieren und Projekte zu entwickeln, um diese zu überwinden.

Zugleich gibt sich der ethische Kapitalismus nicht mit dem Status quo zufrieden. Sein Ansatz ist, dass wir es besser machen können – dass wir unsere sozioökonomischen Verhältnisse stets verbessern sollten, und zwar mit ökonomischen Mitteln.

An diesem Punkt kommt der normative Rahmen des ökosozialen Liberalismus ins Spiel. Mit *ökosozialem Liberalismus* meine ich eine Auffassung von Handlungsfreiheit, die menschliche Akteure nicht auf individuelle Punkte in einem Kraftfeld soziopolitischer Interaktionen reduziert. Freie menschliche Akteure sind selbstbestimmte Tiere, tief verwoben mit bekannten und noch unbekannten Teilen der Natur. Als selbstbestimmte Tiere sind wir sozial; unsere Sozialität ist keine Beigabe zu unserer Individualität.

Sowohl die Natur als auch die größeren sozialen Formationen, ohne die wir unsere Freiheit nicht ausüben könnten, haben bekannte und unbekannte Bereiche. Nie werden wir imstande sein, alle Teile der Natur und der Gesellschaft zu verstehen, zu erklären und zu kontrollieren. In unserer Individualität und unserer Freiheit hängen wir von komplexen Systemen ab, die immer unberechenbar bleiben werden. Politische Freiheit und Liberalismus sind eine wichtige Antwort auf dieses Phänomen, weil sie uns erlauben, Korrekturen vorzunehmen und offen für Fortschritt zu bleiben.

Unsere Handlungsfreiheit erstreckt sich also ins Unbekannte. Genau das bedeutet es für uns, zukunftsorientiert zu sein. Wir können nicht wissen, wer wir künftig sein werden, doch wir können uns überlegen, wer wir sein wollen. Und wer wir sein wollen, ist Gegenstand einer ethischen Einschätzung.

In diesem Schlussteil möchte ich ein paar konkrete Zukunftsvisionen entwerfen. Zunächst mache ich den Vorschlag einer obligatorischen Ethikabteilung für die nächste Unternehmensgeneration. Die Ethikabteilung wird geleitet von der oder dem CPO, *Chief Philosophy Officer*. Sie erforscht im Auftrag des Unternehmens, welche Geschäftsmodelle und Praktiken, welche interne Arbeitskultur und welcher Umgang mit Kunden und anderen Unternehmen ethisch vertretbar sind. Ziel der Ethikabteilung ist dabei nicht nur, Regeln der Compliance oder tagesaktuell gültige soziale und politische Vorstellungen und Werturteile zu berücksichtigen. Vielmehr soll sie neue Handlungsoptionen eröffnen und zur Wertschöpfung durch kreative, konkrete Ethik beitragen. Diese konkrete Ethik wird im Unternehmen im Hinblick auf seine eigenen Ziele, Produkte und Zukunftsvisionen entwickelt.

Damit würde eine echte Unternehmensphilosophie entstehen, die sich nicht nur schick auf Webseiten und Werbebroschüren macht, sondern auch das unternehmerische Handeln und die Arbeit selbst beeinflusst. So könnten etwa KI-Firmen auf diese Weise eine eigene Ethik der KI für ihre jeweiligen Produkte entwickeln. Die KI-Ethik für KI-Systeme variiert nämlich je nach konkretem Einsatzfeld. Dasselbe gilt für jedes andere neuartige Handlungsfeld, das sich Unternehmen erschließen, um möglichst großen Profit für möglichst viele zu erreichen. Wie genau etwa Taylor Swift ihr Team am gigantischen ökonomischen Erfolg ihrer *Eras*-Tour 2024 beteiligt oder wie die deutsche Automobilindustrie Dividenden ausschüttet und Gewinne einsetzt, um die Energiewende positiv voranzubringen – all das und vieles mehr betrifft ethisch relevante Entscheidungen, die sich durch eine Ethikabteilung optimieren lassen.

Weder die CPO noch die Mitglieder der interdisziplinären Ethikabteilung dürfen in ihren Urteilen externen ökonomischen Vorgaben unterliegen. Sie sind ebenso unabhängig von rein wirtschaftlichem innerem Druck in der Firma oder im Konzern. Sie sind wie eine Abteilung für Forschung und Entwicklung, die Ideen für wahren Profit hervorbringt – im ständigen Austausch, in Zusammenarbeit und Gespräch mit der ganzen Unternehmensstruktur. In dieser Hinsicht gleichen sie wiederum einer Rechts- oder einer Finanzabteilung: So wie jene wehren sie nicht nur Schaden ab, sondern bringen das Unternehmen durch geschickte Manöver voran, deren Ziel kein *greenwashing*, sondern interdisziplinär entdeckte Profitmöglichkeiten sind.

Anschließend werde ich darauf eingehen, auf welche Weise wir Menschen in größere natürliche Zusammenhänge eingebunden sind. Ich werde meinen Vorschlag für ein Kinderwahlrecht erläutern und das Konzept des demokratischen Bürgers über das Bild von der rationalen erwachsenen Person hinaus erweitern, die einem ökonomischen Kalkül der Nutzwertoptimierung folgt. Dies ist ein Beispiel dafür, wie wir unser Menschenbild angesichts der heute bekannten Tatsachen über uns als prosoziale Säugetiere erweitern können. Kinder können eine viel größere Rolle für unseren moralischen und ökonomischen Fortschritt spielen, als wir derzeit zulassen.

Zum Schluss, aber nicht zuletzt, werde ich die drängenden Fragen ins Auge fassen, die sich mit dem Aufstieg der künstlichen Intelligenz stellen. Meiner Ansicht nach lässt sich KI nur dann sinnvoll regulieren und für die Mehrwerterzeugung nutzen, wenn wir sie als eine Soziotechnologie begreifen. KI-Modelle sind eben nicht autonom; sie sind integriert in größere soziale Zusammenhänge, zu deren wesentlichen Bestandteilen wir Menschen zählen. Die Vorstellung, KI könnte die Herrschaft über menschliche Gesellschaften – und damit unsere Wirtschaft insgesamt – übernehmen, sie zerstören oder auch nur umstrukturieren, ist unrealistische Science-Fiction. Allerdings ist KI eine wahrhaft futuristische Technologie: Sie wird unsere Zukunft prägen, indem sie unsere Ökonomien weiter beschleunigt. Sie bildet eine neue Art heraus, Werturteile zu bemessen und Mehrwert zu produzieren.

Um daraus einen Motor für nachhaltige Zukunftsgestaltung zu machen, brauchen wir dringend eine realistische wie auch zukunftsorientierte Konzeption von KI als BI, als *Beschleunigte Intelligenz.*[1]

CPO und Ethikabteilung

Im ersten Teil dieses Buchs argumentierte ich, Mehrwerterzeugung (also Wirtschaft) sei immer ein Ergebnis von Werturteilen. Menschen wissen verschiedene Dinge zu schätzen und können daher in Austausch treten – nicht nur von Waren, sondern auch, indem sie Werturteile vergleichen. In ökonomischen Begriffen gesprochen, erzeugen wir mit diesen Werturteilen Mehrwert, also einen Wert, der vor dem Austausch nicht existierte. Mehrwert ist weder in der Natur begründet noch in ihm vorausgehenden gesellschaftlichen Bedingungen. Er bildet sich ständig neu aus komplexen sozialen Wechselspielen, die niemand zur Gänze überblicken kann. Die Gesellschaft ist und bleibt ein Bereich der unvorhersagbaren Interaktionen freier Akteure, und diese tragen zur sozialen Freiheit bei – einer Ebene von Freiheit, die nur unter Bedingungen der Kooperation ausgeübt werden kann.

Dass wir heute mit Dienstleistungen und Hochtechnologie, aber auch mit Kultur (noch einmal sei hier auf das Phänomen Taylor Swift verwiesen, aber natürlich auch auf andere Popgrößen aus allen Kunstbereichen) früher unvorstellbaren wirtschaftlichen Mehrwert herstellen, hätte so zu Beginn der industriellen Revolution niemand vorhersehen können. Wie wir in Zukunft vor allem in Interaktion mit den sicherlich rasant voranschreitenden KI-Systemen Mehrwert erzeugen werden, ist derzeit gar nicht absehbar. Wir stehen hier noch am Anfang einer vermutlich revolutionären Entwicklung.

Werturteile sind Ausdruck unserer Interessen. Viele unserer Interessen sind individuell. Zum Beispiel mag ich Paprika. Darum liegt es oft in meinem Interesse, Paprika zu kaufen, sei es im Restaurant oder auf einem Gemüsemarkt. Das heißt, mein individuelles Interesse an Paprika zu bedienen ist in dem Maß lukrativ, wie die Person, die es bedient, durch ihr Geschäftsmodell ausreichend weitere Individuen mit demselben Interesse erreichen kann. Jedes Geschäftsmodell, um etwa einer Bevölkerung Paprika anzubieten, erfordert Arbeitsteilung. Jemand muss die Paprika säen, jemand muss sie ernten, ehe Märkte damit beliefert werden können, wofür weitere Runden der Kooperation nötig sind, bis hin zur komplexen Arbeitsteilung in einem modernen Supermarkt. Eine *Supermarktkette* trägt daher ihren Namen so gesehen zu Recht, denn sie bildet tatsächlich eine Kette im Sinn eines Marktes der Märkte, dessen Eigentümerinnen aus einer Bandbreite hoch individueller Konsumwünsche (nach Nahrungsmitteln und anderen Waren für Grund- und Genussbedürfnisse) Profit schlagen können. Aufgrund der Vielfalt der beteiligten Akteure und der zentralen Rolle der Lebensmittel für die menschliche komplexe Lebensform im 21. Jahrhundert sind Supermärkte weiterhin ein Paradefall für kapitalistisch erfolgreiche Unternehmen, weshalb sie neben der mit ihnen verbundenen Logistik in Deutschland zu riesiger Kapitalakkumulation bei erfolgreichen Unternehmern führen. Es liegt auf der Hand, dass der potenzielle Profit eines Unternehmens steigt, je mehr Kunden es erreicht. Wenn eine Firma viele Paprikas erzeugen und ausliefern könnte, die gekauft werden, würde sie mehr Gewinn machen als eine Bäuerin, die eine kleine Menge Paprika anbaut und sie auf dem lokalen Wochenmarkt verkauft.

Stellen Sie sich nun ein Geschäftsmodell vor, das Waren im Interesse fast aller verfügbar macht. Ein futuristisches Beispiel dafür könnte ein Unternehmen namens Superenergy sein: Es erzeugt grünen, erneuerbaren Strom für alle Bereiche der Gesellschaft auf eine heute noch unentdeckte Art, die Energie des Universums zu nutzen, ohne planetare Grenzen zu überschreiten. Stellen Sie sich vor, Superenergy würde diese neue Art von Energie nicht nur erzeugen, sondern sie auch speichern und verteilen, sodass wir in absehbarer Zukunft nicht mehr über das Energiethema nachdenken müssen. Alle an der Firma Superenergy Beteiligten würden dann unermesslich reich, so lange, wie Superenergy existieren würde. Natürlich wird die Firma früher oder später auf Anti-Kartell-Regeln treffen, denn zu starke Monopolisierung ist unvereinbar mit der Art negativer Freiheit, die für den Kapitalismus konstitutiv ist. Die von mir vorgeschlagene Ethikabteilung wird ihr womöglich schon früh raten, ihr Geschäftsmodell geschickt aufzuspalten, um die Monopolbildung zu vermeiden, ehe es staatlicher Eingriffe bedarf.

Dies ist ein einfaches Beispiel für meine These, dass es nicht nur möglich ist, von moralisch gutem Handeln zu profitieren (in diesem Fall wäre das moralisch Gute eine komplett grüne Lösung für das moderne Energieproblem), sondern dass darin auch ein ökonomischer Anreiz für unternehmerische Kreativität liegt. Wirtschaftlicher Ehrgeiz und sogar die Gier sollten daran interessiert sein, moralisch Gutes zu tun, um davon zu profitieren.

An diesem Punkt ist es mir wichtig, darauf hinzuweisen, dass wir für viele ethische Probleme noch keine Lösung haben. Wir sind weit davon entfernt, alle ethischen Fragen beantworten zu können. Doch wenn ich mich nicht irre, können wir zumindest wissen, dass es auf jede sinnvoll gestellte ethische Frage eine entsprechende Antwort (oder eine Reihe von Antworten) gibt und damit auch entsprechende Handlungsweisen, um das moralisch Gute zu tun und das moralisch Böse zu unterlassen. Um zu wissen, dass ethische Probleme prinzipiell lösbar sind, muss man die konkrete Lösung noch nicht kennen. Nichts – außer einer pauschalen und unrealistischen Kapitalismuskritik – spricht dagegen, das moralisch Gute mit unternehmerischen Mitteln auch in Profit zu verwandeln, der wiederum möglichst vielen Menschen zugutekommen kann.

Ein drängendes aktuelles Beispiel, auf das wir zurückkommen werden, ist die Ethik der KI. Da KI-Forschung und KI-Modelle sich ständig und rasant Tempo weiterentwickeln, stellen sich zu dieser Entwicklung – und zum Gebrauch der KI – viele ethische

Fragen, die noch niemand beantwortet hat. Ähnliches gilt für fast alle Aspekte der heutigen Wirtschaft, denn ökonomischer Fortschritt und Mehrwerterzeugung hängen von Innovation und ständiger Verbesserung von Produkten und den damit verbundenen Produktionsbedingungen ab. Dies gilt umso mehr im Zeitalter des brandgefährlichen Klimawandels, auf den wir eine Vielzahl wirtschaftlicher Antworten brauchen – teils, um möglichst ehrgeizige positive Klimaziele zu erreichen, teils, um die unvermeidlichen Katastrophen durch Versicherungen, nachhaltige Bauprojekte und Umsiedlungen abzumildern, was wiederum ein Einsatzfeld des ethischen Kapitalismus ist.

Aufgaben einer Ethikabteilung

Stellen Sie sich ein Fachgremium aus den Geistes- und Gesellschaftswissenschaften vor, geleitet und moderiert von einer Philosophin. Das Mandat der Gruppe ist es, konkrete ethische Fragen der jüngsten wirtschaftlichen Entwicklungen zu beantworten. Sie tut das unter Realbedingungen, in einer Firma, deren Erfolg davon abhängt, ob sie neue Lösungen für ein bestehendes Problem findet. Das kann zum Beispiel ein Unternehmen aus der Kfz-Branche sein, das nur dann überlebt, wenn es regelmäßig neue Modelle präsentiert, die idealerweise immer besser werden, und zwar ohne die zu hohen ökologischen Kosten (die negativen Externalitäten) unserer heutigen individualisierten und beschleunigten Mobilität. In einer Autofirma ist das Thema des ökologischen Fortschritts – vor allem weniger CO_2-Ausstoß – nur eine von vielen ethischen Sorgen. Kfz-Hersteller arbeiten mit komplexen globalen Lieferketten – da kommen Probleme der Nachhaltigkeit ins Spiel, aber etwa auch die Frage nach fairen Löhnen, der Aufbau von Infrastruktur, geopolitische Umstände und die Besteuerung. Man könnte sich sogar vorstellen, dass die Autoindustrie beginnt, sich für ein moderates Höchsttempo (zum Beispiel 120 km/h) auf deutschen

Autobahnen einzusetzen, was viel Sprit spart, aber auch der Verkehrssicherheit sowie der Qualität unserer Infrastruktur dient. Persönlich fahre ich am liebsten Auto in der Schweiz, wo ein solches Höchsttempo gilt, das zudem streng bewacht wird. Die Schweiz steht sicher nicht im Verdacht der Kapitalismuskritik. Unbeschränktes Tempo auf Autobahnen ist kein Symbol des Kapitalismus. Es dient auch der Wirtschaft nicht wirklich, weil es vielmehr die Abnutzung der Infrastruktur sowie den Stresspegel der Autofahrer erhöht. Wenn Automobilkonzerne sich für ein Tempolimit einsetzen und entsprechende Automobile herstellen (die keine Rekordgeschwindigkeiten erreichen müssen), können sie sowohl ihre wirtschaftliche als auch ihre ethische Bilanz verbessern.

Dasselbe gilt für die USA. Um das politisch merkwürdigerweise in Deutschland immer wieder heftig umstrittene Tempolimit sachlich angemessen zu würdigen, wäre die Expertise der Automobilindustrie besonders einschlägig, die dessen Auswirkungen objektiv durch ihre Ethikabteilungen prüfen lassen könnte. Das würde der politischen Debatte eine ganz andere Richtung geben.

Stellen Sie sich also vor, ein Autohersteller hätte eine Ethikabteilung. Deren Funktion wäre es, alle Dimensionen der Produktlinien zu erkunden, einschließlich der Selbstreproduktion der Firma. Denn jedes Unternehmen produziert zunächst und reproduziert sich dadurch selbst. Bei diesem Prozess schafft das Unternehmen internen Mehrwert in Gestalt etwa von Löhnen, Management-Boni oder Shareholder-Value. Das Konsumprodukt und die interne Selbsteinschätzung der Firma müssen in der richtigen Weise verbunden sein, damit die Firma erfolgreich wirtschaften kann.

Die Ethikabteilung kennt im Prinzip alle Details des Unternehmens: von seiner internen Kultur (einschließlich Gender-Themen und anderer Dimensionen anthropologischer Vielfalt innerhalb der Firma sowie entlang ihrer Lieferketten und Vertriebswege) bis zu ihren jüngsten Forschungsergebnissen und aktuellen Investitionsmöglichkeiten. Der volle Zugang zu all diesen Daten bildet einen intellektuellen Anreiz, um Mitglied der Ethikabteilung zu werden.

Für mein Gedankenexperiment ist es wichtig, die Ethikabteilung mit unabhängigen, brillanten Köpfen zu besetzen, die auf ihrem Feld ebenso gut akademische Führungspositionen einnehmen könnten, sich aber verlocken lassen, für die Privatwirtschaft zu arbeiten. Ihre Motivation wird immer zweifach sein: ökonomisch im engeren Sinn (höheres Gehalt oder bessere Arbeitsbedingungen) sowie intellektuell. Der intellektuelle Vorteil daran, einer Ethikabteilung anzugehören, ist der volle Einblick in eine ökonomische Realität in all ihrer Komplexität, die sonst unzugänglich wäre, da kein Unternehmen diese Daten mit einer externen Instanz teilen würde (schon wegen des Wettbewerbs innerhalb von Marktwirtschaften, der eine Voraussetzung für den Liberalismus ist).

Auf Grundlage ihrer Einsicht in die Realdaten hat die Ethikabteilung den Auftrag, ein Portfolio wirklich ethischer Lösungen für Probleme, vor denen die Firma steht, zu entwickeln. Die Firma wird bereit sein, die Vorschläge der Ethikabteilung umzusetzen, weil sie anerkennt, dass es im Prinzip im Interesse jedes Unternehmens liegt, die Bedürfnisse ihrer Beschäftigten, ihrer Aktionäre, ihrer Anteilseignerinnen und ihrer Kundschaft zu befriedigen. Sofern moralische Probleme unsere Interessen als Menschen betreffen, wird die Ethikabteilung diese universellen menschlichen Interessen in dem Bereich identifizieren, in dem die Firma arbeitet. Dadurch setzt sie die Energie allgemeingültiger Werturteile frei, gemäß der Erkenntnis, dass alle Werturteile eine ethische Komponente haben. Denn Menschen sind nie bloß an einem Konsumartikel interessiert, sondern immer auch daran, durch den Konsum ihr eigenes Leben und das der anderen zu verbessern.

Dass viele Firmen und Unternehmen (wir kennen die Beispiele der Massentierhaltung, der spritfressenden SUV und der Wegwerfmode) nicht so wirtschaften, stimmt. Das ist aber kein Argument gegen, sondern für den ethischen Kapitalismus. Denn es ist möglich, moralisch problematische Produkte durch höherwertige zu ersetzen und sie damit durch unternehmerisches Geschick vom

Markt zu verdrängen, woran eben unter anderem die Ethikabteilung mitzuwirken hat.

Ein schlichtes, alltägliches Beispiel dafür ist die Einführung digitaler Bezahlsysteme. In Kultur- und Dienstleistungssektoren, in denen es naheliegt, einem Zahlungsvorgang freiwillig ökonomischen Wert hinzuzufügen, bedeutet die Einführung eines automatisierten Systems von Trinkgeldern (meist 5 bis 20 Prozent), die Kundinnen dem Rechnungsbetrag aufschlagen können, um ein Werturteil über den geleisteten Dienst auszudrücken, eine Revolution. Das Trinkgeld ist ein Maß für die Qualität von Gütern oder Diensten – das Essen in einem Restaurant, der Service, die Freundlichkeit und Kompetenz des Kellners, der Fahrstil eines Taxifahrers und die Sauberkeit seines Autos etc. – über den offiziellen Preis für die Transaktion hinaus. Diese digitale Form von Zusatzzahlungen erbringt gigantische Profite für die Firmen, die die entsprechende Software anbieten; sie führt zur Entwicklung neuer Maschinen, auf denen die entsprechende Software läuft; und sie bewegt Angestellte und Unternehmen, ihren Service zu verbessern.

Ein analoges Gegenbeispiel: Kürzlich machte ich eine Hafenrundfahrt in Montreal. Am Ende der Tour begrüßte der Kapitän des Bootes uns alle und hielt ein Fischglas in der Hand, in das wir ein paar Dollar werfen konnten. Dieses Trinkgeld-Fischen in Verbindung mit der starken körperlichen Präsenz des Kapitäns führte dazu, dass er viel weniger erhielt als bei einer digitalen Option. Stellen Sie sich vor, man würde erst am Ende für die Rundfahrt bezahlen, per *digital payment* mit Trinkgeld-Option. Ich wette, das wäre ökonomisch vorteilhafter.

Auf dem Weg vom Hafen zur U-Bahn sah ich vor der Basilika Notre-Dame de Montréal einen Straßenmusiker, der Cello spielte. Anstatt des üblichen Huts für Münzen hatte er einen Aufsteller mit einem QR-Code, über den man ihm als Zeichen der Wertschätzung (als ästhetisches Werturteil) vier Dollar überweisen konnte. Angesichts der Leichtigkeit der Transaktion, der Qualität des Cellospiels und des Schauplatzes appelliert das Geschäftsmodell dieses

Musikers direkt an die ethischen Anliegen seiner Kundschaft – indem es ihr, auf weniger zudringliche Weise als ein Fischglas oder ein Hut, erlaubt, ein Werturteil auszudrücken.

Mein Punkt ist, dass jeder Mensch, der es sich leisten kann, gern Trinkgeld gibt oder anderweitig im wirtschaftlichen Interesse eines Unternehmens handelt, wenn er weiß, dass sein Zusatzbeitrag menschliches Leben verbessert – oder unsere gemeinsame Umwelt, wie etwa im Fall von Aufforstungsprogrammen, in die eine freiwillige Zusatzgebühr auf Flugtickets fließt. Menschen sind empathisch: Wir kümmern uns umeinander und um unsere Umwelt und fügen einem vorgegebenen Preis gern noch den einen oder anderen ökonomischen Wert hinzu, wenn wir wissen, dass wir damit moralisch Gutes tun (und sei es in noch so kleinem Maßstab).

Zu den wichtigsten Aufgaben der Ethikabteilung zählt es, zwischen moralisch relevanten und irrelevanten Aspekten sozioökonomischer Transaktionen in der Sphäre der Firma zu unterscheiden. Die *Sphäre einer Firma* umfasst sowohl ihre internen Produktionsprozesse als auch ihre externen Kundenbeziehungen. In all ihren sozioökonomischen Transaktionen werden Werturteile verschiedener Art gefällt, sodass der Gesamtumsatz des Unternehmens eine Summe all seiner Werturteile ist. Was wir zu bestimmen versuchen, wenn wir wirtschaftlichen Erfolg bemessen, ist diese Summe.

Während die schiere Komplexität der dazu beitragenden Faktoren es unmöglich macht, die Höhe der Summe genau zu benennen, ist schon eine Annäherung ein Fortschritt. Ethische und nicht-ethische Komponenten wirken zusammen, und es obliegt der Ethikabteilung, zwischen beiden zu unterscheiden. Sobald die Ethikabteilung eine klare Aufstellung der relevanten moralischen Tatsachen und Werturteile für den gegebenen Entscheidungsraum vorlegt, weiß die Firma, wie sie sich verbessern kann und wo sie investieren sollte, um ihren wahren Profit zu maximieren.

Diese Prozedur ist das Gegenteil von *greenwashing* oder Ethik-*washing*. Die Funktion der Ethikabteilung besteht nicht darin, die

Firma für Politikerinnen oder Verbraucher gut aussehen zu lassen. Sie betreibt weder PR noch Compliance. Sie hat die strategische Aufgabe, den Umsatz zu steigern, indem sie moralische Probleme in der Sphäre der Firma identifiziert. Denn moralisch relevante Probleme gehen alle an und weiten deshalb potenziell die ökonomische Sphäre eines Unternehmens von individuellen auf allgemein menschliche Vorlieben aus.

Deshalb ist es so wichtig, die Unabhängigkeit der Ethikabteilung von nicht-ethischen Einflüssen zu garantieren. So, wie die Ratschläge aus der Steuerabteilung zu befolgen sind, weil sonst gravierende rechtliche und finanzielle Folgen drohen, bietet auch die Ethikabteilung fundamentale strategische Orientierung. Wenn die Geschäftsführung oder der Aufsichtsrat die Steuerabteilung zu manipulieren versucht, ist das ein Fall von Korruption, gegen den wir viele Mechanismen entwickelt haben. Dasselbe müsste sich für die Ethikabteilung einspielen. Diese Tatsache muss sich in der Leitungsstruktur des Unternehmens widerspiegeln. Niemand aus der Unternehmungsleitung darf sich über die Urteile der Ethikabteilung hinwegsetzen.

Man beachte, dass die Fälle, mit denen sich die Ethikabteilung befasst, immer im Interesse der Firma liegen. Die Ethikabteilung ist keine allgemeine Forschungsstelle. Ihre Arbeit ist ebenso in die Interessen-Infrastruktur des Unternehmens eingebunden wie die Arbeit der Abteilung für Forschung und Entwicklung. Zugleich sollte die Ethikabteilung berechtigt sein, auf Basis ihrer Forschungen Vorschläge zur Änderung einer Produktlinie oder zur Umstrukturierung eines Unternehmens in der Sphäre seiner ökonomischen Aktivitäten zu machen. Die Urteile der Ethikabteilung müssen bindend sein, darum darf sie keiner Gängelung unterliegen. Sie sind aber auch fallibel und können korrigiert werden, weshalb die Ethikabteilung, wie jede andere Abteilung auch, durchaus an ökonomischen und anderen Erfolgskriterien bemessen wird.

Dass ich die Leiterin oder den Leiter der Ethikabteilung »Chief Philosophy Officer« nenne, also hier nicht von Ethik, sondern allgemeiner von Philosophie spreche, liegt daran, dass noch weitere wichtige Bereiche der Philosophie für die Ethikabteilung von Bedeutung sind. So befasst sich die Philosophie mit dem Wesen von Technologie, Wissen, Gesellschaft, menschlichem Verstand, Gender etc. auf einer Ebene, die hinreichend allgemein ist, um interdisziplinäre und sektorenübergreifende Debatten anzuleiten.

Philosophie ist die umfassendste Erforschung des Wesens menschlicher Erkenntnis. Daher sind ausgebildete Philosophinnen hoch qualifiziert, um übergreifende Muster im menschlichen Denken und Handeln zu erkennen, die sich auf ethische Erwägungen auswirken. Die weiteren Mitglieder der Ethikabteilung müssen andere Disziplinen und Sektoren vertreten, je nach dem konkreten Geschäftsmodell der Firma. Mercedes braucht eine andere Expertise als Nintendo oder eine Kette von Lebensmittelmärkten. Global aufgestellte Unternehmen brauchen Spezialisten für Sprachen und Kulturen, um die verschiedenen Märkte und Bevölkerungen einschätzen zu können, während regional orientierte Firmen kulturelle Expertise nur für ihren spezifischen Markt und ihre internen Operationen brauchen. Welche Aspekte menschlicher Diversität in welchem kulturellen Kontext von besonderer ethischer Bedeutung sind, variiert ebenfalls, und das muss die Ethikabteilung berücksichtigen.

Wenn Facebook eine unabhängige Ethikabteilung gehabt hätte …

Um mein Plädoyer für die Ethikabteilung zu stärken, bitte ich Sie, sich vorzustellen, Facebook hätte von Beginn an solch eine unabhängige Abteilung gehabt. In seinen frühen Stadien war Facebook attraktiv, weil es soziale Vernetzung und letztlich mehr gesellschaftliche Freiheit versprach. Viele glaubten, eine solche Plattform könnte sogar friedliche Revolutionen herbeiführen, indem sie es allen erlaubte, Informationen über politisches Unrecht zu teilen, und auf diese Weise moralischen Fortschritt begünstigen würde. Beim Arabischen Frühling dachten viele, mit den Revolten, die von Facebook und anderen sozialen Medien teilweise erst ermöglicht wurden, könnten sich die Werte der liberalen Demokratie verbreiten.

Doch es stellte sich heraus, dass es nicht genügt, Menschen zu vernetzen, um wirksamen moralischen Fortschritt zu erzielen. Böswillige Akteure können dasselbe System nutzen, um Oppositionelle aufzuspüren und Freiheit zu beschränken. Daran scheiterte der Arabische Frühling. Und in den folgenden Jahren haben wir gesehen, wie soziale Medien sogar *gegen* moralischen Fortschritt und menschliche Emanzipation eingesetzt werden können – etwa durch Manipulation, Chatbots oder Fake-News.

Die Ethikabteilung hätte Facebook schon in einem frühen Stadium Systeme der Content-Moderation nahegelegt, um zu verhindern, dass Fake-News und Chatbots den digitalen Raum erobern. Diskussionsforen und Datenaustausch wären denselben ethischen Standards unterstellt worden wie analoge menschliche Transaktionen. Die Ethikabteilung hätte sogar empfohlen, die Kommunikation online noch ethischer zu gestalten als offline – denn die digitale Infrastruktur einer Plattform wie Facebook macht es im Prinzip viel leichter, Gespräche und Beiträge zu moderieren, als es im nicht digitalen Raum praktikabel ist. Das 21. Jahrhundert sähe ziemlich anders aus, würde jeglicher Online-Austausch von hohen ethischen Standards strukturiert. Es wäre dann unmöglich, Morddrohungen per E-Mail zu verschicken, Menschen in Onlineforen schwer zu beleidigen oder Abhängigkeit und psychische Krankheiten als Kollateralschäden digitaler Geschäftsmodelle zu tolerieren.

Die Meinungsfreiheit würde dadurch nicht in relevantem Maß beeinträchtigt, zumal die Online-Kommunikation ohnehin nicht der richtige Ort für Meinungsfreiheit ist. Einer der Gründe, warum wir Meinungsfreiheit zu schätzen wissen, ist, dass sie es uns erlaubt, moralischen Fortschritt zu erzielen, indem wir viele Perspektiven auf Themen allgemeinen Interesses vergleichen können. Das setzt aber den Zugang zu Wahrheiten und Fakten voraus, die unabhängig sind von der Online-Kommunikation und Wege zur Vermittlung oder Schlichtung zwischen widerstreitenden Meinungen weisen können. In der analogen Welt können wir uns auf Tatsachen berufen, wir haben unabhängige Gerichte und Fachleute. Online gilt letztlich nichts davon, weil die Kommunikationszusammenhänge hier nicht nur sehr komplex sind, sondern obendrein oft allzu abgekoppelt von unabhängigen Fakten, auch wenn das Internet stets den Anschein erweckt, eine besonders gute Informationsquelle zu sein. Dass dem nicht so ist, weiß jeder, der sich irgendwelche Sorgen macht (etwa eine bestimmte Krankheit zu haben oder in einen Rechtsstreit verwickelt zu werden) und sich dann online informiert. Durch Werbung und andere Systeme, die dafür sorgen, dass bestimmte Webseiten als Erstes auffallen, werden wir schnell in die Irre geführt, was man feststellt, wenn man sich anschließend vom Internet unabhängig über die Faktenlage erkundigt. Wer einer Corona-Impfung skeptisch gegenüberstand, sollte besser nicht online nach Informationen suchen, weil dies schnell in Abgründe führte. Informationen, die man lediglich aus dem Internet bezieht, sind keineswegs immer so zuverlässig, wie sie aussehen.

Die Ethikabteilung von Facebook hätte jedenfalls früh bemerkt, dass Online-Kommunikation innerhalb der Grenzen einer bestimmten Plattform alles andere ist als eine Form des öffentlichen Raums. Schließlich sind Netzwerke wie Facebook nicht öffentlich, sondern privat, weshalb es möglich ist, aus ihnen Kapital zu schlagen. Erinnern wir uns, dass der Ausgangspunkt des Kapitalismus – und somit auch des ethischen Kapitalismus – das Privateigentum an den Produktionsmitteln ist. Daher ist es ein ethisches Gebot, die User nicht über den Charakter einer Plattform zu täuschen, indem ihr der Anschein gegeben wird, sie sei öffentlich oder demokratisch. Soziale Medien hätten von Beginn an eher als berufliche Netzwerke auftreten sollen (so wie LinkedIn), anstatt Illusionen eines öffentlichen Raums zu nähren. Natürlich kommt es längst auch auf LinkedIn, wie auf anderen sozialen Netzwerken, zu massiven Formen sexualisierter Beleidigung, zur Verbreitung von Verschwörungstheorien und Hate Speech. Dagegen sollten die Plattformen dann aber mit ihren eigenen Methoden systematisch vorgehen, um ihr Geschäftsmodell zu schützen. Dies ist eine weitere Einsatzsphäre des ethischen Kapitalismus, der nicht darauf wartet, dass es zu staatlicher Regulierung oder langwierigen Rechtsprozessen kommt, sondern versucht, moralisch schlechte Kollateralschäden des eigenen Geschäftsmodells zu unterbinden, um dadurch das eigene Produkt zu verbessern.

Es gäbe einen neuen Markt

Ich möchte nicht behaupten, dass mit dem öffentlichen Raum und seinen Medien (Presse, Radio, TV) vor dem Internet alles bestens gewesen wäre. Doch wir hatten über Jahrhunderte für diese Medien eine komplexe Ethik entwickelt, auch für die Interaktion verschiedener Sektoren der Gesellschaft mit den privat geführten Medienhäusern. Die Presse war stets Gegenstand ethischer Erwägungen. Diese Tatsache spiegelt sich in ihrer eigenen Entwicklung wider und ist im Lauf der modernen Mediengeschichte Gegenstand ständiger Debatten gewesen.

Für Social Media muss das ebenso gelten. Die Ethikabteilung von Facebook hätte all dies mit berücksichtigt, wenn sie daran beteiligt gewesen wäre, das Geschäftsmodell von Facebook zu formulieren. Nicht alle ethischen Mängel hätten damit vermieden werden können, zumal sich viele tatsächlich nicht voraussehen ließen. Mit der Entwicklung neuer Technologien und Geschäftsmodelle stellen sich auch neue moralische Fragen. Doch ist ein moralisches Problem einmal als solches identifiziert, müssen wir unsere soziale Formation sofort diesem neuen Kenntnisstand anpassen. Die relevanten ethischen Updates können oft nicht aus der Fortsetzung eines scheinbar erfolgreichen Geschäftsmodells erwachsen, denn dabei handelt es sich immer um ein kurzfristiges *business as usual.* Moralischer Fortschritt erfordert mitunter radikale Innovation oder aber schöpferische Zerstörung. Letztere muss sich nicht auf den technisch-wissenschaftlichen Fortschritt beschränken, sie kann auch im Bereich der Moral stattfinden. Der ethische Kapitalismus sieht die Chance, aus moralischen Erkenntnissen Kapital zu schlagen.

Doch dafür bedarf es echter ethischer Forschung und Innovation. Um diese zu ermöglichen, muss die Ethikabteilung aus einer diversen Gruppe von Expertinnen und Expertinnen aus verschiedenen Fachgebieten bestehen, aber sie darf nicht zu groß sein. Ich stelle mir ein etwa zehnköpfiges Team vor, mit zusätzlichen Mitteln, um externes Fachwissen hinzuzuziehen, etwa in Gestalt von Workshops, Seminaren und Weiterbildungsprogrammen. Eine Automobilfirma zum Beispiel würde die oder den CPO benötigen, vier Ethik-Fachleute mit unterschiedlichen Spezialgebieten sowie fünf Expertinnen aus anderen Geistes- und Gesellschaftswissenschaften, darunter mindestens zwei Wirtschaftswissenschaftler. Zusammen formulieren sie Gedankenexperimente und entwerfen soziale Versuchsanordnungen und Umfragen, die sie gemeinsam mit wechselnden externen Fachleuten durchführen können. Für diese Dienste würde ein neuer Markt entstehen, sobald das Modell der Ethikabteilungen sein wirtschaftliches Potenzial bewiesen hätte.

Die Mitglieder der Ethikabteilung sind voll ausgebildete Akademiker auf ihren Gebieten. Idealerweise sollten Unternehmen imstande sein, Köpfe (darunter auch einige der besten und kreativsten) aus dem jeweiligen akademischen Fachbereich zu rekrutieren. Auf Dauer würde daraus wiederum ein Geschäftsfeld für Hochschulen, die Studierende und Lehrende rekrutieren können, um Teile der Geistes- und Sozialwissenschaften mit einer gänzlich neuen Aufgabe zu versehen.

Der Anreiz für diejenigen, die die neuen Studiengänge absolviert haben, könnte im Zugang zu Realdaten und firmeninternen Entscheidungsprozessen bestehen, die in einem späteren Stadium wiederum in die Hochschulforschung einfließen könnten. So würden Wirtschaft und Wissenschaft einander ergänzen bei der großen gesellschaftlichen Aufgabe, durch moderne Strategien der Kapitalisierung von Werturteilen die *conditio humana* zu verbessern.

Das wäre ein anderes Modell als dasjenige der Gesellschaftskritik, wie sie heute in vielen Bereichen der Geistes- und Sozialwissenschaften praktiziert wird. Man würde vielmehr den Auftrag annehmen, die Welt wirklich zu verbessern, indem man an einer konkreten Ethik arbeitet, deren Ziel es ist, gegebene Probleme nicht nur analytisch präzise kritisch zu beschreiben, sondern sie auch durch Innovationen zu lösen.

Ich halte hier kein zynisches Plädoyer für den kommerziellen Wert des *virtue signalling*, (das Phänomen dass man durch Bekundung der eigenen fortschrittlichen moralischen Einstellungen soziale und sogar wirtschaftliche Vorteile erlangen kann). Es geht nicht um Moralismus oder gar um Heuchelei, sondern um echte Forschung über Werte wie Diversität, Inklusion, Gerechtigkeit und moralischen Fortschritt. In diesem Zusammenhang würden die Ethikabteilungen zum Beispiel nicht bloß versuchen, zum Erreichen der SDG beizutragen, deren Definition ja ein politischer Vorgang war, sondern sie würden diese Vorgaben sogar noch verbessern und ihre eigenen Zielkataloge entwickeln, sowohl für den internen Gebrauch als auch für die Kommunikation mit der breiten Gesellschaft. Die Forschungsergebnisse der Ethikabteilungen müssten für andere Bereiche der Gesellschaft nutzbar sein – Hochschulen, Politik, Kunst und Kultur, Zivilgesellschaft –, und zwar in dem Maß, in dem ein Unternehmen seine Daten und internen Einblicke öffentlich machen kann, ohne gegen seine eigenen wirtschaftlichen Interessen zu verstoßen.

Lasst Kinder wählen!

Da der Begriff »Kapitalismus« allenfalls einen Aspekt unseres heutigen sozioökonomischen Systems bezeichnet, kann er nicht die Gesellschaft als ganze charakterisieren. Es gibt keine kapitalistische Gesellschaft oder den Kapitalismus als einzelnes Wirtschaftssystem, zu dem wir eine Alternative ersinnen und verwirklichen könnten.

Gewiss, moderne Gesellschaften haben etliche potenziell pathologische Eigenschaften, die mit der Geschichte des Kapitalismus verbunden sind, mit der Schaffung und dem rechtlichen Schutz von Privateigentum, freien Verträgen und freien Märkten. Denn wo es Privateigentum gibt, bestehen Interessen daran, es zu erhalten und zu vermehren. Eine Art, neue Umsatzquellen zu generieren, die sich zu Geld machen lassen, ist die Kommodifizierung menschlicher Aktivitäten und von Gemeingütern wie Wasser, Wälder, Luft. Diese Art der Kommerzialisierung kann pathologische Ausmaße annehmen. Moderne Extrembeispiele sind Besitzsklaverei, koloniale Unterdrückung, Imperialismus (der auf die Ausbeutung von Ressourcen in verschiedenen Weltregionen abzielt) und nicht zuletzt Umweltzerstörung als Folge eines technisch-wissenschaftlichen Fortschritts, letztere verbunden mit einer schlechten Buchhaltung, die mittels einer abstrakten Vorstellung von Profit einen Großteil der wahren (ökologischen und sozialen) Kosten auf die breitere Gesellschaft und die nicht-menschliche Natur abwälzt.

Deswegen braucht moderne Wirtschaftstätigkeit, die sich nicht auf Kapitalismus reduzieren lässt, politische Regulierung und Kontrolle. Dabei spielt das Konzept des moralischen Fortschritts eine zentrale Rolle. Generell verstehe ich unter moralischem Fortschritt eine gesellschaftlich unterstützte, umfassende Anerkennung moralischer Tatsachen, die bisher von relevanten politischen Kräften ignoriert, unterdrückt oder geleugnet werden. Das Standardbeispiel dafür ist die Abschaffung der Sklaverei: Es war schon immer eine moralische Tatsache, dass Sklaverei eine extreme Form der Schädigung von Menschen ist und somit ethisch verboten (böse). Niemand hätte je versklavt werden dürfen. Das gilt für alle Bevölkerungen und Zeitalter, und es war eine Tatsache auch in Gesellschaften, in denen Sklavenhaltung weithin als legitime und legale Form von Besitz betrachtet wurde. Zugleich gab es zu allen Zeiten Menschen, die sich der moralischen Tatsache, dass Sklaverei falsch ist, bewusst waren – vor allem die von Versklavung Betroffenen. Die Abschaffung der Sklaverei als legale und vermeintlich legitime sozioökonomische Praxis bedeutet moralischen Fortschritt, weil eine moralische Tatsache – Sklaverei ist böse – von der ganzen Gesellschaft anerkannt wurde. Damit endete diese sozioökonomische Praxis und wurde durch andere Produktionsweisen ersetzt, darunter die Freiheit der Verträge und die Kommodifizierung von Arbeit. Kapitalismus und freie Märkte hätten aus eigenem Antrieb die Sklaverei nicht beendet.

Für moralischen Fortschritt brauchen wir häufig außerwirtschaftliche Kräfte, wie soziale Bewegungen, Revolten, ein Bewusstsein für gesellschaftliche Widersprüche und Antagonismen, ethische Einsicht, heldenmütige Individuen und andere Kämpfe, die günstigstenfalls zu tief greifenden politischen Reformen führen. Die Tatsache, dass wir »moralische Grenzen für Märkte« anerkennen, um es mit Michael Sandels Worten aus *Was man für Geld nicht kaufen kann* zu sagen, ist allgemein ein wichtiger Antrieb für moralischen Fortschritt.

Diskriminierung im Namen des »Adultismus«

Ein weiteres Beispiel für moralischen Fortschritt ist der Kampf um das Frauenwahlrecht. Er führte zur Anerkennung der moralischen Tatsache, dass es keine echte Demokratie geben kann, wenn Frauen nicht wählen dürfen. Heute betrachten wir es als fraglos inakzeptabel, nur Männer wählen zu lassen, und ich denke, das lag auch bereits auf der Hand, als Frauen noch vom Wahlrecht ausgeschlossen waren. Daher ließ sich der objektiv nicht hinnehmbare Status quo nur mittels Ideologie, Propaganda und Arglist aufrechterhalten. Ich kann mir gar nicht vorstellen, wie man gegen ein Frauenwahlrecht sein könnte – kein einziger Grund, der dafür in der Vergangenheit angeführt wurde, erscheint unabhängig betrachtet plausibel.

Aber natürlich können wir noch weiter gehen und noch mehr Personen in den Kreis der Wahlberechtigten aufnehmen, etwa die Kinder. Dass dies ein Fall eines möglichen moralischen Fortschritts wäre, ist eine Idee, auf die ich 2019 während einer Gastprofessur an der New York University gekommen bin. Damals diskutierte ich Konzept und Realität des moralischen Fortschritts mit Thomas Nagel, einem der führenden politischen Denker und Rechtsphilosophen der USA.[2] Während meiner Recherchen zu meinem Buch *Moralischer Fortschritt in dunklen Zeiten* kam ich auch ins Gespräch mit dem Schriftsteller Daniel Kehlmann, der sich ebenfalls an der New York University aufhielt. Bei einem denkwürdigen Mittagessen fragte er mich, welche Aspekte unseres heutigen westlichen Status quo sich als verdeckte unmoralische Tatsachen einordnen ließen. Diese Frage halte ich für sehr wichtig, wann immer wir über unser sozioökomisches Leben sprechen.

Ich brauchte ein weiteres Jahr, bis mir klar wurde, dass ein solcher Aspekt – eine Pathologie unserer demokratischen Kultur – für mich der Grund ist, dass wir Kindern das Wahlrecht vorenthalten und eine Kultur des *Adultismus* pflegen.[3] Adultismus ist die Diskriminierung von Kindern auf Basis der angeblichen rationalen Überlegenheit von Erwachsenen. Offenkundig wird diese Form des Herrschaftsdenkens zum Beispiel, wenn man mit Kindern auf Reisen ist. Immer wieder werden Kinder als störend für erwachsene Angelegenheiten wahrgenommen: Sie sind laut in Restaurants, können nicht stillsitzen, treffen irrationale Entscheidungen, sind leicht abzulenken und so weiter.

Die Realität ist: Kinder sind unsere Zukunft. Ohne die heute lebenden Kinder könnte niemand von uns später auf eine Rente hoffen – sie werden später Wohlstand und Steuereinnahmen erzeugen – oder einen positiven gesellschaftlichen Wandel erwarten. Moralischer Fortschritt geht oft auf die Intervention von Kindern zurück.

Eine berühmte Versinnbildlichung dafür bietet Hans Christian Andersens Kunstmärchen *Des Kaisers neue Kleider* aus dem Jahr 1837. Darin behaupten Betrüger am Kaiserhof, sie könnten die prachtvollsten Kleider weben, allerdings seien sie für alle dummen Menschen und inkompetenten Amtsträger unsichtbar. Der Kaiser lässt sich diese vermeintlichen Kleider anfertigen und zeigt sich dann nackt bei einem Festumzug. Während alle anwesenden Erwachsenen die Heuchelei mitmachen und den Kaiser für seine neuen Gewänder preisen, ruft ein jeder Dummheit unverdächtiges kleines Kind überrascht, er habe ja gar nichts an.

Wer mit Kindern zu tun hat, erlebt oft solche Des-Kaisers-neue-Kleider-Momente. Kinder lehren uns ständig, Gesellschaft und Natur mit ihren Augen zu sehen, neue Seiten an uns selbst zu entdecken und Gewissheiten zu hinterfragen. Sie sind daher ein wichtiger Antrieb des moralischen Fortschritts.

Zudem ist nichts schwerer zu ertragen als das Leid von Kindern. Die Tatsache, dass Kinder besonders verletzlich sind, ist eine wichtige Quelle vieler moralischer Erkenntnisse, denn angesichts von Praktiken, die Kindern Leid zufügen, fällt es schwer zu leugnen, dass es moralische Tatsachen gibt. Keine Kultur oder Gruppe von Menschen hätte sich je erhalten können, wenn sie beschlossen hätte, permanent ihre Kinder zu misshandeln. Schon aus fundamentalen evolutionären Gründen begreifen wir als prosoziale Säugetiere die Bedeutsamkeit moralischer Tatsachen, wenn wir uns mit Kindern beschäftigen.

Wahrhaft allgemeines Wahlrecht

Angesichts dieser Erwägungen ist mein zweites Gedankenexperiment, um die ethischen Standards moderner Gesellschaften zu erhöhen, die Idee des wahrhaft allgemeinen Wahlrechts. Ich finde, wir sollten den Gedanken durchspielen, unsere Kinder wählen zu lassen. Dieser Teil des Projekts *Ökosozialer Liberalismus* ist für mich komplementär zu dem Ruf nach einem ethischen Kapitalismus.

Um den Reiz des Vorschlags zu erkennen, sollten wir mit der Dekonstruktion eines adultistischen Klischees beginnen. Diesem Klischee zufolge wird Menschen das Wahlrecht wegen ihrer Rationalität zugesprochen. Erwachsene werden als rationale Tiere dargestellt, fähig, die Komplexitäten der politischen Organisation des sozialen Lebens wertzuschätzen, im vollen Bewusstsein sowohl ihrer eigenen Interessen als auch der übergreifenden Interessenstruktur der Wählerschaft. Dank ihrer Lebenserfahrung sei ihre Wahlentscheidung nicht rein willkürlich, sondern insoweit vernünftig, als sie sie im Prinzip rational begründen könnten. Erwachsene hätten Teil an dem, was zeitgenössische Denker das »Spiel des Gebens und Forderns von Gründen« (der Ausdruck geht auf den Philosophen Wilfried Sellars zurück) nennen – ein Ideal, das einigen einflussreichen politischen Theoretikern zufolge (insbesondere Jürgen Habermas) die Grundlage für die Demokratie als solche ist.

Gewiss, manche Menschen, darunter Neugeborene und sehr junge Kinder, sind offensichtlich nicht imstande, Gründe für ihr Handeln zu geben, und schon gar nicht, sie gegen Alternativen abzuwägen. Erst zwischen dem dritten und sechsten Lebensjahr entwickeln Kinder sichtlich die Fähigkeit, sich in die Lage anderer zu versetzen und ihr eigenes Handeln zu begründen. Doch ebenso steht fest, dass Kinder dann interessante und oft bessere Handlungsgründe angeben als viele Erwachsene. Ein offenkundiges Beispiel sind Krieg und extreme Gewalt. Während Putin es für legitim und vielleicht gar moralisch geboten hält, dass seine Armee in der

Ukraine zivile Infrastruktur bombardiert, darunter Schulen und Kindergärten, steht außer Frage, dass die absolute Mehrheit der Kinder dem nicht zustimmen würde. Dass Putin ein Erwachsener ist, macht ihn kein bisschen vernünftiger als all die Kinder, die klar erkennen, dass dieser Krieg – wie jeglicher Angriffskrieg und die damit verbundene extreme Gewalt – eine Form des Bösen ist.

Ähnliche Szenarien lassen sich für fast jedes soziopolitisch relevante Thema bilden. Es ist schlicht nicht wahr, dass wir allein durchs Altern besser darin werden, vernünftige Entscheidungen zu treffen.

Der Ansatz, Erwachsenen das Wahlrecht zuzubilligen, weil sie rationale Tiere seien, ist also ein schlechter Grund dafür, es Kindern vorzuenthalten. Besonders vernünftig oder sachkundig zu sein ist für das Wahlrecht offensichtlich nicht erforderlich. Die Komplexität einer Steuerreform zum Beispiel wird auch nicht von der gesamten Wählerschaft begriffen. In der Politik geht es nicht nur um Rationalität – sie umfasst viele weitere Dimensionen des menschlichen Lebens, nicht zuletzt unsere subjektiven Erfahrungen und unsere eigene komplexe gesellschaftliche Position, um deren Anerkennung wir in einer pluralistischen liberalen Demokratie kämpfen dürfen.

In ihrem Buch *Kleine Philosophen* zeigt die Psychologin Alison Gopnik auf, wie sich kindliches Bewusstsein von späteren Stadien der Bewusstseinsentwicklung unterscheidet.[4] Vor allem nehmen Kinder ihre Umwelt in Feldstrukturen wahr und nicht als Struktur von Gegenständen und Dingen mit vorbestimmter Bedeutung. Denken Sie nur an eine alltägliche Situation wie die U-Bahnfahrt zu einer Verabredung. Eine erwachsene Großstadtbewohnerin hat viele Aspekte des U-Bahn-Fahrens verinnerlicht. Sie weiß, wie sie an das Ticket kommt, welche Linie sie nehmen muss, sie steht im überfüllten Waggon still, achtet kaum auf die anderen Passagiere und das, was durch die Fenster zu sehen ist. U-Bahn-Fahren ist eine komplexe soziale Praxis, aus der heraus wir viele Dinge, die im Feld einer U-Bahn-Fahrt stattfinden, unbewusst übersehen, um uns auf die wenigen ungewöhnlichen Dinge zu fokussieren. In dieser Hinsicht ist unser Alltagsleben geprägt von wohlbekannten Objekten und Strukturen, es kommt uns mehr oder weniger normal und stabil vor.

Hingegen erleben Kinder die ungefilterte Bedeutung vieler unserer Praktiken. Sie teilen ihre Umwelt noch nicht in bekannte, stabile Objekte und neuartige, überraschende Szenen und Ereignisse ein. Sie erkunden jede Situation so, wie ein erwachsener Reisender vielleicht eine ihm neue Kultur erkundet. Wenn Kinder anfangs U-Bahn fahren, kommt ihnen alles unbekannt und aufregend vor: die Durchsagen, Verhaltensweisen, ganz verschiedenen Menschen. Sie suchen häufig den Kontakt zu Mitreisenden und fragen sich, wie diese noch aufregende Wirklichkeit funktioniert – ganz so, wie es Ihnen selbst vielleicht bei der ersten Reise mit der U-Bahn von Mexiko-Stadt gehen würde.

Wenn Erwachsene ein Land und eine Kultur bereisen, die nach ihren eigenen kulturellen Standards als fremd, anders, exotisch gelten, nähert sich ihr Erleben wieder dem ständigen Erleben eines Kindes an. Kinder sind fähig, täglich Dinge zu bemerken, für die wir blind sind – und darin liegt eine Chance auf Einsicht in dringend erforderlichen gesellschaftlichen Wandel.

Kindliche Fantasie wird die Zukunft verändern

In Diskussionen über das echte allgemeine Wahlrecht und damit das Kinderwahlrecht pflege ich meine Gesprächspartner zu fragen, wie viele Leute sie kennen, die eine komplizierte Sprache wie Japanisch, Arabisch oder Altgriechisch binnen weniger Monate lernen und dann akzentfrei sprechen können. Üblicherweise suchen sie dann nach besonders sprachbegabten Bekannten, vergessen aber, dass jedes Kind imstande ist, eine noch so komplizierte Sprache nicht nur als seine erste, sondern auch als zweite oder dritte Sprache zu lernen.

Einer der Gründe, warum Kinder im Lernen überlegen sind, liegt in der Neuroplastizität. Die Gehirne von Kindern befinden sich noch im Aufbau, sie sind flexibler darin, neue Verbindungen innerhalb neuronaler Strukturen zu bilden, zu vernetzen und neu zu vernetzen. Kinder sind also bei Weitem weltoffener als die große Mehrheit der Erwachsenen.

Die Frage sollte deshalb lauten, wie wir je auf die Idee kommen konnten, Kinder von den wichtigsten Bereichen der politischen Entscheidungsfindung weitgehend auszuschließen. Das Thema ist umso dringlicher, als viele Entscheidungen, die in der erwachsenen politischen Arena getroffen werden, Kinder besonders betreffen. Wir entscheiden über ihre Ausbildung, über Benotung und Examensstrukturen, darüber, was sie essen dürfen und was nicht, und über die Infrastruktur, die ihnen jetzt und in ihrem künftigen Leben zur Verfügung steht.

Bedenken Sie, dass eine der wirksamsten sozialen Bewegungen der letzten Zeit von Kindern und Jugendlichen ausging, nämlich *Fridays for Future*. Ohne Greta Thunberg und die von ihr inspirierten Proteste hätten wir keine neue Ebene des globalen Bewusstseins für die schädlichen Effekte des menschengemachten Klimawandels erreicht. Kinder sehen Umweltverschmutzung und Naturzerstörung, ohne den Reizen der fossil betriebenen Moderne zu erliegen. Sie verstehen nicht, warum wir gern stinkende Autos fahren oder durch die Arbeitsteilung in globalisierten Ökonomien das Leben in unseren Meeren zerstören. Warum stellen wir Reifen an einem Ort her und die restlichen Teile eines Autos an einem anderen, bloß um alles an einem dritten Ort zusammenzubauen? Unsere ökonomischen Erklärungen (oder vielmehr Ausreden) interessieren Kinder zu Recht nicht, da diese bei näherem Hinsehen allzu oft ideologische Ausreden sind, die sich auf den Status quo (etwa heutige Herstellkosten) stützen, ohne dafür einen tragfähigen ethischen Grund angeben zu können.

Hier ein Beispiel für ein Gespräch mit Kindern zu einem Wirtschaftsthema. Eine meiner Töchter, damals fünf oder sechs Jahre alt, wollte wissen, warum Beschäftigte im Management eines Bahnhofs mehr verdienen als die Personen, die dort die Toiletten reinigen. Es fiel mir zwar leicht, dafür einige Erklärungen zu geben, doch keine davon stellte meine Tochter wirklich zufrieden. Sie fragte dann nach anderen Jobs, die vielen Menschen als unangenehm gelten, und stellte fest, dass auch diese Jobs oft weitaus schlechter bezahlt werden als weniger anstrengende Bürotätigkeiten. Auch hierfür konnte ich mit Erklärungen ankommen, aber auch hier bleiben diese objektiv unbefriedigend.

Ohne Umschweife schlug meine Tochter eine fairere Lösung für das Problem der Arbeitsteilung unter kapitalistischen Bedingungen der freien Verträge vor. Sie argumentierte, es gebe Dinge, die alle Menschen mögen – als Beispiele nannte sie Pizza und Schokolade. Zu diesen Gütern, schlug sie vor, könnte der Zugang limitiert werden, sodass sie nur kaufen könnte, wer eine gewisse Menge an unangenehmer, aber sozial relevanter Arbeit abgeleistet hätte. Wollten Sie demnach in einem bestimmten Monat Pizza kaufen, müssten Sie vorher so und so viele öffentliche Toiletten putzen oder andere Gemeinschaftsdienste leisten. Das würde in der Tat zu mehr Solidarität in einer Gemeinschaft und zu besserem gegenseitigem Verständnis führen.

Ich will nicht dazu aufrufen, diesen unausgereiften Ansatz eines recht radikalen politischen Vorschlags zu befolgen. Doch etwas Wahres ist dran und sollte debattiert und in eine gangbare soziopolitische Praxis umgesetzt werden. In diesem Zusammenhang kämen auch wieder die Ethikabteilungen ins Spiel, die sich ebenfalls regelmäßig mit Kindern beraten würden.

Kinder sind oft besser als Erwachsene darin, sich alternative Zukünfte vorzustellen. Von ihren fantasierten Realitäten können wir viel lernen, von ihren Traumwelten und ihrer Art des Erlebens könnten wir alle profitieren. Wie können wir Mobilität in einem Zeitalter der Klimakatastrophe organisieren? Wie können wir Rassismus und andere Arten der Diskriminierung in unseren Gemeinschaften überwinden? Stellen Sie sich zum Beispiel vor, in politischen Talkshows würden Erwachsene über Themen, die uns alle betreffen, mit Kindern diskutieren. Es wäre interessant zu sehen, wie und ob sie Kinder von ihren konkreten politischen Ideen überzeugen könnten.

Auf die Frage, ab welchem Alter Kinder das Wahlrecht haben sollten, würde ich antworten: von Geburt an. Man könnte sogar noch früher ansetzen, denn Kinder werden nicht erst Kinder, wenn sie das Licht der Welt erblicken. Bis zu einem gewissen Alter, wahrscheinlich drei oder vier Jahre, könnten ihre Eltern oder Erziehungsberechtigten für sie wählen. Dafür wäre ein normatives System der Legitimierung nötig. Ich schlage vor, dass Kinder ein lebenslanges Recht auf eine Begründung für die Wahlentscheidungen erhalten, die in ihren ersten Lebensjahren ihre Erziehungsberechtigten für sie treffen. Damit würde genug normativer Druck auf diese Wählenden ausgeübt. Für Kinder ab drei oder vier Jahren müsste es dann speziell auf sie zugeschnittene politische Kampagnen und Praktiken geben.

Sobald das Kinderwahlrecht eingeführt wäre, müsste die Rechtsprechung sich der neuen Praxis anpassen und auf deren soziopolitische Konsequenzen reagieren (die wir im Voraus nicht vollständig einschätzen können). Sollte es zum Beispiel im großen Stil zu Wahlbetrug oder Manipulation seitens politischer Parteien kommen, müssten Regulierungen eingeführt werden. Und natürlich müssten interdisziplinäre Expertenteams aus Kinderpsychologinnen, Lehrern, Politologinnen, Neurowissenschaftlern, Ethikerinnen und Wirtschaftswissenschaftlern die Details für die auf Kinder zugeschnittenen Kampagnen und die Wahlmodalitäten ausarbeiten. Eltern und Erziehungsberechtigte müssten lernen, wie sie mit ihren Kindern über Politik reden können, und das wiederum würde unsere politische Kultur verändern.

Dieser Vorschlag für moralischen Fortschritt innerhalb des ökosozialen Liberalismus würde auch den ethischen Kapitalismus aktivieren. Denn eine neue Realität, in der Kindern eine gewisse politische Macht zugestanden wird, brächte viele ökonomische

Chancen mit sich. Die Ethikabteilungen der Unternehmen könnten moralisch nachhaltige Vorschläge zum Kinderwahlrecht ausarbeiten, etwa eine Wahl-Infrastruktur für Kinder, die noch nicht lesen können.

Gender und Diversität am Beispiel Japans

Nichts spricht dagegen, aus moralischem Fortschritt Kapital zu schlagen. Mit moralisch gutem Handeln Profit zu machen kann auch die sozioökonomischen Verhältnisse für Minderheiten oder unterdrückte Gruppen verbessern. So wie mein Zukunftsszenario einer Welt, in der Kinder Wahlrecht haben, könnte auch die bereits bestehende Bewegung für moralischen Fortschritt in Genderfragen zum Ziel wirtschaftlichen Gewinnstrebens werden.

Japan zum Beispiel ist bisher kein leuchtendes Beispiel in Sachen Gender und Diversität. Dort besteht dringender Bedarf an feministischen Reformen. Um mehr Gender-Gerechtigkeit zu erzielen, wird es aber nicht genügen, auf Politik und gesetzliche Regelungen zu setzen, und auch nicht, auf eine soziale Bewegung zu warten, die Japan beim Thema Gleichberechtigung der Geschlechter auf das Niveau wirtschaftlich ähnlich hoch entwickelter Industriestaaten bringen würde.

Es ist somit viel Raum für unternehmerische Aktivitäten, um die Situation bei Gender und Diversität in Japan zu verbessern, was ich in Japan häufig mit Unternehmen diskutiere. Etwa könnten die Ethikabteilungen größerer Firmen beginnen, innerhalb der Unternehmen die Gleichberechtigung zu stärken, und so die Jobs dort attraktiver für Menschen zu machen, die darauf Wert legen. Zumal viele Studien belegen, dass ein Zuwachs an Gender-Gerechtigkeit und Diversität am Arbeitsplatz Kreativität freisetzt. Je mehr Perspektiven auf ein bestehendes Problem wir versammeln, desto besser erkennen wir neue Lösungsräume, mit denen sich dann wahrer – moralisch fortschrittlicher – Profit erzielen lässt.

Die umfassende und dringliche politische Regulierung der pathologischen Aspekte des heutigen Wirtschaftens erfordert mehr Teilhabe. Ohne diese verkümmert das demokratische Leben unserer Institutionen. Darum müssen wir auf die Stimmen des moralischen Fortschritts hören und ihn mit allen Mitteln ermöglichen – einschließlich der Instrumente des ethischen Kapitalismus. In diesem Kapitel habe ich mich als weiteres Beispiel für ein entsprechendes Denken dafür ausgesprochen, das volle kreative Potential unserer Kinder freizusetzen, indem wir ihnen das Wahlrecht geben. Lasst die Kinder wählen, um des moralischen Fortschritts willen, der dann sowohl in neue Politik umgesetzt werden kann (Regulierung) als auch in progressive Geschäftsmodelle (Selbstregulierung). Diese können die soziale Freiheit ausweiten und somit zum wirtschaftlichen Gedeihen beitragen – jenseits der bisherigen oberflächlichen ökonomischen Indikatoren, die noch nicht den Anteil des moralischen Fortschritts am menschlichen Wohlergehen berücksichtigen.

Die metaphysische Pandemie. Wie wir unser Begehren steuern können

Wie wir gesehen haben, ist Kapitalismus stets begrenzt. Er ist immer bloß ein Aspekt der Wirtschaft als sozialer Praxis. Als solche hat die Wirtschaft viele Dimensionen, die sich nicht auf die kapitalistische Mehrwerterzeugung reduzieren lassen. Zu diesen anderen Dimensionen zählen gesetzliche Regulierung, geopolitische Einbindung, Industriepolitik und schließlich der Wunsch, zu konsumieren. Wenn wir ein kritisches Etikett für unsere gesellschaftliche Verfasstheit suchen, können wir auf einen Klassiker zurückgreifen: das Buch *Die Konsumgesellschaft* des französischen Soziologen Jean Baudrillard.

Baudrillard erkannte bereits 1970, dass das große Problem nicht der Kapitalismus an sich ist, sondern der Konsum. Und Konsum ist mit unserem Begehren verbunden. In einem bemerkenswerten Kapitel zum »Teufelskreis des Wachstums« gelangt Baudrillard zu einer hellsichtigen Formulierung des Problems eines einseitigen Wirtschaftswachstums:

> Wenn der Überfluss fortschreitet, das heißt, wenn immer mehr individuelle sowie kollektive Güter und Ausstattungen verfügbar sind, wiegen am Gegenpol die »Umweltschäden« immer schwerer – als Folge von industrieller Entwicklung sowie technischem Fortschritt auf der einen und der Konsumstrukturen selbst auf der anderen Seite.
>
> Zunächst einmal der Verfall des gemeinsamen Lebensraums infolge ökonomischer Aktivitäten: Lärm, Luft- und Wasserverschmutzung, Zerstörung der Landschaft, Beeinträchtigung von Wohngebieten durch den Bau neuer Anlagen (Flughäfen, Autobahnen usw.). Die Belastung durch den Autoverkehr hat ein technisches, psychologisches, menschliches Defizit von gewaltigem Ausmaß zur Folge: Aber was macht das schon, wenn der damit erforderliche Ausbau der Infrastruktur, die zusätzlichen Ausgaben für Treibstoff, die Aufwendungen für die Versorgung der Unfallopfer usw. immerhin als Konsum verbucht werden können; und wenn dies alles, so wie es in das Bruttosozialprodukt und die Statistiken einfließt, zum Ausdruck von Wachstum und Reichtum wird! Die blühende Mineralwasserindustrie, steht sie für einen realen Zuwachs des »Überflusses« oder behebt sie zu einem großen Teil nicht einfach nur die Mängel des Leitungswassers? Usw.: Es wird uns nicht gelingen, all die Produktions- und Konsumaktivitäten aufzuzählen, die einzig und allein dazu dienen, die internen Schäden im System des Wachstums zu lindern. Jedenfalls wird der Produktivitätszuwachs, sobald er eine bestimmte Schwelle erreicht, fast vollständig von dieser homöopathischen Therapie des Wachstums durch das Wachstum aufgesaugt und verschlungen.[5]

Anders als die heutige *degrowth*-Bewegung gibt Baudrillard nicht dem Kapitalismus oder der wirtschaftlichen Produktivität die Schuld an den ökologischen und kulturellen Schäden, die er diagnostiziert. Das Problem ist für ihn vielmehr unser Begehren, unser Verlangen nach Konsum, das als eine Art Kollateralschaden, als unbeabsichtigte Konsequenz des durch kapitalistische Mehrwertproduktion generierten Wohlstands eintritt.

Aus dieser Erwägung schließe ich, dass wir uns, wenn wir die gegenwärtigen Krisen angehen, nicht nur mit dem Kapitalismus, sondern auch mit unserem Begehren auseinandersetzen müssen. Wir wissen mit Sicherheit, dass dem Wachstum Grenzen gesetzt sind, denn unser Planet bietet nur endliche Ressourcen. Oder vielmehr: Diese Grenzen des Wachstums bestehen so lange, wie es uns nicht gelingt, eine strikte Kreislaufwirtschaft zu schaffen, die eine ganze Reihe von Nachhaltigkeitskriterien erfüllt. Und davon sind wir noch sehr weit entfernt.

Was der Erfolg bei der Eindämmung von Covid-19 bedeutet

An dieser Stelle möchte ich noch einmal auf eine erstaunliche Tatsache des laufenden Jahrzehnts zurückkommen. Nach dem Ausbruch der Covid-Pandemie Anfang 2020 erlebten wir eine äußerst bemerkenswerte Situation, deren Bedeutung bisher nicht vollends gewürdigt wird: Zum ersten Mal in der menschlichen Geschichte widmeten sich fast alle Menschen auf unserem Planeten zur gleichen Zeit der gleichen Tätigkeit – nämlich Strategien gegen die Ausbreitung eines neuen Virus zu entwickeln und sie sofort umzusetzen. Zugleich begann ein Wettlauf um die Erzeugung von Impfstoffen und Medikamenten. Die Hoffnung auf deren schnelle Verfügbarkeit war Teil der Rechtfertigung für vorübergehend erhebliche Einschränkungen verschiedener sozialer Freiheiten, die für die liberale Demokratie essenziell sind. Gewiss: Dass Regierungen im Kampf gegen eine Pandemie Gesundheitsmaßnahmen erlassen, ist nicht allein eine Einschränkung von Freiheiten, sondern auch die Entscheidung, soziale Freiheit anhand dessen zu strukturieren, was ich den virologischen Imperativ nenne – die Haltung, wir müssen alles ethisch, politisch und ökonomisch Mögliche tun, um die Ausbreitung des Virus zu bremsen.

In dieser Situation erlebten wir alle, dass wir nicht nur Teil der Natur, sondern auch von ihr besiedelt sind. Bakterien und Viren sind feste Bestandteile unseres Lebens, wir können sie nicht gänzlich austilgen. Immunität heißt also nicht, uns gegen mögliche Infektionen abzuschotten, sondern das Leben von Mikroben in unsere eigene Lebensform zu integrieren. Dank der Impfstoffe und nach mehreren Infektionswellen sind die meisten Bevölkerungen nun hinreichend gegen das neue Coronavirus immunisiert, um mit ihm leben zu können. Wir können das Virus nicht ausrotten, dafür ist es zu ansteckend (seine evolutionären Eigenschaften gewährleisten, dass es weiter unter Menschen zirkulieren wird), doch immerhin gelang es uns, seine sozial gefährlichen Auswirkungen überraschend schnell zu begrenzen.

Nicht nur wurden unfassbare Mengen an Ressourcen in Strategien investiert, sowohl die Verbreitung des Virus zu bremsen als auch unsere Volkswirtschaften zu retten, indem Arbeitsplätze bezuschusst oder andere Formen der Ausgleichszahlungen für Geschäftsschließungen geleistet wurden. Zudem führte die Pandemie auch zu großen Investitionen in medizinische Produkte. Die moralisch guten Erzeugnisse der Gesundheitsindustrie (einschließlich der Pharmakonzerne) brachten gigantische Umsätze hervor.

Es gab auch böswillige Akteure: Man denke an die Masken-Affäre (an die Frage, inwiefern überzogener Lobbyismus oder gar Korruption bei der Beschaffung von medizinischen Schutzmasken gegen Corona-Infektionen vorkamen) und andere vermutete und echte Korruptionsfälle bei Herstellung und Vertrieb von Gesundheitsgütern. Wir haben erlebt, wie Impfstoffe unfair verteilt wurden, da reiche Industriestaaten zwar einige der besten Impfstoffe entwickelten (mit kapitalistischen Mitteln), diese dann aber egoistisch zunächst fast ausschließlich an die eigenen Bevölkerungen ausgaben und somit zuließen, dass sich das Virus – mit unabsehbaren Folgen – anderswo weiter ausbreitete. Dennoch: In der Pandemie zeigte sich die Kraft des ethischen Kapitalismus. Sie brachte im Licht wahrhaft ethischer Anforderungen moralisch gute Produkte und Verhaltensanpassungen bei fast der gesamten menschlichen Bevölkerung hervor.

Wir brauchen eine metaphysische Pandemie

Aus diesem Grund habe ich seit dem Beginn der Corona-Pandemie für eine *metaphysische Pandemie* plädiert.[6] Der technische Begriff *metaphysisch* bezeichnet hier etwas, das über das Physische hinausgeht. Er bezieht sich auf unsere Zugehörigkeit zu einem Bereich, der jenseits unseres konkreten Ortes liegt. Wir sind fähig, universelle moralische Tatsachen zu erfassen (wie die Notwendigkeit, während einer viralen Pandemie andere und uns selbst vor Infektionen zu schützen). Das Wort *Pan-demie* bedeutet eigentlich »das ganze Volk betreffend«. Eine Pandemie zeigt unsere fundamentale biologische Verbundenheit: Wir alle sind menschliche Tiere, alle ähnlich gefährdet und einem Virus ausgeliefert.

Natürlich werden hier viele Gesellschaftskritiker sogleich und zu Recht darauf bestehen, dass es verschiedene Grade von Gefährdung gibt, in denen sich Unterschiede in Ethnizität, sozialer Klasse, Gender, Alter und weiteren gesellschaftlichen und natürlichen Kategorien spiegeln. Doch grundsätzlich sind wir alle gleich angesichts einer Virusattacke auf unsere menschlichen Körper – als potenzielle Wirte für die Reproduktion des Erregers. Und auch wenn wir in unterschiedlicher Weise von dem Virus betroffen waren, stand ebenfalls außer Frage, dass eine Infektion, bevor Impfungen und Medikamente verfügbar waren, ein sehr ernstes Gesundheitsrisiko bedeutete. Daher die breite Akzeptanz teils radikaler politischer

Maßnahmen wie Grenz- und Schulschließungen oder Lockdowns verschiedener Ausmaße.

Die globalen Herausforderungen, vor denen wir heute stehen, sind allesamt mit der Endlichkeit von Ressourcen und damit unseres eigenen Lebens verbunden. Das offensichtlichste Beispiel ist die Klimakrise. Wir können unseren Wohlstand im Sinn eines quantitativen Konsumwachstums nicht endlos ausweiten. Wir stoßen bereits jetzt an die Grenze. Das heißt, es ist schlicht nicht machbar, dass die gesamte Menschheit ein Konsumleben führen würde, wie es heute in wohlhabenden Gesellschaften stattfindet. Ein Konsumverhalten, wie es heute etwa in München üblich ist, kann nicht für alle Menschen möglich werden, ganz gleich, wie die Menschheit fortschreitet. Die Erde bietet nicht genug Rohstoffe, als dass wir sie in ein globales München oder gar ein globales Tokio verwandeln könnten.

Genau das aber ist der Traum von der postmodernen Konsumgesellschaft, den Baudrillard diagnostizierte. Er lebt heute in Gestalt der virtuellen Realität fort, wie es Baudrillard in einem seiner weiteren Hauptwerke, *Simulacres et Simulation,* voraussagte.[7] Der jüngste Avatar der Idee vom grenzenlosen Konsum entspringt unserer digitalen Moderne und besteht in dem Glauben, wir könnten irgendwie alles online stellen – einschließlich unseres eigenen Bewusstseins, indem wir es auf Server hochladen. Eine gefährliche Illusion, die eher eine Art Suizid bedeuten dürfte als ewiges Leben.[8] Auf diese komplett unrealistischen Tech-Fantasien werde ich im Schlusskapitel zurückkommen.

Abstinenz ist unmöglich – aber klappt »ein hinreichend gutes Leben«?

Mein Ruf nach einer *metaphysischen Pandemie* bedeutet, dass wir Menschen unserem Begehren eine neue Heimat geben müssen. Wir müssen weiser werden. Weisheit ist eine Art, an unseren Wünschen zu arbeiten. Aus der Tatsache, dass die Konsumgesellschaft ihren eigenen Fortbestand gefährdet, folgt, dass wir unser Begehren umstrukturieren müssen.

Hier ein etwas utopisches Beispiel solch einer Reform: Es ist für Menschen wünschenswert und wichtig, zu reisen und allgemein mobil zu sein. Der Verbrennungsmotor und die fossil betriebene Moderne ermöglichen es vielen von uns, fast überall auf dem Planeten unterwegs zu sein. Wir können anderen Kulturen begegnen und neue Länder kennenlernen. Doch dabei verbrauchen wir planetare Ressourcen und tragen zur Klimakrise bei, die wir dringend aufhalten müssen.

Der Aufruf, sich nichts mehr zu wünschen, wird gewiss nicht funktionieren. Auf das Konzept Weisheit = Askese können wir nicht bauen. Vielmehr muss das Ziel des ethischen Kapitalismus sein, wahrhaft nachhaltige Lösungen hervorzubringen und damit weisere Formen des Zusammenlebens zu ermöglichen. Ein spekulatives Beispiel dafür ist ein Umdenken in der Luftfahrt. Stellen Sie sich vor, wir produzierten neue Luftschiffe auf Basis der Zeppelin-Technologie. Als Reisen per Zeppelin mehr oder weniger gängig waren, galten sie als großer Luxus. Allerdings waren die Luftschiffe deutlich langsamer als moderne Flugzeuge. Ebenso waren interkontinentale Schiffsreisen damals viel üblicher als heute, und es gibt inzwischen ökologisch weitaus nachhaltigere Formen der Passagierschifffahrt als die heutigen Kreuzfahrten. Daher sollte versucht werden, sowohl die Luftschifffahrt als auch eine neue Form der Passagierschifffahrt aufzuwerten, um auf diese Weise die Umweltbelastung deutlich zu senken.

Einem Vorschlag Avram Alperts folgend, könnten wir damit Weisheit mit der Akzeptanz eines »hinreichend guten Lebens« assoziieren, was nämlich auch bedeutet, manche Konsumprozesse und eben auch Mobilitätsprozesse zu verlangsamen.[9] Ein langsamerer Konsum ist bestens vereinbar mit höherem Konsumwert. Schließlich wird Luxus seit jeher mit seltenen und entschleunigten Erlebnissen gleichgesetzt: Man vergleiche nur ein Essen in einem

Sternerestaurant mit Fast Food. Schädliche Beschleunigung lässt sich durchaus mit ökonomischen Mitteln bekämpfen, etwa indem die Luft- oder Seeschifffahrt ökologisch verbessert wird.

Es gibt nicht nur eine Art Wirtschaftswachstum

An diesem Punkt meiner Argumentation ist es mir wichtig, zu wiederholen, dass eine andere Art Wachstum möglich ist. Auch *qualitatives Wachstum* und damit die Steigerung gesellschaftlichen Wohlergehens lässt sich ökonomisch bemessen. Wachstum muss nicht immer extensiv, es kann auch intensiv sein und unsere individuell und kollektiv gelebte Erfahrung verbessern. Nötig wäre dafür bloß, qualitatives Wachstum und gesellschaftliches Wohlergehen in unseren Begriff vom unternehmerischen Umsatz einzubeziehen.

Dies setzt eine weitere Ebene der Integration des ethischen Kapitalismus in den ökosozialen Liberalismus voraus. Denn unser derzeitiges Modell vom »mündigen Konsumenten« ist einer veralteten Vorstellung von rationalen Akteuren verhaftet. Unsere politischen Institutionen und unsere Wirtschaft beruhen auf der Annahme, wir hätten mehr oder weniger stabile Vorlieben, die wir zu verwirklichen streben: Wir würden uns Ziele setzen und dann nach geeigneten Mitteln suchen, um diese zu erreichen. Ein Weg, um ein Ziel zu erreichen, ist umso effizienter, je weniger Ressourcen er erfordert. Instrumentelle Vernunft bedeutet, größtmögliche Effizienz anzustreben, also unsere Ziele zu denkbar geringen Kosten zu erreichen.

Auch wenn dies als grobe Beschreibung für rationales Handeln plausibel klingt, entspricht es nicht unserer realen Lebensweise. Die nicht-rationalen Faktoren des menschlichen Tieres und unserer Gesellschaft als prosoziale Wesen überschreiten die rationalen Erwägungen bei weitem. Verhaltensökonomie, Psychologie, Biologie, Epidemiologie, Soziologie, Neurowissenschaft, KI-Forschung, Kognitionswissenschaft – sie alle haben über die vergangenen

Jahrhunderte massenhaft Beweise dafür zusammengetragen, dass wir nicht annähernd so »vernünftig« sind, wie wir es in unseren idealisierten Selbstbildern annehmen.

Deswegen spreche ich von Weisheit als einer Art metaphysischer Pandemie. Wir müssen unser Begehren umstrukturieren, und zwar auf Basis dessen, was wir über uns selbst wissen. Zu diesem Wissen über uns selbst zählt, dass Menschen konsumieren und sich im Leben entfalten wollen. Leben heißt wachsen. Die Idee von *Degrowth* ist daher zutiefst unattraktiv und wird sich nicht durchsetzen, solange es alternative Modelle für Wachstum gibt. Ebenso wenig wird es ausreichen, dass Staaten und ihre politischen Institutionen den Konsum zu regulieren versuchen. Wo sich der Staat zu sehr ins sozioökonomische Leben einmischt, werden Wählende in liberalen Demokratien und Konsumierende in anderen politischen Systemen aufbegehren und schließlich die politische Führung durch eine andere ersetzen, die ihnen ein angenehmeres Leben verspricht.

Zur Veranschaulichung ein Alltagsbeispiel: Das Essen in Japan ist insgesamt gesünder und auch nachhaltiger als in vielen anderen Industrieländern. Dennoch lässt es sich nicht zum globalen Standard machen. Wir können nicht einfach alle von Japan lernen, wie man Nahrungsmittel konsumiert, auch wenn dies vermutlich ein ökosozialer Fortschritt wäre, sondern wir müssen ortsangepasste, nichtasketische Lösungen finden, die unseren Wünschen entsprechen. Ein Beispiel ist die vegetarische und vegane Branche, die Nahrungsmittel von genauso hoher, wenn nicht mitunter höherer Qualität als die fleischlichen Alternativen erzeugt. Stellen Sie sich vor, irgendwann stellt jemand Speisen her, die wie all die ungesunden Dinge schmecken, die viele von uns gerne essen – Pizza, Pommes, Burger etc. –, jedoch gesund und nachhaltig sind. Wenn sie die Wahl haben zwischen ungesundem und ebenso schmackhaftem gesundem Essen, dann werden Konsumierende sich auf Dauer für die gesunde Option entscheiden. In gesellschaftlich progressiven Industrieländern können wir das bereits beobachten. Während der Kapitalismus in diesem Zusammenhang gewährleistet, dass eine Auswahl an Produkten erhältlich ist, und zwar ohne staatliche Einmischung oder zentrale Planung, führt die messbare qualitative Verbesserung der Erzeugnisse zu Wirtschaftswachstum beim Umsatz von Firmen, die gesunde und nachhaltige Nahrungsmittel herstellen.

Wir brauchen daher keine moralistischen Argumente gegen den Fleischverzehr oder asketische Mahnungen, dass das Wachstum Grenzen hat – sondern bessere Geschäftsmodelle im Einklang mit den sozialen Tatsachen unserer Lebensform, die eben nicht durch und durch »rational« ist. Dies ist ein Paradebeispiel dafür, wie der ethische Kapitalismus die liberale Demokratie retten kann: Anstatt polarisierenden Verzicht zu predigen (aus wie guten ökologischen Gründen auch immer), wird auf qualitatives Wirtschaftswachstum und unternehmerische Lösungen gesetzt, die Steuereinnahmen, Arbeitsplätze und einen Zuwachs an Lebensqualität ermöglichen.

Der Aufruf zur *metaphysischen Pandemie* bedeutet, menschliche Natur und sozioökonomische Aktivität neu zu koppeln. Dafür ist eine groß angelegte Kooperation der Humanwissenschaften, die unsere Natur und Kultur aus verschiedenen Blickwinkeln erforschen, mit anderen Sektoren der Gesellschaft erforderlich, sodass wir ökonomische Mehrwerterzeugung mit moralischem Fortschritt verbinden können. Anhand der Beispiele und der leicht utopischen Ansätzen, die ich in diesem Kapitel diskutiert habe, würde ich gern eine Debatte darüber anregen, wie wir unsere derzeitige wirtschaftliche Entwicklung als Übergang von einem rein quantitativen (und damit äußerst begrenzten) Wachstum zu einem künftigen Stadium der Nachhaltigkeit betrachten können, in dem Wachstum qualitativ und dennoch in wirtschaftlichen Kategorien messbar ist.

KI-Ethik der nächsten Generation

Mensch zu sein bedeutet, mit einer Vorstellung von sich selbst zu leben. Zum Beispiel glauben manche Menschen, sie hätten unsterbliche Seelen, während andere glauben, ihr subjektives Leben ende mit ihrem körperlichen Tod, denn es sei identisch mit neuronalen Erregungsmustern in ihrem Gehirn.

Das sind nur zwei von unbegrenzt vielen menschlichen Selbstbildern. Menschen organisieren ihre Gesellschaften und damit auch ihr Wirtschaftsleben um solche Selbstbilder herum. Viele Wirtschaftswissenschaftlerinnen halten bis heute an der (eingestandenermaßen fiktiven) Vorstellung vom *homo oeconomicus* fest, der zufolge sich Menschen in Marktsituationen so zu verhalten versuchen, als seien sie vollkommen rational: Sie streben nach größtmöglichem Nutzen sowohl in ihren Konsumpraktiken als auch in der Mehrwerterzeugung, also der Produktion von Waren zum Austausch. Gern wird dazu John Stuart Mill zitiert mit seinem Vorschlag »einer willkürlichen Definition des Menschen als einem Wesen, das unweigerlich tut, was ihm die größte Menge an notwendigen Gütern, Annehmlichkeiten und Luxus verschafft, verbunden mit dem geringsten Aufwand an Arbeit und körperlicher Entsagung«.[10]

Wie oben ausgeführt, setzt die heutige Forschung dieser Definition oft die Vorstellung von Menschen als von Grund auf sozialen, kooperativen Lebewesen entgegen. Doch ganz gleich, welche Definition »des Menschen« objektiv korrekt sein mag, gilt es anzuerkennen, dass die menschliche Geschichte uns immer weiter mit einer Unzahl widerstreitender, miteinander unvereinbarer Selbstbilder dieser Art konfrontieren wird. Höchstwahrscheinlich werden Menschen sich über ihre eigene Natur oder ihr Wesen nie ganz einig werden.

Bezeichnen wir die Tatsache, dass es unzählig viele, einander teils ausschließende menschliche Selbstbilder gibt, als *anthropologische Diversität.* Trotz der anthropologischen Diversität gibt es freilich Gemeinsamkeiten zwischen allen konkreten menschlichen Selbstdefinitionen. Sie dienen typischerweise dazu, uns in ein Verhältnis zu nicht-menschlichen Tieren zu setzen, zur unbelebten Natur als einem Ganzen (dem Universum) und auch zur von uns geschaffenen Technologie.

Hier kommt die künstliche Intelligenz (KI) ins Spiel. Denn seit Kurzem sehen Menschen die Möglichkeit, dass der Fortschritt in der KI-Forschung und in der Entwicklung von KI-Modellen zu einem tiefen Wandel im Menschsein und damit in der menschlichen Gesellschaft führen könnte. Dabei bestehen erhebliche kulturelle Unterschiede, sowohl was die Entwicklung als auch was die Anwendung von KI betrifft. Die japanische Gesellschaft zum Beispiel ist für den Einsatz von KI-betriebenen Robotern und für eine digitale Transformation sozialer Interaktionen viel offener als viele europäische Gesellschaften. Daher befasst sich die EU eher mit Fragen der Ethik und Regulierung als mit Szenarien, wie wir mit der Hilfe von Robotik unsere Gesellschaften verbessern könnten.

Doch ehe wir uns mit Fragen zum moralischen Status von KI-Modellen oder Robotern in der nahen Zukunft und angesichts unserer unterschiedlichen technologischen Kulturen auseinandersetzen können, brauchen wir mehr Klarheit sowohl über uns als Menschen als auch über das Wesen von KI-Modellen. Erst dann können wir von den ökonomischen Chancen, die die rasant fortschreitende KI-Forschung eröffnet, wahrhaft profitieren.

Was bedeutet »menschliches Werden«?

In diesem Zusammenhang möchte ich zunächst das Konzept einer *Anthropologie höherer Ordnung* einführen, das ich an anderer Stelle *Neo-Existenzialimus* nannte.[11] Diesem Konzept zufolge haben alle menschlichen Selbstdefinitionen eines gemeinsam: dass sie es uns erlauben, im Lichte einer Vorstellung von uns selbst zu handeln. Menschen sind, was sie sind, dank ihrer Selbstbilder. Das ist, was ich unter *Selbstbestimmung* oder auch unter *Freiheit* verstehe. Jenseits der Eigenheiten verschiedener Selbstbestimmungen dienen Selbstbilder alle dem Zweck, menschlichen Akteuren eine Form von Gewissheit, eine Leitlinie zu geben. Denn soweit wir wissen, handeln Menschen – anders als nicht-menschliche Tiere – nicht bloß gemäß ihrer Natur, die in ihre ökologische Nische eingebettet ist. Es existiert keine auch nur ansatzweise einheitliche menschliche Gesamtveranlagung – kein mehr oder weniger einfaches Wesen des Menschen, das sich in all unseren Handlungen in allseits gleicher Weise ausdrückt. Deshalb lässt sich Sozialwissenschaft nicht auf evolutionäre, biologische Erklärungen reduzieren. Menschliche Bevölkerungen bewegen sich nicht anhand zoologischer Gesetzmäßigkeiten. Menschliches Verhalten im großen, gesellschaftlichen Maßstab ist nicht vorhersagbar – es gibt keine übergreifenden Gesetze, die menschliche Gesellschaft strukturieren.

Doch diese konstitutive Freiheit des *menschlichen Werdens*, um noch einmal Takahiro Nakajimas Interpretation des japanischen Ausdrucks für Symbiose (*kyosei*) aufzugreifen, ist zugleich die Grundlage für moralische Selbstregulierung. Menschen sind ethisch insofern, als sie normative Leitsätze für legitime Selbstdeutungen formulieren können. Wir geben uns damit selbst Gesetze – wir sind autonom. Zur Autonomie gehört Selbstregulierung unter gesellschaftlichen Bedingungen.

Damit komme ich zum letzten Thema dieses Buchs: KI als Soziotechnologie. Mit *Soziotechnologie* meine ich, dass KI-Modelle an sich in keiner Weise intelligent sind. Sie »werden« erst intelligent, indem wir sie anwenden. Das bedeutet aber nicht, dass sie bloß Werkzeuge wären, so wie ein Schraubenzieher. Ihre Art des Seins, ihre Ontologie, unterscheidet sie von früheren Technologien, und deshalb verändern sie unsere Gesellschaft auf tief greifende Weise.

Postulate für eine KI-Ethik der nächsten Generation

Um das Ausmaß des von KI als Soziotechnologie bewirkten sozioökonomischen Umbruchs klar zu machen, möchte ich hier kurz meine allgemeine Philosophie der KI vorstellen. Der Begriff der »künstlichen Intelligenz« bezieht sich auf zwei unterschiedliche, doch miteinander verbundene Dinge. Zum einen ist KI die Abkürzung für eine Reihe von Forschungsfeldern in der Informatik. Dazu zählen *deep learning*, *machine learning*, neuromorphe Computeranwendungen, neuronale Netzwerke und *generative AI*, die seit ChatGPT in aller Munde ist, weil sie kreativ wirkende sprachliche und ähnliche Inhalte hervorbringt.[12] Was diese Forschungsfelder gemein haben, ist, dass sie Modelle für menschliches Denken und Verhalten entwickeln. Zum anderen bezieht sich KI auf die Technologie der sogenannten KI-Modelle, wie etwa ChatGPT oder auch AlphaZero (ein von DeepMind entwickeltes Computerprogramm, das Schach und Go besser spielt als jeder Mensch).

Das erste Postulat für eine KI-Ethik der nächsten Generation besagt, dass kein KI-System intelligenter sein kann als das beste Modell, das in der KI-Forschung entwickelt worden ist. Die Forschung setzt die Standards und Grenzen für künstliche Intelligenz, auch wenn die Produkte der KI-Industrie alle an sie gerichteten Erwartungen übertreffen können.

Konkret behaupte ich damit, dass die KI-Forschung nur eine Art von Intelligenz modelliert, nämlich Intelligenz im Sinn von Effizienz. In diesem Sinn ist ein System (etwa ein Mensch oder ein Computerprogramm) *intelligent*, wenn es ein bestimmtes Problem in einer bestimmten Zeit lösen kann. Auf dieser Basis können wir zwei Systeme vergleichen – zwei Menschen oder einen Menschen und ein Computerprogramm oder zwei Computerprogramme –, indem wir beiden dasselbe Problem vorlegen. Wir können messen, wie schnell sie es lösen, und den Systemen damit eine quantifizierbare Form von Intelligenz zusprechen. So gesehen ist der berühmte koreanische Go-Spieler Lee Sedol in Sachen Go zweifellos intelligenter als ich, während AlphaZero darin intelligenter ist als Lee Sedol. Im gleichen Sinn ist eine Suchmaschine wie Google bei der Internetrecherche intelligenter als jeder Mensch, weshalb wir solche Suchmaschinen verwenden, anstatt uns auf der Suche nach Information selbst durch Millionen von Websites zu arbeiten.

Das zweite Postulat lautet, dass KI-Modelle für sich genommen kein bisschen intelligent sind. Wenn Intelligenz im Sinne von Effizienz sich auf Dinge und Lebewesen bezieht, die fähig sind, ein vorgegebenes Problem in einer bestimmten Zeit zu lösen, dann ist nichts von sich aus intelligent, solange es kein Problem zu lösen hat. KI-Modellen an sich »ist alles scheißegal«, wie es der auf künstliche Intelligenz spezialisierte Philosoph John Haugeland schon vor Jahrzehnten in einem seiner einflussreichen Essays formulierte.[13]

Für sich selbst genommen, sind KI-Modelle hoch komplexe Computerprogramme. Ein Computerprogramm ist eine Reihe von Anweisungen, die den Fluss elektromagnetischer Strahlung in einem Hardwaresystem lenkt. Dafür sind Halbleiter nötig (Mikroprozessoren, Speichermodule etc.), in Gestalt industriell hergestellter Chips. Die Struktur des Flusses elektromagnetischer Strahlung in unseren Computern erreicht mittlerweile eine enorme Komplexität: Es gibt Programme, die Programme schreiben; Programme können sich in gewissem Maß selbst umprogrammieren und sind in diesem Sinn lernfähig.

Dennoch sind diese Prozesse, dem zweiten Postulat zufolge, nicht selbst intelligent. Sie sind nicht intelligenter als ein Buch. Ein Buch enthält Information. Wenn Sie Bücher lesen, können Sie intelligenter werden, weil die Bücher Ihnen helfen, Probleme zu lösen. Doch die Bücher selbst sind nicht intelligent. Meiner Ansicht nach sind KI-Modelle wie interaktive Bücher. Sie wandeln sich, je nachdem, wie wir von ihnen Gebrauch machen, und sind an sich dynamische Informationsflüsse. Doch so wie Bücher lesen sie sich nicht selbst. Und ebenso wie Bücher halten sie sich nicht selbst am Leben. Bücher verfallen mit der Zeit, und KI-Modelle können nur existieren, solange wir sie mit Strom »füttern« und ihre Hardware instand halten.

Kurzum: KI-Modelle verändern nicht von selbst die Gesellschaft. Sie haben kein Interesse daran, das zu tun. Vor allem haben sie kein Interesse daran, die Weltherrschaft zu übernehmen; sie versuchen nicht, Terminatoren oder andere futuristische Roboter zu schaffen. Sie entwickeln kein Bewusstsein und werden nicht allgemein intelligent. Sie sind keineswegs wie wir Menschen. Es gibt derzeit keinen Grund zu glauben, KI-Modelle könnten ein Bewusstsein haben.

Niemand Geringeres als Alan Turing selbst betonte in einem berühmten Aufsatz bereits, aus der Tatsache, dass menschliche Gehirne Elektrizität nutzen und menschengemachte Computer ebenfalls, folge nicht, dass sie einander in relevanter Weise ähnlich seien.[14] Denn das menschliche Gehirn besteht, wie der ganze menschliche Organismus, aus Zellen (darunter natürlich Neuronen), und diese tun mehr, als mithilfe organischer »Chips« Programme auszuführen. Menschliche Gehirne sind keine Produkte menschlicher Arbeit und funktionieren nicht auf Basis algorithmischer Anweisungen. Beim Gehirn gibt es keine Hardware-Software-Unterscheidung.

Und somit lautet das dritte Postulat: KI ist eine Soziotechnologie, die die Gesellschaft verändert. Hier kommt die Ethik ins Spiel. Die KI-Ethik der nächsten Generation geht von der Annahme aus, dass KI-Systeme selbst überhaupt nicht intelligent sind, sondern dass sie die Strukturen menschlicher Problemlösung verändern, indem sie uns in den Bereichen, wo wir sie anwenden, intelligenter machen. Als interaktive Werkzeuge sind sie wie hochdynamische Bibliotheken und Erweiterungen unserer eigenen Intelligenz. Sie ermöglichen es uns, unsere Probleme exponentiell schneller zu lösen als zuvor – wodurch bisherige Probleme durch neue ersetzt und Lösungsräume verschoben werden.

Ein einfaches Beispiel für diesen Effekt ist, wie wir uns heute mithilfe digitaler Technologie durch unsere Lebenswelten bewegen. Es ist intelligenter – im Sinne von effizienter –, Google Maps zu verwenden, wenn Sie in einer Stadt unterwegs sind, in der Sie nie zuvor waren, als einen Stadtplan aufzufalten oder gar zu versuchen, sich zurechtzufinden, indem Sie einfach herumlaufen und Ihre eigene mentale Karte anfertigen. Natürlich kann es vergnüglicher oder aufregender sein, eine Stadt ohne digitale Hilfsmittel zu erkunden, doch auch zur Vorbereitung solch eines Trips würden die meisten von uns digitale Technologie verwenden – bei der Buchung eines Bahn- oder Flugtickets dorthin oder um sich zumindest grundlegend über den Ort zu informieren. Die Art, wie wir uns lokal und global durch unsere Lebenswelten bewegen, ist also stark von digitaler Technologie und zunehmend von KI-Modellen geprägt.

Mit KI wahren Profit machen

Die übergreifende Struktur, erzeugt durch die Verwendung digitaler Technologie, können wir unsere *digitale Gesellschaft* nennen. Wir haben alle mehr und mehr das Gefühl, die Zeit laufe uns weg, alles ändere sich rasend schnell – ein wichtiger Nebeneffekt des Einsatzes digitaler Technologie. Die Einbindung des Smartphones in unseren Alltag hat unsere Lebenswelten stark beschleunigt, denn wir können nun an einem Tag weitaus mehr Handlungen ausführen als je zuvor. Natürlich bringt dies neue wirtschaftliche Möglichkeiten mit sich und hat denen, die über das relevante Kapital verfügen und es investieren und reinvestieren können, bereits zu enormem Reichtum verholfen.

Die Macht der Daten besteht darin, dass sie es uns erlauben, mit einer unüberschaubaren Vielzahl von Akten menschlichen Denkens und Verhaltens zu interagieren, die sich in den Daten niederschlagen. Während KI-Modelle nicht an sich intelligent sind, wirkt ihr Gebrauch als Soziotechnologie auf unsere natürliche Intelligenz zurück und verändert dadurch die Gesellschaft.

Die digitale Gesellschaft ist keine isolierte Sphäre. Sie ist ein

Teil der Gesellschaft im weiteren Sinn, von der sie aber nur einige Bereiche umfasst. Sie interagiert mit uns als menschliche Tiere und mit unserer ökologischen Nische. Wir müssen Server bauen, Stromnetze und Halbleiter, damit sie funktioniert. Damit die KI-Forschung fortschreiten kann, müssen wir Informatikerinnen ausbilden, wozu die entsprechenden Bildungseinrichtungen nötig sind. In seinem viel besprochenen Buch *Der Chip-Krieg* (im Original 2022 erschienen) analysiert der Wirtschaftshistoriker Chris Miller, wie die USA, China, Russland und weitere Staaten um die Vorherrschaft bei der Herstellung von Mikrochips kämpfen. Mit dem »Chip-Krieg« greift die digitale Gesellschaft auf andere Sphären des menschlichen Handelns über – mit verheerenden Folgen für die Opfer konventioneller Kriege, die unter anderem um die materiellen Voraussetzungen für digitale Dominanz geführt werden.[15]

Die Realität der digitalen Sphäre ist, so gesehen, ebenso im physikalischen Universum begründet wie der Rest der menschlichen Gesellschaft. Sie ist energetisch und materiell – und damit mit Ressourcen verwoben, die der Gesellschaft zur Verfügung stehen. Das Problem ist aber, dass die Benutzeroberfläche der digitalen Sphäre uns suggeriert, wir hätten es mit einem spirituellen Bereich zu tun. Das liegt daran, dass die digitale Gesellschaft ein menschliches Erzeugnis ist. Wir interagieren miteinander durch digitale Daten, weil alle Daten Spuren menschlicher Problemlösung, menschlichen Denkens und Handelns enthalten. Auf diese Weise entsteht der falsche Eindruck, wir würden sozusagen nicht direkt mit der Realität zu tun haben, wenn wir durchs Internet surfen, Suchmaschinen verwenden, Filme streamen oder Nachrichten versenden. Ganz zu schweigen davon, dass KI-Modelle trainiert werden müssen, wofür riesige Datenströme und damit Energiemengen nötig sind, die massiv zur Umweltzerstörung beitragen, ohne dass wir es direkt bemerken.

Dies führt mich zurück zum Hauptargument für den ethischen Kapitalismus. Da Menschen freie Tiere sind, also fähig zu ethisch relevanter Selbstbestimmung, sind all unsere Aktivitäten und Daten von Werturteilen geprägt. Daher ist es möglich, von KI wahrhaft zu profitieren, indem wir die KI-Ethik der nächsten Generation ins Wirtschaftsleben einführen.

So wie in allen anderen in diesem Buch diskutierten Fällen müssen dafür ethische Selbstregulierung des Marktverhaltens und gesetzliche Regulierung Hand in Hand gehen. Denn es gilt, die Märkte vor böswilligen Akteuren zu schützen, welche die spontane (freie) Entstehung ethischer Prinzipien beim Austausch von Werturteilen unterlaufen, um kurzfristige Profite zu erzielen.

Doch gesetzliche Regulierung kann nicht allein von den Seitenlinien des technisch-wissenschaftlichen und wirtschaftlichen Fortschritts kommen. Politiker und die Fachleute, mit denen sie zusammenarbeiten, sind nicht automatisch Expertinnen für Wissenschaft und Wirtschaft. Damit stelle ich nicht das liberal-demokratische Ideal infrage, wonach wir auf politischen Machtpositionen keine Experten brauchen, sondern Vertreterinnen des Willens der Bevölkerung, der sich in Wahlergebnissen und Debatten im öffentlichen Raum ausdrückt. Dennoch bedarf die Politik einer Kooperation mit Expertinnen aus Wissenschaft und Wirtschaft, die zu selten am selben Tisch sitzen, um gemeinsam Menschheitsprobleme lösen zu können. Während dies für die technisch direkt relevanten Wissenschaftsbereiche üblich ist, fehlt die Interaktion mit den Geistes- und Sozialwissenschaften. Sie finden bisher nicht genügend Gehör und bleiben deswegen oft zu realitätsfern.

Im Feld der KI-Ethik der nächsten Generation besteht der ökosoziale Liberalismus darauf, dass KI eine Soziotechnologie ist und bleibt – erzeugt, angewendet und eingesetzt von menschlichen Tieren, die Teil der planetaren und letztlich kosmologischen Lebensbedingungen sind. Wir ernten das elektromagnetische Spektrum in weitgehend der gleichen Weise ab wie andere Felder in unserer Atmosphäre. Der Ort der digitalen Wirtschaft – zu der auch Kryptowährungen und andere digitale Märkte zählen – ist das elektromagnetische Feld.

Wir sollten diskutieren, in welchem Maß das elektromagnetische Feld Eigentümer hat und in welchem Maß wir es als Gemeingut wie Wasser oder Luft betrachten sollten. Wir sehen Elektrizität als Teil unserer Energiewirtschaft – wie wäre es, diese Sichtweise auf die physikalischen Ressourcen zu übertragen, die unserer digitalen Gesellschaft zugrunde liegen? So könnten wir die negative Externalität des Beitrags von KI zum Klimawandel einpreisen. Schließlich schaden die Herstellung und Aufrechterhaltung der digitalen Gesellschaft bisher unserem Planeten, weil dafür seltene Erden abgebaut werden müssen und weil sie gigantische Mengen von Elektrizität und Arbeitskraft erfordert. Das wirft sozioökonomische und damit ethische Fragen auf, die wir mit den ökonomischen Mitteln des ethischen Kapitalismus und anhand der politischen Leitlinien des ökosozialen Liberalismus angehen sollten.

Fazit

In diesem Buch habe ich versucht, den Ansatz des ethischen Kapitalismus mit dem Fortschrittshorizont des ökosozialen Liberalismus zu verbinden. Meine Vorschläge sollen zugleich realistisch und utopisch sein, konkret und konzeptuell, theoretisch und praktisch, sachlich und wertgeleitet. Sie sollen zum Weiterdenken anleiten, um auf diese Weise konkrete Umsetzungsvorschläge anzuregen.

Solche Kombinationen von Realismus und Wunschdenken sind typisch für die soziopolitische Konstellation der liberalen Demokratie. Um Winston Churchills berühmten Spruch »Demokratie ist die schlechteste Staatsform, mit Ausnahme aller anderen, die bisher ausprobiert worden sind«[16] abzuwandeln: Die liberale Demokratie dürfte unter den realistisch verfügbaren (weil bereits existierenden) die beste, wenn auch nicht die ideale Methode der soziopolitischen Selbstbestimmung sein. Denn: Von allen unvollkommenen Regierungsformen ist sie am besten darin, gar nicht erst zu versuchen, vollkommen zu sein – also am besten darin, gerade *nicht* ideal zu sein. Ihre Stärke ist es, unter komplexen Bedingungen Kompromisse wertzuschätzen und sich dem Trugbild der simplen Lösungen zu verweigern.

Doch die liberale Demokratie kann nicht überleben, wenn wir ihren Wert auf ein bloßes System von Verfahren reduzieren. Demokratie ist nicht nur eine Form des Regierens oder Regiertwerdens, sie ist zudem ein Wertesystem, begründet auf der Vorstellung, dass auch Dissens, Meinungsvielfalt, Individualität, Subjektivität und Uneinigkeit wichtige Werte sind. Denn nur, wenn wir die Dinge aus ganz unterschiedlichen Blickwinkeln betrachten, können wir neue Wege finden, um unsere Lösungsräume zu verschieben.

Die Rolle der Philosophie bei der Kompromissfindung besteht in ihrer Fähigkeit zur Vermittlung und Analyse. Doch wie die Demokratie sollte auch die Philosophie nicht reduziert werden auf eine anonyme Prozedur, die mittels reiner Vernunft irgendwelche

Tatsachen feststellt. Auch die Philosophie ist im Geschäft der Werturteile tätig. Sie kann die Gesellschaft nicht von außen oder von ihren Rändern her kritisieren. Es gibt keinen wertfreien Grund, auf den wir unsere Werturteile bauen können.

Die liberale Demokratie akzeptiert diesen Umstand und integriert ihn in ihre Regierungsweise: in Gestalt von Parlamentsdebatten, Pressefreiheit und anderen Formen des öffentlichen Diskurses. Liberale Demokratie und Philosophie teilen die Annahme, dass wir zur Wahrheit nur gelangen können, indem wir tief greifende Meinungsverschiedenheiten ausdiskutieren. Das Ziel der Kooperation von Demokratie und Philosophie kann eine neue institutionelle Wirklichkeit schaffen, deren Umrisse ich in diesem Buch zu zeichnen versucht habe.

Allerdings beschränkt sich meine teils deskriptive, teils normative Charakterisierung des ethischen Kapitalismus und des ökosozialen Liberalismus nicht auf mein persönliches Engagement für die Werte der liberalen Demokratie. Viele der hier vorgelegten Gedanken könnten auch für andere Regierungsformen nützlich sein, schließlich geht es um Themen von global-menschlicher Tragweite. Damit will ich nicht die Tatsache verschleiern, dass ich von einem bestimmten soziopolitischen Standpunkt aus argumentiere. Aber dies macht meine Thesen nicht schwächer oder gar provinziell.

Pluralismus ist eine wichtige Eigenschaft der liberalen Demokratie als der Regierungsform, die am besten darin ist, nicht am besten zu sein. Das heißt nicht, dass wir mit undemokratischen oder illiberalen sozioökonomischen Konstellationen experimentieren sollten. Doch welcher institutionelle Entwurf über die Jahrhunderte vorherrschen wird, bleibt abzuwarten. Höchstwahrscheinlich wird die Geschichte auf ihrem pluralistischen Pfad fortschreiten – in Gestalt unendlich vieler Geschichten, die auf allen Ebenen menschlicher Gesellschaften geschrieben werden. Die soziale Komplexität wird wohl nicht so bald verschwinden oder nachlassen. Im Gegenteil, sie befindet sich im Aufstieg, nicht zuletzt dank der massiven Fortschritte in der Moderne, was die Sicherung besserer Lebensbedingungen für Menschen betrifft. In dem Sinn bleibe ich optimistisch – wobei Optimismus bloß heißt, dass moralischer Fortschritt sogar unter äußerst komplexen Bedingungen möglich ist.

Dieses Buch hat sein Ziel erreicht, wenn seine Leserinnen und Leser für sich selbst herausfinden – in ihrer eigenen gesellschaftlichen Stellung und hinsichtlich ihrer jeweiligen kulturellen und individuellen Zugehörigkeiten –, wie sie ihr eigenes Leben verbessern können, indem sie das Leben anderer verbessern, sodass sich die Kreisläufe der Menschheit künftig auf ein komplexes System der gegenseitigen Hilfe hin orientieren. Der ethische Kapitalismus bewährt sich letztlich in der Praxis – wenn er auch theoretisch begründbar ist, wovon ich möglichst viele Menschen mit diesem Buch zumindest ansatzweise überzeugen möchte.

Wir müssen das Ziel eines institutionellen Designs für moralischen Fortschritt aus dem Inneren unserer jeweiligen Regierungsmodelle heraus erreichen. Das setzt voraus, dass wir nicht bloß deren Unzulänglichkeiten geißeln, sondern eine hoffnungsvolle und aktive Art entwickeln, unsere Institutionen und sozioökonomischen Praktiken umzugestalten und zu reformieren.

Mein hoffnungsvolles Bild von der Menschheit ist auch der Hauptgrund, warum ich versucht habe, mit diesem Buch so viele Menschen wie möglich zu erreichen. Zugleich muss ich mich als Philosoph bei der Hypothesenfindung an grundlegende Regeln der philosophischen Beweisführung und Argumentation halten, wenn ich einige letztlich komplizierte Methoden des Theoretisierens in einen allgemein verständlichen Duktus übertragen will. Die harte philosophische Theorie hinter dem hier vorgetragenen Vorschlag werde ich an anderer Stelle ausführlicher darlegen. Ob mir der Balanceakt zwischen einer letztlich philosophisch begründeten Idee des höchsten Guts als Grundlage eines ethischen Kapitalismus und einer allgemein zugänglichen Darstellung gelungen ist, müssen meine Leserinnen und Leser beurteilen, mit denen ich froh bin, im Raum der hoffentlich immer weiter wachsenden sozialen Freiheit zu koexistieren.

Danksagung

Die Forschung, die zu diesem Buch führte, erhielt großzügige institutionelle Unterstützung. Zuvorderst möchte ich der THE NEW INSTITUTE Foundation in Hamburg für ein Stipendium für das akademische Jahr 2021/22 danken. Viele der Gedanken im Buch wurden in dieser Zeit entwickelt, im Gespräch mit den anderen Fellows und mit den Institutionen, mit denen wir im Programm *Foundations of Value and Values* zusammenarbeiteten. Insbesondere danke ich Colin Mayer, Dennis Snower, Corine Pelluchon und George Ellis für unseren Austausch über moralischen Realismus, über die Beziehung zwischen ökonomischem Wert und Ethik, Physik und Wirtschaft und das Thema Tier-Ethik. Eine große Hilfe waren mir die Workshops, die THE NEW INSTITUTE zusammen mit Mitgliedern der Saïd Business School und der Blavatnik School of Government at Oxford anbot.

Eine Rohfassung dieses Buches präsentierte ich als Vorlesungsreihe am Tecnológico de Monterrey in Monterrey, Mexiko, wo ich im April 2023 Gast am Lehrstuhl Alfonso Reyes war. Ich danke Enrique Roberto Tamés Muñoz und Ana Laura Santamaría für ihre Gastfreundschaft und für die vielen Gespräche zu den Kernthemen dieses Buches.

Ebenfalls im April 2023 hatte ich Gelegenheit, am 21st Century Public Policy Institute des Wirtschaftsverbands Keidanren bei einem Kongress mit japanischen Führungskräften in Zusammenarbeit mit der Universität Tokio über ethischen Kapitalismus zu diskutieren. Besonders danke ich dem Keidanren-Vorsitzenden Masakazu Tokura und dem Präsidenten der Universität Tokio Prof. Teruo Fuji für die Einladung und die Diskussionen. Sehr viel verdanke ich dem anhaltenden Dialog mit Prof. Takahiro Nakamija an der Universität Tokio über die Schnittstelle von Ethik und Ökonomie. Bei meinem letzten Aufenthalt in Tokio hatte ich auch Gelegenheit, den Austausch mit Prof. Kohei Saito fortzuführen, mit dem ich in einigen grundsätzlichen Fragen höflich uneinig bin. Dieses Buch bezeugt seinen Einfluss auf mein Denken im sozioökonomischen Bereich, denn zu Recht drängte er mich dazu, meine normative Haltung zu den komplexen Problemen, die mit dem Kapitalismus verbunden sind, zu klären.

Ich danke der McGill University dafür, dass sie mich im Oktober 2023 als Gastprofessor am Jarislowsky Chair empfing, wo ich die erste Komplettfassung des Buches überarbeiten konnte. Zutiefst dankbar bin ich Prof. Jocelyn Maclure für seine dauerhafte kritische Auseinandersetzung mit meiner Arbeit und für die intensiven Diskussionen vieler hier behandelter Themen während meines Besuchs. Als ich im Dezember 2021 zum ersten Mal an der McGill University zu Gast war und die Ehre hatte, die erste Vorlesung am Jarislowsky Chair zu halten, überzeugte mich Jocelyn Maclure von der konstitutiven Bedeutung der sozialen Freiheit für die menschliche geistige Verfasstheit – eine Erkenntnis, die überall in diesem Buch widerhallt. In diesem Zusammenhang danke ich auch Prof. Charles Taylor für unsere Gespräche in Montreal, die mich in dem Eindruck bestärkten, dass mein Neo-Existenzialismus (hier ausgezahlt in der Währung des politischen Liberalismus) in Einklang steht mit seinen grundlegenden Arbeiten über das Ich und sein Verhältnis zum gesellschaftlichen Fortschritt.

Ich danke meinem Team an der Universität Bonn für seine kritischen und kenntnisreichen Anmerkungen zur vorletzten Manuskriptfassung. Dr. Alexander Englander, Jerôme Schickschneit und Victor Weisbrod versorgten mich mit detaillierten schriftlichen Kommentaren und Anregungen, die hoffentlich in der Endfassung angemessen berücksichtigt sind. Alle verbleibenden philosophischen und anderen Fehler gehen selbstverständlich auf mein Konto. Insbesondere bewahrte mich Victor Weisbrod als Adorno-Kenner vor einem Strohmann-Trugschluss bei der Rolle, die Kritische Theorie für den normativen Rahmen spielen kann, den ich hier innerhalb meines übergreifenden Projekts der Neuen Aufklärung und des Neuen Realismus vorschlage. Alex Englander hinterfragte verlässlich alle Schnellschüsse zu den historischen Spannungen am Schnittpunkt von politischem Liberalismus, Demokratie und Kapitalismus. Ob es mir gelungen ist, der Kritischen Theorie einen adäquaten Ort in Bezug auf den ethischen Kapitalismus zu geben, oder ob ich zeigen konnte, dass der demokratische Kapitalismus zusammen mit einer neuen Art des Liberalismus eine Zukunft haben kann, ist eine schwierige Frage, die natürlich wiederum nicht ich allein beantworten kann.

Nicht zuletzt möchte ich der Literaturagentur Tuttle-Mori Agency, Inc. für ihre wertvolle intellektuelle Unterstützung und Beratung danken. Mein besonderer Dank gilt Manami Tamaoki und ihrem Team für unsere vielen Gespräche über Ethik, ethischen Kapitalismus und die heutige japanische Gesellschaft. Unsere Zusammenarbeit war von entscheidender Bedeutung für die Verwirklichung dieses Projekts.

Dieses Buch wurde absichtlich zunächst auf Japanisch publiziert, da viele seiner grundlegenden wirtschaftsphilosophischen und wirtschaftspolitischen Ideen in Gesprächen mit Praktikern und Theoretikern des Kapitalismus in Japan entstanden sind. Japan ist ein besonders fruchtbarer Boden für eine ethische Reform des Kapitalismus, da es dort eine lange und immer noch sehr lebendige Tradition des wirtschaftsethischen Nachdenkens gibt. Für den deutschen Kontext, dem das Buch hiermit zugänglich gemacht ist, wären spezifische Ausführungen zur Geschichte der sozialen Marktwirtschaft, zum Ordoliberalismus und zur gegenwärtigen ökosozialen Lage von Interesse gewesen, was aber eine Überarbeitung erforderlich gemacht hätte, die weit über eine Übersetzung hinausgegangen wäre. An dieser Stelle danke ich meinem Übersetzer Michael Ebmeyer und meinem Lektor Christoph Steskal ebenfalls für ihre vielen sachlich hilfreichen Kommentare zur Übersetzung, die ich bei einer finalen Durchsicht der Übersetzung nach Möglichkeit noch berücksichtigt habe, ohne mich hinreißen zu lassen, für meine deutschsprachige Leserschaft ein ganz anderes Buch zu schreiben.

Anmerkungen

Einleitung

1 Roger McNamee, *Zucked: Waking Up to The Facebook Catastrophe*, New York 2019. In deutscher Übersetzung erschien das Buch unter dem Titel *Die Facebook-Gefahr. Wie Mark Zuckerbergs Schöpfung die Demokratie bedroht*, Kulmbach 2019.

2 Camille Dalmais, *Mars is no Fun*, Single, EMI France, Paris 2012.

3 Siehe https://sdgs.un.org/goals.

Teil 1: Ein Philosoph denkt über die Wirtschaft nach

1 Für diese Formulierung danke ich Colin Mayer, der meinen Ansatz in seinem Schlusswort zum Workshop *Capitalism and Crises – How to Fix Them*, Hamburg, The New Institute, 6. Juni 2024, in diesem Sinn zusammengefasst hat.

2 Ein ähnliches Beispiel verwendete für ein vergleichbares Argument als Erster Peter Singer in seinem berühmten Essay »Famine, Affluence, and Morality«, in: *Philosophy and Public Affairs*, Bd. 1, Nr. 3, Frühjahr 1972, S. 229–243.

3 Ausführlicher lege ich diese Argumente in meinem Buch *Moralischer Fortschritt in dunklen Zeiten. Universale Werte für das 21. Jahrhundert*, Berlin 2020, dar.

4 Vgl. z. B. https://www.imf.org/en/Publications/fandd/issues/Series/Back-to-Basics/Capitalism. Die Autoren – Sarwad Jahan und Ahmed Saber Mahmud – listen die Vertragsfreiheit nicht eigens auf, sondern legen den Schwerpunkt auf die Freiheit von Produktion und Konsum. Einen Überblick über die lose verbundenen Bestandteile des Kapitalismus (die sich nicht zu einer strengen Definition im Sinne notwendiger und in der Summe hinreichender Bedingungen zusammensetzen) bieten Daniel Halliday und John Thrasher in *The Ethics of Capitalism: An Introduction*, Oxford 2020.

5 Für diese Klarstellung danke ich Alexander Englander.

6 Unter anderem mit einem Text, den Tooze am 29. Oktober 2022 unter dem Titel *Chartbook #165: Polycrisis—Thinking on the Tightrope* als Blogbeitrag auf seiner eigenen Website veröffentlichte (https://adamtooze.com/2022/10/29/chartbook-165-polycrisis-thinking-on-the-tightrope/).

7 Siehe dazu mein Buch *Moralischer Fortschritt in dunklen Zeiten* (a. a. O.), sowie das von mir mit verfasste Discussion Paper *Towards a New Enlightenment. The Case for Future-Oriented Humanities*, Bielefeld 2022.

8 Ich beziehe mich hier auf ein persönliches Gespräch mit Colin Mayer anlässlich einer früheren Fassung seines Buchs, die er mich freundlicherweise lesen ließ. Zum Konzept *true profit* siehe auch Mayers Anmerkungen zum Abschlussbericht eines Forschungsprogramms der British Academy, zu finden unter https://www.thebritishacademy.ac.uk/documents/4257/JBA-10s5-01-Mayer.pdf. Neuerdings spricht Mayer auch von »gerechtem Profit« (»just profit«).

9 Immanuel Kant, *Metaphysische Anfangsgründe der Rechtslehre*, Königsberg 1789, S. 33.

10 Ebd., S. 33 f.

11 Georg F. W. Hegel, *System der Wissenschaft. Erster Theil, die Phänomenologie des Geistes*, Bamberg und Würzburg 1807, S. 113.

12 Jean-Paul Sartre, *Geschlossene Gesellschaft*, Reinbek 1991, S. 59.

13 Teile dieses Abschnitts verdanke ich schriftlichen Anmerkungen von Jerôme Schickschneit, der zu Recht darauf bestand, das Thema der globalen Arbeitsteilung und ihrer oft ausbeuterischen Konsequenzen einzubeziehen. Mein eigener Ansatz dazu ist allerdings insofern ein wenig anders, als ich denke, dass gerade die globale ökonomische Vernetzung dem ethischen Kapitalismus eine weitere Chance bietet, ökonomische Vorteile und Profite zu erwirtschaften, während er zugleich die Lebensbedingungen der Arbeiterinnen und Arbeiter am anderen Ende der Lieferkette verbessert. Anstatt dieses Geschäft kommunistischen und/oder autoritären Regimen zu überlassen (wie dem heutigen China), sollten sich demokratisch-kapitalistische Länder und ihre Unternehmen auf neue Wege besinnen und unter Beweis stellen, dass ihre globalen Geschäftsmodelle ethisch sein können und somit eben nicht ausbeuterisch sein müssen.

14 Ulrike Herrmann, *Das Ende des Kapitalismus. Warum Wachstum und Klimaschutz nicht vereinbar sind – und wie wir in Zukunft leben werden*, Köln 2022.

15 Bing Song, Yiwen Zhan (Hg.), *Gonsheng Across Contexts: A Philosophy of Co-Becoming*, Singapur 2024 (auch als open access verfügbar: https://link.springer.com/book/10.1007/978-981-99-7325-5).

16 Vgl. Katharina Lima de Miranda, Dennis J. Snower, »Recoupling Economic and Social Prosperity«, in: *CESifo Working Papers*, 8133 (2020), S. 1–46.

17 Die Formulierung stammt aus Rawls' Ausführungen zu den zwei Prinzi-

pien der Gerechtigkeit (siehe John Rawls, *Politischer Liberalismus*, Frankfurt a. M. 1998, S. 69).

18 Zum Vorrang der Aktionäre bei Milton Friedman und zur Delegation des »ethischen Problems« an »das Individuum« siehe sein berühmtes Buch *Kapitalismus und Freiheit.* Allerdings verficht Friedman dort ausdrücklich auch ein Konzept der sozialen Freiheit (siehe Friedman, *Kapitalismus und Freiheit*, Stuttgart 1971, S. 32 ff.).

19 Vorschläge für einen zeitgemäßen Liberalismus in der deutschen Debatte stammen etwa von Lisa Herzog, *Freiheit gehört nicht nur den Reichen. Plädoyer für einen zeitgemäßen Liberalismus,* München 2014, Christoph Möllers, *Freiheitsgrade. Elemente einer liberalen politischen Mechanik,* Berlin 2020, sowie Elif Özmen, *Was ist Liberalismus?,* Berlin 2023.

20 Branko Milanović, *Kapitalismus global. Über die Zukunft des Systems, das die Welt beherrscht*, Berlin 2020, S. 17.

21 Milanović definiert den Kapitalismus als »nicht nur das herrschende, sondern das einzige sozioökonomische System der Welt«, ebd., S. 14.

22 Die Heranführung an die jüngeren Innovationen des planetaren Denkens verdanke ich Gesprächen mit Fredric Hanusch in den Jahren 2022 bis 2024 während seines Fellowships am THE NEW INSTITUTE in Hamburg. Eine hilfreiche einführende und weiterführende Literaturliste findet man auf seiner Homepage: https://www.hanusch.earth/publications.

Teil 2: Ethischer Kapitalismus

1 Martin Wolf, *The Crisis of Democratic Capitalism*, London 2024.

2 Ich setze den »Westen« immer in Anführungszeichen, um darauf hinzuweisen, dass dieser Werteraum nicht regional begrenzt ist, schon gar nicht auf Europa oder Amerika. Japan ist ebenso Teil des »Westens« wie Deutschland, Israel oder Australien. »Westen« ist in diesem Sinne keine geografische Zuschreibung, sondern ein Signifikant, um eine sich historisch wandelnde Wertesphäre zu erfassen, die sich in sozioökonomischen und politischen Begriffen manifestiert. Der Sammelbezeichnung »Westen« entspricht eine Reihe fortschrittlicher Ideale, ohne die die Kritik und Selbstkritik des »Westens« nicht möglich wären. Bemerkenswerterweise gibt es keinen klaren Gegensatz zum »Westen«. Der »Osten« ist es sicher nicht. In den vergangenen Jahren wurde als Ersatzkonzept ein binärer Gegensatz zwischen dem »globalen Norden« und dem »globalen Süden« eingeführt, der ebenso unsinnig ist, da ja Teile des »Wes-

tens« geografisch im globalen Süden liegen. Bei näherer Betrachtung sind Begriffe wie »der Westen« oder »der globale Süden« ideologische Konzepte. Sie bilden keine Tatsachen ab und sind auch nicht Ergebnisse geistes- und sozialwissenschaftlicher Forschung.

3 Zur Unterscheidung zwischen einem »liberale[n] meritokratische[n] Kapitalismus« und einem »staatlich gelenkte[n], politische[n] oder autoritäre[n] Kapitalismus« siehe Milanović, *Kapitalismus global*, a. a. O., S. 17.

4 Kohei Saito, *Systemsturz. Der Sieg der Natur über den Kapitalismus*, München 2023.

5 Diesen Satz verdanke ich Alexander Englanders Anmerkungen zum Manuskript.

6 Joseph A. Schumpeter stellt den Kapitalismus als »eine Form oder Methode der ökonomischen Veränderung« dar und fasst ihn als Entwicklungsprozess auf; siehe Schumpeter, *Kapitalismus, Sozialismus und Demokratie*, Tübingen 2018 (im Original auf Deutsch 1946), S. 115. Ein klassisches Beispiel für den libertären Standpunkt bietet Robert Nozick, *Anarchie, Staat, Utopia*, München 1976.

7 Diese Überlegungen schließen an Karl Poppers Kritik der »Verschwörungstheorie der Gesellschaft« an. (Siehe Anm. 65.)

8 Siehe dazu, neben meinem eigenen Buch *Moralischer Fortschritt in dunklen Zeiten*, auch Marcel Fratzscher, *Die neue Aufklärung. Wirtschaft und Gesellschaft nach der Corona-Krise*, Berlin 2020.

9 Siehe Margaret Levi, Henry Farrell (Hg.), »Creating a New Moral Political Economy«, in: *Daedalus. Journal of the American Academy of Arts & Sciences*, Bd. 152, Ausgabe 1, Winter 2023.

10 Paul Collier, John Kay, *Das Ende der Gier. Wie der Individualismus unsere Gesellschaft zerreißt und warum die Politik wieder dem Zusammenhalt dienen muss*, München 2021.

11 Kate Raworth, *Die Donut-Ökonomie. Endlich ein Wirtschaftsmodell, das den Planeten nicht zerstört*, München 2018, S. 35.

12 Eine gute Analyse dieser Entwicklung bieten Nancy Fraser und Rahel Jaeggi in ihrem Buch *Kapitalismus. Ein Gespräch über kritische Theorie*, Berlin 2018.

13 Ein fundiertes Statement zu diesem konzeptuellen und explanatorischen Fehlschluss der neoliberalen Theorie bietet Amartya Sen in seinem Buch *On Ethics and Economics*, Hoboken 1987: »Die komplexe Prozedur, die Maximierung von Eigeninteresse mit Vernunft gleichzusetzen und dann tatsächliches Verhalten pauschal zu rationalem Verhalten zu erklären, wirkt zutiefst kontraproduktiv, wenn es darum geht, die These, dass

die Maximierung von Eigeninteresse dem *tatsächlichen* Verhalten entspreche, einleuchtend zu begründen. Sich auf Anforderungen der Vernunft zu berufen, um die wirtschaftstheoretische Standarderklärung für menschliches Handeln *(tatsächliche* Maximierung von Eigeninteresse) zu rechtfertigen, ist wie der Versuch, mit einem lahmen Esel einen Kavallerie-Angriff zu führen.« (Übersetzung M. E.)

14 Colin Mayer schreibt dazu in *Capitalism and Crises:* »Kapitalismus wird als Wirtschaftssystem des Privateigentums an den Produktionsmitteln und ihres profitorientierten Einsatzes betrachtet und Eigentum als ein Bündel von Rechten über Wirtschaftsgüter, die ihren Besitzern starke Formen von Autorität verleihen.« Dem setzt Mayer seine eigene, neuartige Sichtweise entgegen: »Kapitalismus ist ein ökonomisches und gesellschaftliches System, um profitable Lösungen für die Probleme von Menschen und die Probleme des Planeten hervorzubringen, und zwar durch private und öffentliche Eigentümerinnen und Eigentümer, die nicht davon profitieren, Probleme für Menschen oder für den Planeten zu erzeugen. So gesehen, bedeutet Eigentum nicht nur ein Bündel von Rechten, sondern eine Reihe von Pflichten und Verantwortlichkeiten, um die Erfüllung dieser Aufgaben zu gewährleisten. Und Unternehmen sind nicht nur Geflechte von Verträgen, sondern Geflechte von Vertrauensverhältnissen, begründet in Prinzipien und Werten, für die ihre Vorstände einstehen.« (Mayer, *Capitalism and Crises*, a. a. O., S. 143, Übersetzung M. E.)

15 Debra Satz, *Von Waren und Werten. Die Macht der Märkte und warum manche Dinge nicht zum Verkauf stehen sollten*, Hamburg 2013, S. 38.

16 Ebd., S. 39 f.

17 John Rawls, *Gerechtigkeit als Fairness. Ein Neuentwurf*, Frankfurt a. M. 2006. Zur Stellung zweiter Ordnung der öffentlichen Institutionen, in der das Privateigentum Sinn ergibt, schreibt zudem Elinor Ostrom: »Ein Wettbewerbsmarkt – das Paradigma privater Institutionen – ist selbst öffentliches Gut. Sobald ein solcher Markt bereitgestellt ist, können die Individuen ihn frei betreten oder verlassen, gleichgültig ob sie zu den Kosten seiner Bereitstellung und Erhaltung beitragen oder nicht. Ohne zugrunde liegende öffentliche Institutionen, die ihn aufrechterhalten, kann kein Markt lange existieren. In Feldszenarien sind öffentliche und private Institutionen häufig vernetzt und voneinander abhängig: Sie existieren nicht in getrennten Welten.« (Elinor Ostrom, *Die Verfassung der Allmende. Jenseits von Staat und Markt*, Tübingen 1999, S. 19)

18 Mayer, *Capitalism and Crises*, a. a. O., S. xvi. (Übersetzung M. E.)

19 Ebd., S. 74. (Übersetzung M. E.)

20 Siehe dazu Frans de Waals Bücher *Das Prinzip Empathie. Was wir von der Natur für eine bessere Gesellschaft lernen können*, München 2011, und *Primaten und Philosophen. Wie die Evolution die Moral hervorbrachte*, München 2008, sowie von Michael Tomasello, *Warum wir kooperieren*, Berlin 2010, und *Eine Naturgeschichte der menschlichen Moral*, Berlin 2016.

21 Eine kanonische Einführung zu dieser Forderung Kants, ohne einen Großteil der metaphysischen Beiladung, bietet Thomas Nagels Buch *Die Möglichkeit des Altruismus*, Hamburg 2005.

22 Anfang 2023 wurde diskutiert, wie mit der heftigen Covid-Welle umzugehen sei, die China zu erfassen schien, nachdem es seine epidemiologische Strategie geändert hatte, ohne in der Lage zu sein, die Bevölkerung mit hochwirksamen Impfstoffen zu versorgen. Ganz zu schweigen von der offenkundigen – wenngleich in Europa und in den USA vernachlässigten – Tatsache, dass es im größten Teil Afrikas nie eine effektive Impfstoffversorgung gab. Die ethischen Erwägungen zur Herstellung und Verfügbarkeit von Impfungen enden aber damit nicht. Sie müssen auch die Anti-Impf-Bewegung und die tatsächlich durch die Impfung verursachten Schäden einbeziehen. Unter anderen kann niemand alle relevanten nicht moralischen, vor allem medizinischen, aber auch politischen Fakten kennen, die es zu bedenken gälte, um die moralisch richtige Impfstrategie zu identifizieren (falls es überhaupt eine einheitliche korrekte Strategie geben kann).

23 Leicht zugänglich unter https://www.iza.org/publications/dp/12998/recoupling-economic-and-social-prosperity.

24 Zu diesem Thema empfehle ich Susan R. Wolfs Buch *Meaning in Life and Why It Matters*, Princeton 2012.

25 Dazu empfehle ich Cecilia Heyes' *Cognitive Gadgets: The Cultural Evolution of Thinking*, Harvard 2018.

26 Vgl. dazu einführend mein Buch *Warum es die Welt nicht gibt*, a. a. O.

27 Zu Habermas' Argumentation empfehle ich seine Aufsatzsammlung *Wahrheit und Rechtfertigung*, Frankfurt a. M. 1999. In neueren Arbeiten rückt bei Habermas der Dissens in seiner Wirkmächtigkeit und Bedeutung mehr ins Zentrum. Vgl. etwa jüngst *Ein neuer Strukturwandel der Öffentlichkeit und die deliberative Politik*, Berlin 2022.

28 Lionel Robbins, *An Essay on the Nature and Significance of Economic Science*, London 1932, S. 14 f. (Übersetzung M. E.)

29 Ebd., S. 14 f. (Übersetzung M. E.)

30 Zu diesen Überlegungen vgl. Niklas Luhmann, *Die Gesellschaft der Gesellschaft*, Frankfurt a. M. 1997, außerdem Andreas Reckwitz, Hartmut Rosa, *Spätmoderne in der Krise. Was leistet die Gesellschaftstheorie?*, Frankfurt a. M. 2021 und Alexandra Schauer, *Mensch ohne Welt. Eine Soziologie spätmoderner Vergesellschaftung*, Frankfurt a. M. 2023.

31 Yochai Benkler, *The Penguin and the Leviathan: How Cooperation Triumphs over Self-Interest*, New York 2011, S. 20. (Übersetzung M. E.)

32 Ebd., S. 57. (Übersetzung M. E.)

33 Ebd., S. 59. (Übersetzung M. E.)

34 Vgl. Markus Gabriel, *An den Grenzen der Erkenntnistheorie. Die notwendige Endlichkeit des objektiven Wissens als Lektion des Skeptizismus*, Freiburg i. Br. 2014.

35 Vgl. Judith Butler, *Das Unbehagen der Geschlechter*, Frankfurt a. M. 1993, und John R. Searle, *Die Konstruktion der gesellschaftlichen Wirklichkeit. Zur Ontologie sozialer Tatsachen*, Reinbek 1997.

36 »Les recontres de Papotin«, 7. Januar 2023, https://www.france.tv/france-2/les-rencontres-du-papotin/4452859-emission-du-samedi-7-janvier-2023.html.

37 So brachte Colin Mayer bei einer Tagung einmal meine Position des ethischen Kapitalismus auf den Punkt, die anlässlich des Erscheinens seines Buchs *Capitalism and Crises* am THE NEW INSTITUTE in Hamburg stattfand (5.–6. Juni 2024). Vgl. dazu Philip Krohns Bericht in der *Frankfurter Allgemeinen Zeitung* vom 15. Juli 2024.

38 Corine Pelluchon, *Das Zeitalter des Lebendigen. Eine neue Philosophie der Aufklärung*, Darmstadt 2021.

39 Den Begriff entnehme ich Adir Ophirs Buch *The Orders of Evil: Towards an Ontology of Morals*, New York 2005.

40 So charakterisierte die Historikerin Ute Frevert unlängst einige meiner Ansichten an der Schnittstelle von Ethik und Ökonomie. Vgl. auch ihre eigenen Beiträge zum Verhältnis zwischen Ethik und Ökonomie in Ute Frevert (Hg.), *Moral Economies*, Göttingen 2019, und *Kapitalismus, Märkte und Moral*, Wien 2019. Ich danke ihr für die diesbezüglichen Gespräche in Hamburg und in Luzern.

41 Federica Carugati, Margaret Levi, *A Moral Political Economy: Past, Present, and Future*, Cambridge 2021.

42 Takahiro Nakajima, »Human Co-Becoming: Redefining What it Means to be Human for a Super Smart Society«, in: *Hitachi Review*, Bd. 68, Nr. 5, November 2009, S. 572/573 (https://www.hitachi.com/rev/column/ei/

pdf/P004-005_R5_experts_insight01.pdf). Siehe auch sein Buch *Philosophy in Crisis: The Discourse of Imagination*, Tokio 2021.

43 Zu diesem Konzept wiederum Reckwitz / Rosa, a. a. O.

44 Charles Taylor, »Self-Interpreting Animals«, in: Taylor: *Philosophical Papers, Volume 1: Human Agency and Language*, Cambridge 2012, S. 45–76.

45 John Stuart Mill, *Grundsätze der politischen Ökonomie, Buch IV, 6. Kapitel*, Leipzig 1869, §1, S. 58.

46 Ebd.

47 Ebd., §2, S. 63.

48 Ebd., §2, S. 61.

49 Zur Einführung ins Thema des moralischen Realismus empfehle ich Paul Bloomfield, David Copp (Hg.), *Oxford Handbook of Moral Realism*, Oxford 2023.

50 Vgl. Rahel Jaeggi, *Fortschritt und Regression*, Berlin 2023.

51 Vgl. Max Weber, »Der Sinn der ›Wertfreiheit‹ der soziologischen und ökonomischen Wissenschaften«, in: Weber, *Gesammelte Aufsätze zur Wissenschaftslehre*, hg. v. Johannes Winckelmann, Tübingen 1988, sowie sein berühmter Vortrag »Wissenschaft als Beruf«, in: Weber, *Geistige Arbeit als Beruf. Vier Vorträge vor dem Freistudentischen Bund. Erster Vortrag*, München 1919.

52 Immanuel Kant, *Kritik der praktischen Vernunft*, unveränd. Nachdr. der 9. Aufl. von 1929, Hamburg 1959, S. 143.

53 Ebd., S. 140.

54 Vgl. *Transforming Our World: The 2030 Agenda for Sustainable Development* (A/Res/70/1): https://sustainabledevelopment.un.org/content/documents/21252030%20Agenda%20for%20Sustainable%20Development%20web.pdf.

55 Christine Korsgaard, *Tiere wie wir: Warum wir moralische Pflichten gegenüber Tieren haben. Eine Ethik*, München 2021. Für meine Kritik am Anti-Realismus in Korsgaards Ansatz siehe Gabriel, *Der Mensch als Tier*, a. a. O.

56 James E. Lovelock, Lynn Margulis, »Atmospheric Homeostasis by and for the Biosphere: The Gaia Hypothesis«, in: *Tellus*, Bd. 26, Nr. 1/2, 1974. Siehe auch Bruce Clarke, Sébastian Dutreuil (Hg.), *Writing Gaia: The Correspondence of James Lovelock and Lynn Margulis*, Cambridge 2022.

57 Bruno Latour, *Kampf um Gaia. Acht Vorträge über das neue Klimaregime*, Berlin 2017.

58 https://17ziele.de/ziele/8.html

59 Vgl. Aristoteles, *Physik. Vorlesungen über Natur*, übers. u. hg. v. Hans Günter Zekl, 2 Bd., Hamburg 1987/88, 201a11-15.

60 Siehe dazu John Kays Bücher *Why Firms Succeed: Choosing Markets and Challenging Competitors to Add Value*, Oxford 1996, und *The Business of Economics*, Oxford 1997, sowie zuletzt Paul Collier, John Kay, *Greed is Dead: Politics After Individualism*, London 2020 (auf Deutsch *Das Ende der Gier. Wie der Individualismus unsere Gesellschaft zerreißt und warum die Politik wieder dem Zusammenhalt dienen muss*, München 2021).

61 Nancy Fraser: *Der Allesfresser. Wie der Kapitalismus seine eigenen Grundlagen verschlingt*, Berlin 2023, S. 44.

62 Ebd., S. 42.

63 Ebd., S. 12 f.

64 Zum Konzept der unbezahlten digitalen Arbeit empfehle ich Christian Fuchs, *Digital Labour and Karl Marx*, London 2014.

65 Vgl. Karl R. Popper, *Vermutungen und Widerlegungen. Das Wachstum der wissenschaftlichen Erkenntnis*, Tübingen 2009, S. 78 (bzgl. Versuch-und-Irrtum-Prozess), S. 190 (Verschwörungstheorie der Gesellschaft).

66 Für unsere Diskussionen über diesen Aspekt danke ich Victor Weisbrod. Er wies in unseren Gesprächen zu Recht darauf hin, dass Adorno und Horkheimer nicht als Vorläufer der jüngsten Kritik an der Aufklärung als »kolonial«, »repressiv« oder »imperialistisch« zu lesen seien. Er wies mich darauf hin, dass Adorno und Horkheimer an vielen Stellen der *Dialektik der Aufklärung* argumentieren, dass sie das Denken der Aufklärung vor seiner Selbstzerstörung bewahren wollen.

67 Michael Sandel, *Was man für Geld nicht kaufen kann. Die moralischen Grenzen des Marktes*, Berlin 2012.

Teil 3: Anwendungen

1 Anm. d. Übers.: Im englischen Original wird »A. I.« als Abkürzung für »Accelerated Intelligence« verwendet.

2 Siehe dazu Thomas Nagels neues Buch *Moral Feelings, Moral Reality, and Moral Progress*, Oxford 2023.

3 Zu dem Thema publizierte ich den Essay *Liebe Kinder oder Zukunft als Quelle der Verantwortung*, München 2023.

4 Alison Gopnik, *Kleine Philosophen. Was wir von unseren Kindern über Liebe, Wahrheit und den Sinn des Lebens lernen können*, Berlin 2009.

5 Jean Baudrillard, *Die Konsumgesellschaft. Ihre Mythen, ihre Strukturen*, Wiesbaden 2014, S. 57.

6 Markus Gabriel, »We Need a Metaphysical Pandemic«, in: Werner Gephart (Hg.), *In the Realm of Corona Normativities: A Momentary Snapshot of a Dynamic Discourse*, Frankfurt a. M. 2020, S. 71–74.

7 Während Baudrillard in *Simulacres et Simulation* (1981) die Fantasiestruktur einer vermeintlich rein virtuellen Produktions- und Reproduktionsweise menschlichen Lebens analysiert und auf diese Weise deren sozioökonomische Umsetzung kritisiert, vertreten einige Philosophen in letzter Zeit die Haltung, wir sollten uns auf ein virtuelles Leben verlegen und akzeptieren, dass dieses nicht schlechter wäre als unser jetziges reales Leben (siehe dazu David Chalmers, *Realität+. Virtuelle Welten und die Probleme der Philosophie*, Berlin 2023).

8 Siehe die Diskussion bei Susan Schneider, *AI and the Future of Your Life*, Princeton 2019.

9 Vgl. Avram Alpert, *The Good-Enough Life*, Princeton 2022, und ders., *A Partial Enlightenment: What Modern Literature and Buddhism Can Teach Us About Living Well without Perfection*, New York 2021.

10 John Stuart Mill, »On the Definition and Method of Political Economy« [1829/30], in: Daniel Hausman (Hg.), *The Philosophy of Economics: An Anthology*, Cambridge 2012, S. 41–58, hier S. 45. (Übersetzung M. E.)

11 Markus Gabriel, *Neo-Existentialism: How to Conceive of the Human Mind After Naturalism's Failure*, Cambridge 2018.

12 Für mehr Details siehe Markus Gabriel, *The Meaning of Thought*, Cambridge 2020.

13 Eine Zusammenschau bietet John Haugeland, *Giving a Damn: Essays in Dialogue with John Haugeland*, hg. v. Zed Adams u. Jacob Browning, Cambridge 2016.

14 Vgl. Alan M. Turing, »Computing Machinery and Intelligence«, in: *Mind*, Bd. 59, Oktober 1950, S. 433–460.

15 Chris Miller, *Der Chip-Krieg. Wie die USA und China um die technologische Vorherrschaft auf der Welt kämpfen*, Hamburg 2023.

16 Das Zitat stammt aus einer Parlamentsrede Churchills vom 11. November 1947. Eine Textfassung der ganzen Rede findet sich unter https://api.parliament.uk/historic-hansard/commons/1947/nov/11/parliament-bill#S5CV0444P0_19471111_HOC_292.

Register